현대 전쟁과 안정화작전

이종재 편저

도서출판 진영사

현대 전쟁과 안정화 작전

이종재

2021년 03월 02일 초판 인쇄
2021년 03월 05일 초판 발행
발행인 박 진 영
발행처 도서출판 진영사
인천광역시 부평구 갈산동 185번지 풍진빌딩 303호
전화 : 032)505-4207
팩스 : 032)505-4206
E-mail : 0183734207@hanmail.net
등록 : 122-91-77317

ISBN 978-89-6541-533-6 93390
값 13,000원

발 간 사

현대의 국가들은 확고한 국가안보를 위해 최첨단의 기술력으로 무장한 군사력 유지를 추구하고 있습니다. 그러나 국가별로 축적된 경제력과 기술력의 차이로 유엔의 안전보장이사회 국가 정도만 최고 수준의 군사력을 유지하고 있고, 아시아를 비롯한 아프리카 남아메리카 대부분의 국가들은 민족, 자원, 종교 등 다양한 원인으로 전쟁과 분쟁이 계속 발생하고 있습니다.

오늘날 전쟁은 군사기술의 발전으로 네트워크 기반의 정밀타격 무기체계에 의하여 우주공간의 4차원 수준에서 수행하는 국가에 의하여 종결되고 있습니다. 그리고 전쟁에서 최종적인 승패를 결정짓는 요인은 전투기술로 숙달된 현장의 인적 요인인 군인이며, 이들이 전장의 주민들을 어떻게 대응하고 관리하느냐에 따라 전쟁 기간과 전쟁수행 방법이 달라지고 있습니다.

국제적으로 2018년은 한반도에 많은 변화가 있었던 해였습니다. 남북한을 둘러싸고 남과 북, 북한과 미국, 북한과 중국 간 정상회담이 빈번하게 이루어졌습니다. 이 회담들은 북한의 비핵화를 위하고 북한의 민주화를 위한 각국 정상 간의 노력이었습니다. 북한을 대상으로 한국의 정치, 경제 분야에서 지원하고 협력하는 분위기가 형성되었습니다. 이러한 상황에서 북한지역에서의 안정화작전을 위한 방안을 기술하는 것은 의미가 있다고 생각합니다.

한국정부는 북한지역에서 북한 정권 또는 국제사회로부터 요청, 대규모 자연재해 발생, 화학무기 유출, 체제붕괴 등 다양한 상황을 염두에 두고 북한지역을 안정화작전으로 안정시키고 자유민주주의 체제로 전환할 수 있도록 준비해야 합니다.

안정화작전은 수복된 북한지역에 대한민국 헌정을 시행할 때까지 잠정적으로 전개하는 군사작전의 한 형태입니다. 북한군 또는 무장세력의 공격과 저항을 격퇴하고 병력 · 무기 · 장비 · 탄약 등 북한군의 전력을 한국군이 완전히 군사적으로 통합하여 민심의 안정을 달성하고, 인도적 지원으로 북한지역이 안정화되도록 해야 합니다. 그리고 군은 안정된 지역을 정부로 이양하여 북한의 제도와 체계를 통일한국의 체제에 적용하도록 해야 합니다.

이 책은 외교·국방의 전략적 요인, 군사작전 요인에서 한국정부와 군이 북한지역에서 실천적이고 이론적으로 적용할 수 있는 안정화작전 방안을 도출하기 위하여 작성되었습니다. 실천적이고 이론적인 안정화작전 방안을 정립하기 위해 한국군 전투부대가 파병되었던 베트남전쟁, 평화적으로 통일한 독일, UN 승인하 다국적군으로 개입하여 지역을 안정시킨 레바논전쟁 및 이라크전쟁을 연구하였습니다.

현대 전쟁사례를 통하여 안정화작전 방안을 도출하기 위해 안정화작전에 영향을 미치는 기술변화에 따른 전력변화, 국제정치 환경변화에 따른 국제체제 구조와 전쟁의 영향, 사회문화정보 등 Software 전략, 미래전의 안정화작전 양상 등을 고려요소로 선정하였고, 국제사회가 용인할 수 있는 요인, 남·북한 국민이 수용할 수 있는 요인 그리고 실행 가능한 요인으로 한국정부와 군의 전략적, 작전적, 전술적 수준의 발전방안을 도출했습니다.

전쟁사례를 분석한 결과 안정화작전의 핵심요인은 국제사회의 환경과 능력의 구비이고, 공통적인 실패요인은 내부의 갈등관리 실패였습니다. 이에 따라 한국정부와 군은 국내적으로 갈등 사안별로 맞춤식 갈등관리제도(법령, 기관, 전문가)를 통해 갈등을 해소하도록 준비하고 안정화작전 재원, 계획수립, 안정화작전을 수행할 기구와 조직, 전문인력 등을 준비하는 한편 대외적으로 유엔 등 국제사회와 협조하고 지지를 받을 수 있는 외교능력을 육성하는 것이 중요한 방안으로 도출되었습니다.

본서는 시간적 지역적 문화적으로 서로 상이한 전쟁사례를 분석하여 학술적으로 가치가 있고 통일 대비 안정화작전의 방안 도출에 참고자료로 정부와 군 및 학계에 도움이 되리라 생각합니다.

끝으로 본서가 산뜻하게 출판될 수 있도록 정성을 다해 주신 출판사 사장님과 관계관 여러분들에게도 깊은 감사를 드립니다.

2021. 1. 31.

눈 내리는 서초 교정을 바라보며

이 종 재

일러두기

1. 『현대 전쟁과 안정화작전』의 연구편찬은 현대의 전쟁에서 활동한 안정화작전의 활동을 이해할 수 있게 함은 물론 정부와 군의 안정화작전 연구의 기초자료로 활용될 수 있도록 작성하였다.

2. 이 책에서 사용한 국가 및 단체 등의 명칭은 국립국어연구원 『한글표준어사전』과 세계적으로 보편화된 표기법을 따랐으며, 인용된 자료의 원문을 번역 수록할 경우 원문의 뜻에서 크게 벗어나지 않은 한도 내에서 현대문으로 번역하고 당시 관용어나 제도어는 가급적 원문을 준용하였다.

3. 이 책에 사용된 영어, 프랑스어, 아랍어의 용어, 인명, 지명들은 '한글 맞춤법 통일안'의 외국어 표기법에 따라 표기하였다. 그리고 현지에서 사용한 약어들은 원 용어와 함께 병기하였다.

4. 이 책에 사용된 부호의 용례는 다음과 같다.
   ( ) : 원어를 넣거나 해석 · 보충의 경우
   " " : 인용문이나 대화체 문장의 표시
   ' ' : 고유명사로 쓰인 특정 용어 표시
   「 」: 특정문건 명, 조약이나 법령 표시

5. 수록된 통계는 현재까지 비교적 인정되는 자료를 수록하였지만, 앞으로 새로운 자료와 근거가 발견될 경우 언제라도 수정될 수 있다.

6. 수록 범위는 시간적으로 베트남전쟁은 1946년 12월부터 1973년 1월까지 26년이고, 독일통일은 1945년 분단 이후부터 통일한 1990년 10월까지 45년이다. 레바논전쟁은 1948년부터 2009년 11월까지 61년이고, 이라크전쟁은 2003년 3월부터 2010년 8월까지 8년이다.

7. 공간적으로 베트남전쟁은 남북 베트남의 평야와 밀림 및 인접 국가이다. 독일통일은 동독과 베를린지역이고, 레바논전쟁은 베이루트 등 도시지역과 산악지대이다. 이라크 전쟁은 바그다드를 포함한 도시지역이다.

8. 이 책은 유엔 등 국제사회가 용인할 수 있는 정치·제도적인 요인, 남북한 주민이 수용할 수 있는 경제·기능적인 요인 그리고 실행 가능한 행위적인 요인 등 거시적인 요인 3개와 국제사회 환경, 정치체제, 법규, 재원, 계획 사전준비, 기구과 조직, 전문인력, 갈등관리, 신속성 등 미시적인 요인을 분석요인으로 하였다.

9. 이 책은 제6장으로 구성되었다. 제1장은 개요, 제2장은 현대 전쟁과 안정화작전의 이론적 사례고찰, 제3장은 베트남과 독일통일 안정화작전 분석, 제4장은 유엔 승인 다국적군의 안정화작전 분석, 제5장은 현대 전쟁과 안정화작전 방안, 제6장은 결론이다.

Contents

【 표 목차 】

【 그림 목차 】

【 용어 설명 】

CAO	Civil Affair operations : 민사작전
CERP	Commander's Emergency Response Program : 지휘관 긴급대응 프로그램
CFLCC	Combined Forces Land Component Command : 연합지상 구성군사령부
CJTF	Combined Joint Task Force : 연합합동특수임무부대
CMO	Civil Military operations : 민군작전
CMOC	Civil-Military Operations Center : 민군작전본부
CORDS	Civil Operations and Revolutionary Development Support : 대민작전 및 혁신적 개발기구
CPA	Coalition Provisional Authority : 연합군 임시행정청
EOD	Explosive Ordnance Disposal : 폭발물처리부대
ePRT	embedded Provincial Reconstruction Teams : 부대편성 지방재건팀
GPS	Global positioning system : 지구위치 측정체계
GST	Governorate Support Team : 지역지원팀
IRRF	Iraqi Relief and Reconstruction Fund : 이라크 구조 재건기금
ISF	Iraq Security Forces : 이라크보안군
JDAM	Joint Direct Attack Munitions : 합동정밀직격탄
KCTC	Korea Combat Training Center : 과학화전투훈련단
KIHAC	Korean Integrated Humanitarian Assistance Center : 통합 인도지원본부
MAAG	Military Assistance Advisory Group : 군사고문단
MACV	US Military Assistance Command Vietnam : 주월미군사 원조사령부
MDL	Military Demarcation Line : 군사분계선
METT+TC	Mission임무, Enemy적 상황, Troops and support available가용부대 및 지원, Terrain and weather지형 및 기상, Time available가용시간, Civilian민간요소

NATO	North Atlantic Treaty Organization : 북대서양조약기구
NLF	Nation Liberation Front : 민족해방전선
NSPD	National Security Presidential Directive : 대통령 국가안보지침
ORHA	Office of Reconstruction and Humanitarian Assistance : 재건 및 인도주의적 지원국
PF	Popular Forces : 방위군
PKO	Peace Keeping Operations : 평화유지활동
PLO	Palestine Liberation Organization : 팔레스타인 해방기구
PROVN	Program for the Pacification and Long Term of south Vietnam : 남베트남 안정화 및 장기발전계획
PRT	Provincial Reconstruction Team : 지방재건팀
RF	Regional Forces : 지방군
RSCMA	The Reconstruction and Stabilization Civilian Management Act : 재건 및 안정화 민간관리시행령
S/CRS	The office of the Coordinator for Reconstruction and Stabilization : 재건 및 안정화조정관실
SIGIR	Special Inspector General for Iraq Reconstrution : 이라크 재건 특별감찰부
SLBM	Submarine Launched Ballistic Missile : 잠수함 발사 탄도유도탄
SNS	Social Network Service : 사회네트워크서비스
THAAD	Terminal High Altitude Area Defense : 고고도미사일방어체계
TRA	Transition Readiness Assessment : 전환태세평가
UFG	Ulchi Freedom Guardian : 을지 자유의 수호자
UN	United Nations : 국제연합
UNICEF	UN Children's Fund : 유엔아동기금
UNIFIL	United Nations Interim Force In Lebanon : 레바논 주둔 유엔잠정군
USAID	United States Agency for International Development : 미국 국제개발기구
WMD	weapons of mass destruction : 대량살상무기

제1장

개　요

제2차 세계대전 이후 분단되었던 베트남은 1975년에, 독일은 1990년에, 예멘은 1994년에 국토가 통일되고 정치체제가 하나로 단일화되었다. 통일한 국가들은 서구 제국주의, 외세의 통일반대를 극복하고 민족공동체를 바탕으로 통일을 달성하여 단일국가로 발전해가고 있다.

남·북한은 분단된 지 70여 년의 세월이 흘렀지만, 아직도 분단구조의 불안정성과 비정상성을 유지하고 있어서 언제든지 전쟁·분쟁이 재발될 수 있는 불안정성을 지니고 있다. 그것은 북한 국내 경제의 어려움과 국외의 제재에도 불구하고 한반도 공산화를 위해 선군정치를 포기하지 않기 때문이다. 남북한의 분단체제는 대립과 갈등으로 민족의 번영과 발전을 저해했을 뿐 아니라 한민족의 동질성과 역사적 정통성을 훼손시켰다. 그래서 민족의 분열을 극복하고 평화롭고 번영된 민족공동체를 이루는 통일을 위하여 북한정권 붕괴 시 또는 국제사회 요청이 발생하면 한국정부는 북한지역에서 안정화작전을 전개하여야 한다.

안정화작전은 통일되기 이전 두 정치체제와 군사통합의 문제를 해결하는 것이다. 안정화작전은 두 가지 방법으로 추진할 수 있다. 하나는 동·서독 통일처럼 상이한 체제와 다양한 제도가 통합된 이후 맨 마지막 단계에서 군사통합이 이루어진 경우가 있고, 다른 하나는 군사작전 일환으로 작전을 추진하여 민심안정과 치안을 확립 후 안정된 지역을 정부로 이양하여 전 분야에 대한 제도와 체계를 개편함으로써 안정화를 달성하는 방법이다.

안정화작전은 전시 MDL(Military Demarcation Line, 군사분계선) 이북지역에서 수복된 북한지역에 대한민국 헌정을 시행할 때까지 잠정적으로 전개하는 군사작전의 한 형태이다. 한국정부는 북한군의 공격을 격퇴하거나 요청에 의하여 병력·무기·장비 등 전력을 한국군이 완전히 군사통합하여 한국군 지휘관이 지휘통제하고 민심안정과 인도적지원 장비와 물자 지원으로 초기 단계의 안정화를 달성하는 방안과 안정화된 북한지역을 정부로 이양하여 북한의 정치·경제·사회 등 제반 제도·체계를 자유민주주의 체제에 적용하는 안정화 방안을 이끌어내야 한다.

현 국제정세에서는 과거 세계대전과 같은 대규모 전쟁발발 가능성은 거의 희박하다. 대신 국가 간 또는 '국가 대 다국적군'으로 전쟁·분쟁이 발생할 가능성이 있다. 현대 전쟁에서 전쟁의 목적이 과거와 다르게 변화되었다. 1945년 이전까지는 개입국이 점령 지배하면서 개입국 제도를 강요하고 안정화가 불필요했으나, 1945년 이후는 국제사회 환경, 민족과 지역의 전통, 문화, 주민정서 등을 고려하여 전쟁으로 치닫다가 승전국이 목표로 추구하는 체제전환을 달성한 후 지배권과 주권을 이양하는 국제정치체제로 바뀌었다. 아프가니스탄 및 이라크전쟁 시 미국 군정 후 주권을 현지 주민에게 이양한 것이 그 예이다.

통치권과 주권을 이양하는 시점에서 개입국이 저항세력을 완전히 격멸한 후 이양할 수 있고, 현지 정치세력이 무장세력을 격퇴하고 파괴된 전기, 상·하수도, 학교, 병원 등 기초서비스와 인도적지원 등 안정화작전을 추진할 수 있다.

안정화작전의 주체는 적 또는 저항세력을 격퇴하고 치안확립과 주민의 안전을 도모할 능력을 구비했는지가 개입국이 될 수 있고 현지 세력이 될 수도 있다.

안정화작전은 21C 초에 발생한 이라크전쟁을 통해 그 중요성이 대두되었다. 안정화작전은 기술변화에 따른 전력변화, 국제정치 환경변화에 따른 국제체제 구조와 전쟁의 영향, 사회문화정보 등 Software 전략, 미래전의 안정화작전 양상 등과 같은 요인에 의해 영향을 받는다.

20세기까지는 압도적인 군사력을 동원하여 적 군사력을 격파, 정부체제를 붕괴시키고 지역을 완전히 점령함으로써 전쟁을 종결하였다. 그러나 21세기는 최첨단 과학기술의 발달로 네트워크 기반의 작전환경 조성, 지식·정보기반의 작전, 효과위주의 작전, 인명을 중시하는 작전, 승수효과 달성을 위한 동시·통합전을 수행하는 방식으로 전환되고 있다.

현대의 전쟁은 정보에 대한 의존성이 증가하고 있고, 국제사회의 환경영향을 크게 받고 있다. 지구상 최강인 미국도 단독으로 전쟁을 개시하는 것은 사실상 어렵게 되었고, 국제사회의 지지가 그 어느 때보다도 중요해졌다. 그리고 작전을 수행하는 현장부대는 사전에 작전지역의 군사목표, 지형과 기후 특성, 주민성향 등을 무지한 상태에서 작전 시 성공적인 작전수행이 제한됨을 알게 되었고, 작전지역에 대한 정확한 사회문화정보, 장병교육과 훈련이 중요하게 대두되었다.

핵 및 미사일 도발로 국제사회로부터 제재를 받고 있는 북한은 미국 트럼프 대통령과 3차례(싱가포르, 베트남, 판문점) 북미 정상회담을 하였지만, 핵과 대량살상무기를 포기하지 않는 한 미국과 유엔의 제재가 계속되어 외교, 경제 분야에서 위기와 불안정한 상황이 언제든지 발생할 수 있는 상태가 되었다. 이러한 상황에서 중국, 러시아, 일본은 자국민과 그들의 재산 보호, 북한의 핵 및 대량살상무기 확보 등 자국 이익에 따라 어떠한 명분을 내세워서라도 사활을 걸고 북한지역에 개입하려 할 것이다. 북한지역에 개입하는 한반도 주변국은 북한지역의 기후, 지형, 주민에 의해 영향을 받을 것이다. 한국정부와 한국군도 영향을 받을 것이다. 그래서 이러한 요인들을 종합적으로 고려하여 한국정부와 한국군이 북한지역에서 실천적이고 이론적으로 적용할 수 있는 안정화작전 방안을 도출하였다. 이러한 실천적이고 이론적인 안정화작전을 정립하기 위해 유엔을 비롯한 국제사회가 용인할 수 있는 요인, 남 · 북한 국민이 수용할 수 있는 요인 그리고 실행 가능한 요인으로 거시적 요소와 미시적 요소로 베트남전쟁, 동 · 서독 통일 그리고 UN 승인하 다국적군으로 개입하여 지역을 안정시킨 레바논전쟁과 이라크전쟁의 성공과 실패에 끼친 요인들을 반영하였고, 안정화작전에 적용할 수 있는 방안을 도출하였다.

이 책은 시간적 · 지역적 그리고 문화적으로 상이한 전쟁을 분석하고 연구한 결과물이어서 정부의 국제사회 및 외교정책 개발, 군 전략전술 및 교리개발, 군구조 개편 및 개혁 방향, 군 교육과 훈련 그리고 학술 분야에서 활용할 수 있다.

향후에 한국정부와 한국군이 외교 · 국방전략 차원 여건, 군사작전 사전준비 및 작전부대 현장적용 요인들을 북한지역에서 적용하여 안정화작전 시 북한과 전통적으로 긴밀한 유대관계인 중국과 러시아는 자국의 국가이익 침해로 간주하여 한국의 안정화작전 및 통일로 가는 과정에 견제, 방해 및 간섭을 하리라 예상됨으로, 이러한 국제환경을 극복하고 북한지역에서 합법적으로 개입하여 안정화작전을 전개할 수 있도록 방안을 연구하였다.

안정화작전을 연구 분석하기 위하여 고려한 요소는 다음과 같다. 첫째, 군 교육기관에서 적용하고 있는 METT+TC 요소이다. METT+TC는 임무(Mission), 적 상황(Enemy), 가용부대 및 지원(Troops and support available), 지형 및 기상(Terrain and weather), 가용시간(Time available), 민간요소(Civilian)를 의미하는데, 이는 군부대가 전술훈련을 하기 전 지휘관 및 참모가 주어진 목표를 달성하기 위해 해부대 장점과 약점을 식별하고, 노출된 약점을 보완하면서 임무를 완수하는 방법이다. 그러나 METT+TC 요소는 단일 군부대가 제한된 기간에 하는 요소로는 아주 효과적이지만, 통일에 대비한 안정화작전 발전방안을 연구하는데 적용할 요소로서 군 요소를 적용하는 것은 다소 무리가 있다.

둘째, 베트남전쟁 시 한국군 민사심리전 수행방법을 연구[1)]한 요소를 적용한 방법이다. 민사심리전 연구에 적용한 요소는 작전 및 전투유형, 작전목적 성취도, 전과요인 그리고 아군피해요인 등 4개 요소이다. 이와 같은 요소는 전투와 전쟁이 성공했는지 실패했는지 작전을 하고자 하는 목적에 기여했는지 전반적인 전쟁국면에 기여했는지를 분석하는 요소라 할 수 있다. 오늘날 안정화작전은 적극적이라기 보다 소극적인 무기사용, 인명 중시, 세계평화에 기여하는 방향으로 발전하고 있어서 냉전 시대에 적용하였던 위 4개 요소는 부적절하다.

셋째, 민군작전 수행준칙을 적용한 분석이다. 민군작전 수행준칙은 통상 민군작전에 관계

1) 최용호, 『한권으로 읽는 베트남전쟁과 한국군』(서울 : 신오성기획인쇄사, 2004), p.15.

되는 모든 요원에게 공통으로 적용되는 것이다. 수행준칙은 정책의 지속성 및 일관성, 지휘 책임과 권한의 일원화, 부대 임무에 기여, 자원절약, 전투력의 신속한 사용, 법과 규정준수, 개인의 자유와 재산권 보장 등이다. 그러나 민군작전 수행준칙은 일반적인 준칙으로써 전쟁승리에 결정적인 요인을 이끌어내는 요인으로는 부족하다. 거시적이면서 미시적인 요소로 부적합하고 임무수행 간 전투원 개인의 자유와 주민의 재산권 보장은 일부 제한될 수 있다. 그래서 각종 문헌을 연구하고 다각적인 면에서 검토한 결과 한반도 역내 환경만으로 한정하기에는 제한이 있으며, 냉전 시대에 적용하였던 요소는 현대의 상황에 맞지 않고 군 요소만 가지고 분석하기에는 무리가 있다.

오늘날 안정화작전을 전개하는 경우 UN 헌장의 이념에 부합되고 국제법 · 국내법에 적합해야 하며, 안정화작전을 실시하는 기구와 협력해야 하며, 신속하고 적극적으로 안정화작전을 실시해야 성공 가능성이 있다.

이와 같은 요소들을 종합하여 다음과 같이 안정화작전 분석요소를 선정하였다. 즉 유엔을 비롯한 국제사회가 용인할 수 있는 요인, 남 · 북한 국민이 수용할 수 있는 요인 그리고 실행 가능한 요인들을 고려하여 정치 · 제도적인 요인, 경제 · 기능적인 요인, 그리고 행위적인 요인 등 거시적 요인이다.

거시적 요인은 UN의 기구와 지역별 군사 · 안보체제를 포함한 정치적 요인과 안정화작전을 시행하는 제반 구조적 요인, 안정화작전에 참가하고 지원하는 정부와 군, NGO(Nongovernmental Organization, 비정부기구)들의 행위적 요인들이 포함되어 있다. 그리고 거시적 요인의 세부 분석요소를 각 3개씩 선정하여 분석요인으로 적용하였다. 안정화작전 분석요인은 〈표 1-1〉과 같다.

〈표 1-1〉 안정화작전 분석요인

구 분	세부 요소
정치 · 제도적 요인	국제사회 환경, 정치체제, 법규 시행
경제 · 기능적 요인	재원, 작전계획 사전준비, 기구와 조직, 전문인력
행위적 요인	갈등관리, 신속성, 능력의 구비

제2장

현대 전쟁과 안정화작전의 이론적 사례고찰

제1절 전쟁과 안정화작전

1 전쟁과 군사작전 수행방식의 변화

인류의 역사는 원시시대 생존경쟁에서부터 근대의 세계대전까지 헤아릴 수 없는 전쟁과 분쟁이 끊임없이 계속되어 왔다. 노르웨이의 한 통계 전문가에 의하면 14,531회의 전쟁이 발생했다고 한다. 그렇다면 전쟁이란 무엇인가? 병법의 군사이론서로써 고전이 된 『전쟁론』[2]에 의하면, 전쟁이란 "자기 의지를 관철하기 위해 적을 복종시키려는 폭력행위"라고 정의하였다.

그리고 전쟁의 원인에 대해 조지 타운대 국제문제 교수 로버트 리버(Robert J. Lieber)는 "전쟁발발에 관한 다양한 설명은 거의 상이한 전쟁의 수 만큼 많다"고 했으며[3], 뉴욕시립대학교의 정치학 교수 존 스토싱거(John G. Stoessinger) 박사는 20세기에 발발한 10개의 전쟁사례를 정리한 결과 "전쟁의 원인(Cause of war)은 종교 · 사상 · 주의 · 동맹체제 · 경제 등의 요인보다는 인간적인 요소, 즉 지도자의 성격, 그가 처한 상황과 시기가 핵심적이며 근본적인 원인이 되어 전쟁이 일어났다."고 강조하였다. 존 스토싱거는 전쟁은 불가피하다는 종래의 고질적인 관념에서 벗어나 인간 스스로가 자초하는 처참한 재앙을 대화로써 회피할 수 있다는 견해를 제시하였다.[4] 이러한 맥락에서 생각해보면, 남북으로 분단되어 대치하고 있는 현재의 한반도 상황은 대화로써 평화적으로 통일방법을 모색하는 것이 최상이라고 할 수 있다.

전쟁은 인류문명의 변화를 가져왔다. 원시시대에는 육체적인 완력을 이용한 근력, 봉건시대에는 화약, 산업혁명 시대와 근대에는 기술 그리고 1990년대 걸프전 이후부터는 하이테크 기술시대로 인류에 커다란 혜택과 동시에 많은 비극을 초래하였다. 전쟁의 역사는 21세기에 들어 첨단과학기술, SNS(Social Network Service, 사회네트워크서비스)를 통해 한 개인이라도 국가의 힘 못지않게 지역을 넘어 세계적으로 큰 영향력을 주고 있다. 그 결과

2) Carl Von Clausewitz, *vom Kriege*, Germany, 1832.
3) Robert J. Lieber, *Theory and world politics*, London, 1973, p.93.
4) John G. Stoessinger, *Why Nations Go to war*, New York : St. Martins's Press, 2011.

인류 문명사에 획기적인 전쟁수행의 발전을 가져왔다. 국제정치의 주요행위자가 바뀌고, 세계패권을 장악하기 위한 행위자의 행동수단이 혁명적으로 변화되었다. 이는 냉전체제의 해체과정에서 소련의 붕괴, 일본과 중국은 국제정치의 중요한 행위자로 부상함과 동시에 군사강국으로 부상하고 있다. 아프가니스탄전쟁과 이라크전쟁은 알카에다 조직의 9·11테러를 기점으로 안정화작전의 중요성이 부각되고 군사작전 영역이 확장되면서 다음과 같은 특징을 보이며 발전하고 있다.

첫째, 전쟁의 공간적 범위가 지구대기권 밖에 있는 우주 차원으로 확대되었다. 과학기술의 발달은 지구 밖 우주에 군사인공위성 등 각종 정보를 수집하는 수단을 비약적으로 발전시켜 잠재적국을 손바닥 보듯이 파악하게 하였고 각국은 우주개발에 천문학적 비용을 투자하여 승리하기 위해 치열하게 경쟁하고 있다.

둘째, 과학기술의 발달로 소량으로도 대량살상을 할 수 있는 핵, 미사일 등 무기가 발달되어 과거 인류가 경험하지 못한 위험성과 긴장감을 갖게 되었다. 셋째, 과거와 같이 대량물량을 투입한 총력전이 아닌 Smart 전쟁으로 전쟁수행방법이 발전되어 원거리에서 소량의 첨단유도무기로 잠재적국 정부와 군부대를 표적공격 함으로써 인명손실이 적게 발생하게 되었다.

넷째, 전쟁의 규모가 지역을 넘어 전 세계 어느 곳에서든지 발생하고 있다. SNS 발달로 특정한 관심이나 활동을 공유하는 사람들이 페이스북(Facebook)[5]과 트위터(Twitter)[6] 사회기반네트워크를 이용해 정치·경제·사회·군사·문화 등 전 세계 사회의 전반적인 분야까지 관계망을 형성하고 공중, 지상, 해상 어느 곳에든지 전쟁과 분쟁을 일으킬 수 있게 되었다.

다섯째, 민족·이념·종교적인 문제에서 지정학적 위치와 자원 확보를 위한 전쟁이 과거의 역사처럼 재현되고 있다. 러시아는 우크라이나(Ucraina)의 크림반도를, 중국은 특히 남중국해의 남사군도를 국제사회의 반대와 필리핀의 국제재판소 제소에 따른 판결에도 불구하고 군사력을 바탕으로 각각 실효적으로 지배하고 있다. 여섯째, 민간인 안전을 확보하는 안정화작전의 중요성이 증가하고 있다. 압도적인 군사력으로 전쟁에서 승리에도 불구하고 주민의 마음을 얻지 못하면 전쟁의 승리는 요원해진다.

---

5) 하버드 대학교 학생이었던 마크 주커버그(Mark Zuckerberg)가 개설한 소셜 네트워크 서비스(SNS, Social Network Service) 웹 사이트.

6) 트위터란 '지저귀다'라는 뜻으로 재잘거리듯이 하고 싶은 말을 컴퓨터, 휴대전화 문자메시지(SMS)나 스마트폰(smart phone)등 다양한 방법을 통해 짧게 올릴 수 있는 공간이다. 2006년 3월 미국의 벤처기업이 처음 개설하였다.

2 군사작전 영역의 확장과 안정화작전

상호 대립하는 2개 이상의 국가 또는 집단 간 군사적 비군사적 수단을 조직적이고 집단적으로 행사하여 상대방에게 강요함으로써 발생하는 군사 행위로 고대 중세 근대까지 국제사회는 개입국이 침공하여 정복하고 지배하는 것을 인정하였으나, 근대 이후부터 정복 후 현지의 전통, 문화, 제도를 존중하고 체제전환을 달성한 다음에는 지배권과 주권을 현지인들에게 이양하는 안정화작전으로 작전영역이 확장되었다. 이러한 변화는 21세기에 발생한 이라크전쟁에서 뚜렷이 나타났다.

4차원의 압도적인 군사력으로 초기전투에서 후세인 정부와 군사력을 불과 40일 만에 붕괴시킨 미군은 이후 주민의 마음을 얻지 못하고 치안의 질서를 확립하는데 소홀하여 종파간 분쟁, 현지 주민의 연합군 공격 등으로 전쟁이 장기화되었고, 안정화작전은 재건과 함께 중요한 군사작전으로 대두되었다.

안정화작전은 공격작전, 방어작전, 안정화작전 그리고 후방지역작전 형태 중 하나이며 공격하면서도 안정화작전을 할 수 있고, 방어하면서도 안정화작전을 할 수 있다. 안정화작전은 향후 북한지역에서 정부 및 군의 치안질서 확립, 인도적지원, 기구와 조직 인수 및 개편, 유·무형의 재산 접수 및 인수, 복구 및 재건 등 제반활동을 통하여 지역과 주민의 안전을 도모하고 안정된 환경을 회복함으로써 정부의 통치행정을 적용할 수 있는 여건을 조성하고 확장한다.

안정화작전은 국가가 국내·외적으로 체제가 정비되고 통일(unification)되기 전까지 군이 중요한 역할을 하는데 안정화작전 부대가 적대세력을 격퇴, 지역과 주민의 안전을 확보하고 정부 또는 행정조직에게 인계하고 통치조직에 의해 통일단계에 진입할 수 있도록 상이한 제도, 체제 그리고 군사조직이 통합(integration)되도록 지원하는 것이다. 일반적으로 안정화작전에 있어서 통합이란 국토의 지리적 통일과정 또는 이후에 나타나는 것으로서, 분단으로 인한 이질적인 국가체제를 하나의 체제로 결합하는 것이다. 제도 통합은 헌법·행정·치안·사법분야, 군사·외교분야, 노동·복지·환경·교육·언론분야가 있다. 특히 군사통합은 병력인수, 무기·장비·탄약의 판매와 폐기, 훈련장·시설물 수용 등을 통합한다.

안정화작전은 군사작전이 종결된 것이 아니고 지역과 주민의 안전이 확립되도록 군사적으로 뒷받침하는 중요한 작전이다. 초기전투에서 비록 승리를 했다 하더라도 지역과 주민의 안전이 확보되지 않으면 주민은 생명과 재산의 보호를 위해 의탁할 수 있는 세력에게 갈 수 있으므로 지역과 주민의 안전확보는 모든 작전 간에 수행되어야 할 제1의 전제조건이다. 따라서 정부, 군, 민간조직은 안정화작전에 대비하여 계획, 기구와 조직, 전문인력, 예산 등을 준비해야 한다. 군사작전에서 통상 공격과 방어작전이 중요하다 생각하고 많은 시간을 투입하여 병력, 장비, 물자 등을 적보다 유리한 상황에 배치시켜 승리를 추구한다. 그러나 공격과 방어작전을 하면서 동시에 수행해야 하는 것이 안정화작전이다. 후방지역 또는 후속부대가 해야 할 부차적인 작전으로 치부해서는 안되는 이유이다.

현대는 과거와 달리 IT, SNS 등 통신체계를 이용하여 빠르게 전파됨으로써 전국적인 저항세력 유발과 군사행동에 봉착하게 된다. 따라서 정부와 군은 전통적인 공격과 방어, 탐색격멸작전, 화력위주 공격으로 무분별한 파괴와 살상행위는 지양해야 하고 지역주민의 마음을 얻고 정보를 획득하여 승리해 나가는 작전을 추진하도록 강구해야 한다.

제2절 안정화작전 개념과 고려요소

1 안정화작전의 형성 배경과 정의

1) 최초 영국군에서 미군으로 도입

안정화작전의 개념은 최초에 영국군에서 태동하여 미군 그리고 한국군으로 소개되었다. 1945년 제2차 세계대전에서 일본은 동남아를 석권하여 말라야(Malaya) 반도를 점령하였으나 미군에 패전 후 말라야 반도는 영국군이 재점령하였다. 영국군 브릭스(Harold Briggs) 중장은 군정을 하면서 중국인 중심의 말라야 공산당(1930년 창설) 반군과 중국인 무단거주자들의 연결고리를 차단하기 위해 밀림 속에 있는 무단거주자 약 50만여 명을 1953년까지 550개의 '신정착촌(New Villages)'으로 이주시켜 이들에게 안정감을 주고 경제적 의욕을 고취하기 위해 토지소유권을 인정하였다.[7] 그 결과 밀림 속의 반군들에서 귀순자가 발생하는 등 큰 타격을 받아 반군의 전력이 약화되었고, 결국 영국군은 말레이반도를 평정하는데 성공하였다. 영국군은 밀림 속의 반군들을 격멸하는 비정규전을 수행하면서 하위 개념으로 안정화작전 개념을 최초로 도입하여 정립하였다.

미군은 1942년 제2차 세계대전 시 현역으로 편성된 민사부대를 창설하고[8] 점령지역에서 군정 임무를 수행하였다. 전통적인 공격작전과 방어작전에 집중하면서 전술적인 고려요소인 METT+TC 요소 중 민간요소(Civilian)의 중요성을 인식하기 시작하였다. 이후 베트남전쟁에 참전한 미군은 1962년부터 여러 개의 평정계획을 시행하였다. 초대 미군 군사고문단장인 하킨스(Paul D. Harkins) 중장은 영국군의 신정착촌 모델을 모방한 '전략촌 계획(Strategic Hamlet)'을 시행하여 선량한 주민과 베트콩과의 관계를 차단하려고 하였으나 별 효과를 거두지 못하였다.[9] 그 후 1964년 웨스트 모어랜드(William Westmoreland) 장군이 'HOP TAC' 계획하에 당시 남베트남 수도인 사이공의 중심에서부터 점차 외곽으로

---

7) 손석현, 『대반란전 사례 연구』(대전 : 국군인쇄창, 2016), p.56.
8) 제195민사여단이 대표적이다. https://en.m.wikipedia.org〉wiki〉95_...
9) 최용호(2004), p.83.

주민 보호와 정부의 행정권을 확대해 나갔으나 실패하였다. 그러자 1968년 7월 부임한 아브람스(Abrams) 장군이 남베트남 안정화 및 장기발전계획(The Program for the Pacification and Long Term of south Vietnam, PROVN)[10]을 추진하여 성공하고 있었으나, 1972년 3월 북베트남의 춘계대공세와 1973년 1월 파리 평화협정의 발효로 미군은 베트남에서 철수해야만 했다.

그 후 1998년부터 민사작전과 구분되는 민군작전의 용어를 분쟁지역에서 사용하기 시작하였다. 즉 민사작전과 민군작전의 용어를 분리하고 아프가니스탄 전쟁을 수행하면서 실전에서 교리를 정립하였다. 그리고 미군은 이라크를 침공하기 전인 2001년 미 중부사령부가 '전(全) 영역작전의 안정 및 지원작전(Full-Spectrum Stability and Support Operations)'을 전역계획으로 채택한 후 공격, 방어, 안정화 그리고 민간지원작전을 적용하면서 안정화작전이 군사작전 유형의 하나로 공식적으로 사용하기 시작하였다. 미군은 이라크전쟁을 통해 정규전과 비정규전에서 정치 및 군사작전 요구로 민간요소와 민사 요원의 역할이 중요해짐에 따라 2007년 민사병과를 창설하였다.[11] 미군은 현재 민사작전(Civil Affairs operations), 민군작전(Civil Military Operations), 그리고 안정화작전(Stability Operations)으로 분리하여 사용하고 있다.

미군은 FM 3-0 『작전(Operations)』교범에서 군사작전의 범주를 공격, 방어, 안정화, 지원작전으로 구분하고, 이중 안정화작전은 '평시의 개발지원과 위기 시의 협력 및 강압적 행위의 결합을 통하여 유리한 작전환경을 조성함으로써 미국의 국가이익을 증진하고 보호하는 것'이라고 정의하고 있다. 그리고 FM 3-07 『안정화작전(Stability Operations)』교범에서 안정화작전은 '미국 이외의 지역, 즉 해외에서 시행하는 작전으로 치안안정(Civil Security), 문민통제(Civil Control), 필수 서비스(Essential Services) 회복, 거버넌스(Governance) 지원, 경제 · 인프라발전(Economic/Infrastructure Development) 지원 등 5개 과업을 수행한다'라고 기술되어 있다.[12] 미군의 안정화작전 유형은 〈표 2-1〉과 같다.

10) John A. Nagl, *Learning to Eat Soup with a knife : Counterinsurgency Lessons from Malaya and Vietnam*, Chicago : The university of chicago Press, 2005, p.151.

11) 강근영, 「미 민사부대 편성 및 역할과 훈련방법 소개와 한국군의 민사작전 발전방안」(교육사령부, 2015), p.7.

12) FM 3-07, 『Stability Operations』, United States Government US Army, 2014, p.10.

〈표 2-1〉 미군의 안정화작전 유형

· 평화활동 -평화유지, 평화강제 -외교 노력 지원 작전 · 안보지원 · 인도주의적 그리고 민간지원 · 반란 지원 -비정규전, 정규 전투행위 · 대 마약작전지원 -탐지 · 감시, 주재국 지원, C4 -정보, 계획, 전투근무지원 -인력지원, 정찰	· 주둔국 내부방어 -간접지원, 직접지원 -전투작전 · 테러와의 전쟁 -반테러, 대테러 · 비전투원 후송작전 · 무기 통제 -사찰, 보호, 파기 · 무력 시위 -증강된 군사력 사용 가능성 -연습 및 무력시위

〈출처 : HQs, Department of the Army, FM 3-07 Stability Operations and SupportOperations, p.1-4.〉

2) 한국군 도입

한국군은 현대에 발생한 베트남전쟁에 참전하면서 처음으로 전쟁피해를 당한 주민들을 위한 인도적지원의 민사작전을 하였다. 그 후 우리 군에게 민사작전 용어는 친숙한 용어가 되었고, 이후 대국민 봉사와 해외파병 시 적용하는 토대가 되었다. 오늘날 민간과 군에서 서로 협조하고 지원하는 민군작전이 증가하고, 2005년 12월 12일 합참은 민사작전과 민군작전 용어를 구분하여 사용하도록 지시하였다.[13] 민군작전(Civil Military operations) 이란 "군사작전의 일부로써 군이 주체가 되어 지휘관 책임하에 수행하는 민과 관계되는 제반 활동"을 뜻한다. 그리고 이라크전쟁의 교훈으로 적용하고 있는 안정화작전(Stability operations)은 "자유화지역[14]에서 안정된 환경을 조성하고 통치질서를 확립하기 위해 군

13) 육군본부, 『기록으로 본 6 · 25전쟁과 민군작전』(대전 : 국군인쇄창, 2012), p.11.

14) 자유화지역은 ①군사용어 사전에서는 '적에 의해 국내법의 적용범위가 제한되어 있던 지역으로부터 적을 축출하고 국내법의 적용범위를 확대하게 된 지역'으로 정의하고 있다. ②통일부「자유화지역안의 정부업무운영 등에 관한 임시특례법('10.7.28)에 의하면 '북한에서 예상하지 아니한 돌발사태가 발생하여 대한민국이 수복하거나 북한의 남침에 대한 응전 및 반격으로 대한민국이 수복한 종전의 군사분계선 이북지역'으로 정의하고 있다. ③합참에서는 '13년 10월 안정화작전 적용지역을 '수복지역(안정화작전)'으로 병기하도록 정립하였다. 수복지역이란 '적에 의하여 점령되어 있다가 아군 또는 우방국에 의하여 적을 축출하고 탈환된 지역으로, 국내법의 적용이 가능하도록 적용범위가 확대된 지역'이다. ④헌법상 명시된 대한민국 영토 개념을 명확히 표현하고 한국군의 상무정신 고취를 위해 '수복지역'을 사용하는 것이 이해하기 쉬워 타당하지만, 전시 각종 정부계획과의 연계성 유지, 한미연합작전 수행간 용어통일 측면을 고려해 '자유화지역' 동시 병기가 필요하다. 그러나 통일부의 '자유화지역' 정의에 보면 수복의 의미가 포함되어 있기 때문에 '자유화지역'으로 통일하여 기술한다.

이 정부 및 민간분야와 협력하여 인도적 지원과 사회기반시설 복구, 민간의 안전 및 통제체계를 구축하는 제반 군사활동"이다.[15)]

한국군 합동참모본부는 이라크전쟁의 교훈을 통하여 그동안 한국군 전투 교리와 전투개념에서 간과되었던 안정화작전을 집중적으로 연구하기 시작하였다. 시간적으로 정리하면, 합참은 이라크전쟁이 미군의 상대적인 전력 우위로 군인과 민간인의 큰 희생 없이 빠른 시일에 전쟁이 종결될 것으로 판단하였다. 그러나 이라크 주민들로 구성된 반군세력에 의하여 미군을 포함한 참전국 군인들이 피해를 당하기 시작하였다. 그래서 동맹군들의 피해 원인을 파악하기 시작하였고 현대 고도로 발달한 무기체계로 전쟁을 수행하더라도 작전지역 내 주민들의 성향과 안전의 확보가 전쟁 종결의 중요한 요인임을 파악하게 되었다. 그 후 2006년 국가비상대비 훈련인 UFG 연습 시 최초로 국가전쟁지도본부의 합참에 안정화작전 상황실을 설치하고, 전쟁 시 민간인의 안전과 보호에 대한 훈련을 육군 해군 공군이 시작되었다. 그리고 2006년 12월 합동운용개념서에 안정화작전 개념을 반영하였고, 2009년 합동기본교리와 합동작전교리에 수록하였으며 2010년 12월 안정화작전 시 수행과업, 계획수립, 수행부대 등 내용을 구체적으로 포함하여 합동교범 3-12『합동안정화작전』을 발간하였다. 합동안정화작전 교리가 정립되면서 그동안 연구되었던 6 · 25전쟁 시 민사작전들이 안정화작전 차원에서 재연구되기 시작하였고, 북한 내부에서 일어날 수 있는 상황들을 개념적으로 종합한「급변사태」[16)]에도 안정화작전을 가정하여 연구하기 시작하였다.

육군은 2007년 지상전 개념서에 최초로 안정화작전 개념을 반영하고 2011년 지상군 기본교리에 수록하였다. 또한, 한반도 작전환경을 고려한 안정화작전의 개념을 정립하여 2015년 3월에 교육회장 15-3-1『안정화작전』에서 '안정화작전은 자유화지역에서 안정된

15) 육군교육사령부, 『교육회장 15-3-1』(대전 : 국군인쇄창, 2015), p.1-1.

16) 급변사태는 1995년 9월 한미연합사 콜린스가 작성하고, 1996년 2월 연합사령관이 외부에 발표한 내용으로, '북한은 ①자원고갈→②배분의 차별화→③국지적 독자행동→④억압→⑤저항→⑥분열→⑦지도층의 재편'이라는 7단계 붕괴과정을 제시하고 이미 ③,④단계에 진입했다고 발표한 이후 북한 붕괴론이 활발히 거론되었다.

1990년대 북한의 생존론과 붕괴론 또는 체제변화에 대한 논문은 수없이 많다. 대표적인 논문은 고유한, 「북한 사회주의체제의 구조적 위기와 김정일 정권의 진로」『한국정치학회보』30(2), 1996.; 류길재, 「김정일 정권하의 북한체제와 체제변화 가능성 검토」『국가전략』30(1), 1997.; 전현준,「김정일 정권 조기붕괴론에 대한 비판적 고찰-김정일 정권의 안정성을 중심으로」『한국정치학회 학술토론회 발표논문』, 서울, 1997.; 정세현, 「김정일의 북한, 5년 이상 존속 가능성」『국방대학원 안보문제연구소 주최 '97 안보학술토론회 발표논문』, 1997.; 한용섭, 『국방정책론』(박영사, 2012) 등이다.

중앙일보는 급변사태 유형을 ①핵, 미사일, 생화학무기 등의 유출 ②정권교체 ③쿠데타 등 내전상황 ④북한 내 한국인 인질사태 ⑤대규모 주민탈북 ⑥대규모 자연재해 등 6개로 예상했다.(2014.6.26.). 국방부는 이 중 한 가지 유형으로 인해 급변사태가 촉발될 것으로 전망했다.

환경을 조성하고 통치 질서를 확립하기 위해 군이 정부 및 민간분야와 협력하여 인도적 지원, 기반시설 복구, 민간의 안전 및 통제체계를 구축하는 제반 군사활동이다'라고 처음으로 안정화작전 교범에 개념을 반영하였다.[17] 이후 합참과 육군은 공동의 노력으로 안정화작전의 수행 개념과 성격 등을 발전시켜 나가고 있다.

미군과 한국군의 안정화작전 성격을 분석해 보면 민간요소(Civilian)를 대상으로 통치 기능을 정상화하는데 유사점이 있기는 하지만, 미군은 미 본토 이외의 전 세계를 대상으로 군사작전을 수행한다는 '일반화된 교리'를 적용하고 있고, 한국군은 군사분계선 이북 지역에서 안정화작전을 수행한다는 차이점이 있다. 또한, 작전 시기와 목표 면에서 미군은 전·평시에 수행하고 통치 기능이 취약한 국가를 대상으로 주둔국 정부의 통치 기능을 정상화하는 것이 목표지만, 한국군은 전시에 북한주민을 대상으로 한국정부의 통치기능 정상화가 목표라는 점에서 차이가 있다.

2 안정화작전 수행부대와 유관기관과의 관계

1) 안정화작전 수행부대 및 역할

안정화작전의 목적은 북한지역에서 적대세력을 축출 또는 포용하고 합법적인 정부기관으로 책임을 이양하여 정부의 통치질서를 확립하는데 있다. 이와 같은 목적을 달성하기 위한 안정화 작전 수행부대는 전투부대, 민사부대, 안정화사단이다.[18] 전투부대는 공격 또는 방어작전과 안정화작전을 동시에 수행한다. 이 중에서 공격 또는 방어전투와 같은 군사작전을 주로 수행하며 조직적으로 저항하는 잔적과 게릴라를 격멸한다. 그리고 저항세력의 예상 은거지역에 대한 수색정찰, 탐색격멸작전을 실시하고 국가·군사중요시설을 방호한다. 전투부대는 이와 같은 임무를 수행하기 위해 작전 개시 전에 민사부대를 배속받아 제대별로 후방지역에서 피난민 통제, 치안질서 확립 등 군사작전 방해요소 제거와 무장해제, 전복세력 및 범법자 단속 등 주민의 안전확보, 긴급 인도적지원, 구호활동 등 임무를 수행한다. 이때 안정화부대는 전투부대 작전지역의 후방에 근접하여 저항세력이 격멸되면 곧바로 투

17) 육군교육사령부(2015), p.1-1.
18) 합동참모본부, 합동교범 3-12『합동안정화작전』(대전 : 국군인쇄창, 2016), p.1-1.

입하여 안정화작전을 수행할 준비를 한다.

전투부대가 적의 위협을 제거하여 안정화작전 기반을 조성하면 안정화부대가 본격적으로 지역을 인수받고, 전투부대에 배속되었던 민사부대를 재배속받아 안정화작전을 주도적으로 수행한다. 안정화부대가 임무수행 중 적의 조직적인 저항에 봉착하더라도 이를 격퇴시키고 고유의 임무를 수행한다. 현 계획에 의하면 안정화부대는 후방지역의 향토사단 000개 부대가 임무를 수행한다.

한편, 민사부대는 전투부대, 안정화부대에 중대 또는 대대 단위로 배속되어 행정, 치안, 구호, 자원관리, 선무 등 민사 고유의 5대 기능을 수행한다.

현재 한국군의 작전형태는 공격작전, 방어작전, 안정화작전 그리고 후방지역작전으로 구분하고 있다. 이 중 안정화작전은 북한지역에서 군이 정부 및 민간과 긴밀히 협력하여 수행하는 제반 군사활동이다. 안정화작전의 수행과업은 합참이 2013년 10월에 정립한 6대 과업으로 설명할 수 있다. 6대 과업은 안정화를 위한 군사작전, 민간의 안전확립, 민간의 통제체계 확립지원, 필수공공서비스 복구, 경제 및 사회기반시설 발전 지원, 정부통치지원이다.[19]

2) 유관기관과의 지휘관계

분쟁지역이나 전쟁지역에는 당사국뿐만 아니라 국제기구와 민간기구도 고유의 목적을 갖고 개입한다. 따라서 정부와 군은 안정화작전에 참가하는 자국의 민 · 관 · 군 및 국제기구와 외국인 단체들을 포함하여 모든 요소들의 노력을 통일하고 작전목적을 달성하기 위한 명확한 관계 설정과 협조대책을 설정한다.

정부 또는 군에서 파견되는 정부민사지원요원과의 지휘관계는 임무, 상황, 작전목적에 따라 배속, 지원, 피지원, 협조 등의 방법으로 빈번한 지휘 변경이 불가피하다. 따라서 안정화부대 지휘관은 적시 적절한 지휘관계 변경을 결심하고 이를 명령으로 실시간으로 하달하여 성공적인 임무수행을 보장해야 한다. 정부의 부 · 처 · 청 및 광역시 · 도에서 파견하여 지원하는 정부민사지원요원은 합참의 합동민군작전센터(JCMOC), 민사여단 · 민사대대 등에 배속되어 정부의 공무원으로서 군 통제하에 임무를 수행한다. 그러나 국제기구나 비정부기구(NGO)는 군 지휘관계에 의한 통제가 제한된다. 왜냐하면, 기본적으로 언어소통이 제한되고, 그들의 활동이 제약 시 부정적인 인식으로 받아들여 군사작전에 방해요인으로 작용할

19) 육군교육사령부(2015), p.4-1.

수 있기 때문이다. 따라서 정부와 군은 국제기구나 비정부기구와 긴밀한 협조가 가능하도록 다양한 대책을 강구한다.

정부와 군은 능력과 전문성을 구비하고 있는 국제기구와 비정부기구를 정부 부처와 협조하여 안정화작전의 계획단계부터 참여시키고 그들의 능력과 노력을 통합하도록 한다. 그리고 군 작전지역 내 활동은 군 승인하에 이루어져야 한다. 군 내의 민군작전본부(CMOC)가 주축이 되어 유관기관들이 작전지역에서 활동이 가능한 지에 대해 합참과 국방부의 승인을 받아 보장한다.

그러나, 어떠한 위협이 예상 시 군은 비정부기구의 활동을 제한한다. 정부와 군은 국제기구와 비정부기구들과 협조 시 기구들의 특성을 고려하여 다음과 같은 조치를 강구한다. 인원, 구호, 의료, 보건 등 인도적지원 단체는 통일부 인도적지원 전담기구인 통합인도지원본부(KIHAC)[20]와 합참 합동민군작전본부(JCMOC)를 통한 협조로 지원 소요, 역할분담 등 상호 정보공유를 통하여 협력관계를 유지한다. 언론, 정치, 종교 관련 단체는 안정화작전의 정당성 홍보 및 지원세력이 되도록 하되 작전에 방해되지 않도록 사안별로 협조한다.

안정화작전에 반대하거나 비판하는 국내 · 외 단체의 활동 승인은 우선 정부에서 거부한다. 국경과 항만 · 공항을 통제하여 해당 단체의 입국을 거부하거나, 통제 불가 시에는 국내 활동을 금지하는데 특히 작전지역 내 활동을 통제한다.

3 안정화작전 고려요소

1) 기술변화에 따른 전력변화

전쟁에 있어서 신교리, 신무기는 전쟁의 향방을 결정지어 왔다. 임진왜란 시 학익진법과 거북선으로 일본군을 격퇴하였고, 제2차 세계대전 시 독일은 급강하 항공전력으로 결합된 전격전을 구사하여 프랑스를 7주 만에 함락시켰고, 미국은 21C 첫 전쟁인 아프가니스탄전쟁에서 인공위성, 정밀유도무기, B-1 등 장거리 폭격기로 두 달 만에 승리하였다. 그리고 이라크전쟁에서는 최첨단 과학기술을 총동원하여 인공위성, 대규모 항공력, 정밀유도무기,

20) KIHAC(카이핵) : Korea Integrated Humanitarian Assistance Center, 통합인도지원본부-통합인도지원실에 설치된다. 육군교육사령부(2015), p.2-23.

정찰 및 감시체계, 지휘통제체계로 통합된 네트워크 중심전, 전쟁 템포, 지상군과 통합된 효과중심작전 수행으로 후세인정권과 이라크군을 붕괴시켰다.

첨단 과학기술의 발전에 따른 항공우주무기체계의 첨단화는 정밀성과 치명성을 증대시켜 한 개의 표적 파괴를 위한 투입전력과 폭탄의 수량이 감소할 뿐만 아니라 무장의 가격도 떨어뜨려 경제적 효과를 창출하는데 성공하였다. 그 예로 GPS(지구 위치 측정체계)를 이용한 JDAM(Joint Direct Attack Munitions, 합동정밀직격탄)의 경우 토마호크 크루즈미사일(150~200만 달러)의 1/50도 안되는 가격(2.7만 달러)이지만 정확도(오차범위 3m)와 파괴력이 우수하였다. 첨단 과학기술은 전쟁 양상의 패러다임(Paradigm)을 바꾸고 있다. 우리는 신교리, 신무기, 첨단 과학기술을 개발하여 전쟁에 대비하고 전쟁에서 승리하도록 해야 한다. 과학기술의 발달은 북한지역에서 안정화작전 시 많은 영향을 끼칠 것이다.

2) 국제정치 환경변화에 따른 국제체제 구조와 전쟁의 영향

1917년 노동자와 농민 중심의 공산주의는 새로운 사상으로 당시 유럽의 제국주의와 구분되면서 식민통치를 받던 아시아, 아프리카, 아메리카에 많은 영향을 주었고, 제2차 세계대전 이후에는 미국과 세계를 냉전체제로 양분하였다. 1985년 소련은 국내의 경제난을 극복하는 동시에 개혁개방을 추진한 고르바초프(Mikhail Gorbachev)는 위성국가인 발트 3국의 독립요구를 승인하였고, 대통령 선거에서 압도적인 지지를 받은 보리스 옐친(Boris Yeltsin)에 의해 소련은 1991년 12월 해체되면서 국제사회는 탈냉전 시대가 되었다.

소련이 해체된 21C에도 미국은 초강대국의 위치에서 제국주의와 공산주의를 대신하는 자유민주주의와 시장경제체제의 가치를 전파하고 있다. 그러나 알카에다(Al-Qaeda) 조직의 2001년 9·11 테러는 미국의 전 세계 평화수호자이던 초강대국의 입지를 흔들었다. 미국에 대한 테러는 공산주의, 사회주의 국가를 막론하고 전 세계가 테러행위를 규탄하였다. 미국은 알카에다 테러조직을 비호한 아프가니스탄 정권을 붕괴시키기 위해 침공 전에 동맹을 구축한 후 아프가니스탄을 공격하여 탈레반 정권을 붕괴시키고 친미 정권을 수립하였다. 현대에 아프가니스탄을 공격하여 성공한 국가는 미국이 유일하다. 대테러전을 지원한 국가는 다음과 같다.

〈표 2-2〉 국제사회의 아프가니스탄전쟁 지원현황(2001.12)[21]

대테러지원		미국내 테러자금 봉쇄		군사작전지 원국	영공통과 허용국	기지 제공국
국가	기구	참가국	시행국			
136	47	196	142	13	89	23

그리고 1990년 8월 걸프만에서 이집트를 침공한 이라크 사담 후세인(Saddam Hussein) 대통령은 미국을 비롯한 유엔의 핵 및 대량살상무기 폐기, 국제사찰 요구에 반발하면서 국제사회는 이라크를 테러 비호국으로 인식하였고, 미국은 대테러 연장선에서 2003년 이라크를 침공하였다. 그러나 미국의 이라크침공은 아프가니스탄전쟁 때와는 다르게 국제사회에서 미국을 전폭적으로 지지하지 않았다. 유엔안전보장이사회의 주요 국가인 프랑스, 중국, 러시아가 미국의 이라크 침공을 반대하였다. 이라크전쟁을 앞두고 국제사회는 친미와 반미 사이에서 선택해야 하는 입장에 있게 되었다. 이 논의의 핵심은 국제사회의 규범과 룰을 둘러싼 대립이었다. 그동안 초강대국으로서 지위를 누려온 미국은 국제사회에서 약소국의 지지라도 받아야 하는 위치까지 내려왔다.

1991년 1월 미국과 이라크의 걸프 전쟁은 걸프만 질서를 회복하기 위해서였지만, 2003년 이라크전쟁은 걸프만 지역뿐만 아니라 국제사회 구조를 근본적으로 변화시키는 의미를 내포하였다. 다만 걸프 전쟁 때와 차이점은 알카에다의 존재였다. 이라크전쟁은 국제사회의 협조가 붕괴된 모습을 보였다. 미국의 이라크침공은 단순히 이라크 1개국만의 문제가 아니었다. 중동 전체의 재편이었다. 중동지역의 체제변환 즉, 미국과 유럽식 시민사회의 형성 및 근대화가 최종 목적이었다. 그리고 이는 수십 년간에 걸친 장기적이고 장대한 계획이며 이러한 목적을 실현하기 위해 미국은 유럽과의 협력이 불가피하였다. 그리고 이라크전쟁까지 세계질서는 미국과 유럽 논리에 따라 움직였다.

개혁개방 노선을 채택한 중국은 2000년대에 들어서 경제 발전으로 국제사회에서 위상이 높아졌고 글로벌 리더로서 국제사회의 경제위기, 중동사태, 기후변화, 핵확산 등 각종 국제문제를 여타 국가와 공조하며 해결하면서 G2(Group of Two)[22]국가로 올라섰다. 그러나 2016년 남중국해의 난사군도 영유권을 주장하여 베트남, 말레이시아, 인도네시아, 필리핀 국가들과 영유권 분쟁을 초래하였고 공해지역으로 항해의 자유를 주장하는 미국의 가치와

21) 신승원, 『미국의 아프가니스탄 전쟁과 안정화작전』(서울 : 국방부 군사편찬연구소, 2015), p.89.
22) G2 용어는 2006년 무렵 미국 학계에서 처음 대두되었고, 2009년 1월 베이징에서 미·중 수교 30주년 기념 학술행사에서 Zbigniew Brezinski가 'G2회의'를 주장하면서 주목받기 시작했다.

충돌하고 있다.

러시아는 2014년 3월 우크라이나 영토인 크림반도를 합병하고, 우크라이나 동부지역은 친러시아 민병대가 활동하고 있어 미국과 서방세계로부터 경제제재를 받고 있다. 한반도는 중국, 러시아 영향력이 작용하고 있어서 향후 북한지역에서 안정화작전 시 중국, 러시아로부터 지지를 받도록 치밀한 외교력을 전개하고 한국의 대외정책이 국제사회로부터 인정을 받도록 한다.

3) 사회문화정보 등 Software 전략

남북은 분단되었어도 정치적인 협상으로 남북이산가족 상봉의 기회를 마련하는 등 민족공동체 의식을 형성하기 위해 노력해 왔다. 하지만 분단된 지 70여 년이 흐르면서 같은 민족이지만 언어와 사회문화가 조금씩 달라지고 있다.

그동안 남북은 서로 간의 왕래를 철저히 차단하면서 과거에는 남북 체제경쟁을 위해 남한은 북한 실상을 공교육으로 추진했지만, 현재는 SNS, 북한이탈주민의 학술서적 등을 통해 북한의 실상을 국민이 잘 알고 있다. 북한은 여전히 남한은 헐벗고 굶주리고 있어서 적화통일을 해야 한다고 주입식 교육을 하고 있지만, 북한 주민들은 남한이 잘 살고 있고 경제적으로 풍요롭다는 사실을 알고 있어 남한을 동경하여 탈북하는 주민들이 늘어나고 있다.

한편, 한국정부와 군은 국제사회의 대북 제재, 북한 정권의 식량배급 중단 등으로 북한체제의 붕괴모습이 보이고 있지만, 북한지역에서 안정화작전을 위한 준비는 미흡한 실정이다. 북한 전반에 대한 자료 수집과 실상을 제대로 파악하여 안정화작전을 성공적으로 달성하도록 해야 한다. 미국은 이라크전쟁 시 주민들의 의식 성향과 이슬람 문화에 대한 이해 부족으로 많은 실수를 하였다. 실수와 시행착오를 최소화하기 위해 미군 다국적군사령부는 바그다드에 '대반란작전 아카데미'를 세우고 부임하는 모든 지휘관은 5일 동안 대반란전 교육을 받았고, 2007년 미 육군교육사령부는 지휘관들에게 현지 이라크 주민들의 사회문화적 정보(Sociocultural knowledge, 문화적 상황, 역사, 종족분포, 지역관심사항, 언어 등을 제공하는 Human Terrain System, HTS)[23] 프로그램을 지원하였다. 이 무형정보를 담은 교육 프로그램은 지휘관으로 하여금 군사정보 뿐만 아니라 사회정보를 토대로 효과적인 작전을 수행할 수 있도록 보장해 주었다. 미군은 베트남전쟁 시 베트남인들의 동양식 사고방

23) Human Terrain은 지역주민에 대한 사회문화적, 인류학적, 민족학적 지식과 비지리적 정보를 망라한다. 손석현, 『이라크전쟁과 안정화작전』(서울 : 국방부 군사편찬연구소, 2014), p.346.

식(mindset)과 오랜 외세배격 문화에 대한 이해의 부족으로 초급장교들의 미라이 학살사건이 발생하는 등 많은 실수가 있었다.

따라서 한국정부와 군은 북한지역 군사정보 뿐만 아니라 지역주민과 관련된 무형정보인 사회문화 정보를 장교·부사관 양성기관과 보수교육을 통해 안정화작전 시 효과적으로 활용하도록 해야 한다.

4) 미래 안정화작전의 양상

전쟁은 국가 간 정치적 목적을 달성하기 위해 군사력을 주요 수단으로 하는 폭력적 대결로써 이를 수행하는 주체는 국민, 정부, 군대이다. 클라우제비츠는 전쟁의 삼위일체론에서 “국민은 전쟁에 대한 열정, 정부는 전쟁의 정치적 목적, 군은 용기와 재능을 겨루는 우연의 영역에서 고유한 특성을 갖고 있다”고 주장하였다. 전쟁은 역사 이래 제한전(1세대), 소모전(2세대), 총력전(3세대), 분란전(4세대), 융합전(5세대)으로 계속 진화되고 발전되어 왔다.

〈표 2-3〉 전쟁의 진화

구 분	주요 무기체계	대표적인 사례
1세대 전쟁(근력, 제한전)	마차 · 창검, 초보적 총포	나폴레옹전쟁(1792~1815)
2세대 전쟁(화력, 소모전)	발달된 화포	1차 세계대전(1914~1918)
3세대 전쟁(기동, 총력전)	전차, 전투기	2차 세계대전(1939~1945)
4세대 전쟁(사상, 분란전)	이념 · 사상, 심리	인민해방전쟁(1964~1973)
5세대 전쟁(복합, 융합전)	첨단 정보 · 무기 · 기술, 신념	이라크전쟁(2003~2008)

〈출처 : 국방부 e知샘(국방부 지식관리시스템)〉

1세대 전쟁은 프랑스 나폴레옹전쟁이 대표적인 사례이며 주공에 병력을 집중하는 선과 대형의 전쟁이었다. 2세대 전쟁은 제1차 세계대전이 대표적이며 철조망, 기관총, 총포 등 무기체계가 질적·양적으로 발전되어 화력의 집중에 의존하는 방식의 전쟁이었다. 3세대 전쟁은 제2차 세계대전이 대표적인데 독일의 전격전으로 시작된 기동에 의한 전쟁방식이었다.

4세대 전쟁은 모택동의 인민해방 전쟁이 대표적인 사례이며 새로운 방식의 비재래식 전쟁이었다. 4세대 전쟁의 특징은 단기간이 아닌 수십 년의 장기간에 걸쳐 국민, 정부, 군의 일체성과 전쟁의 의지를 와해하는 방식으로 수행된다는 것이다. 중국 공산당의 경우 28년

(1921~1949), 베트남 30년(1945~1975), 팔레스타인 29년(1975~2005), 알카에다 20년 이상(1984년 이후) 등이 예이다. 미국은 베트남전쟁 시 3세대 전쟁방식으로 접근하였으나, 4세대 전쟁방식을 발전·적용한 호찌민의 분란전(공산세력 구축 → 정부 교란 → 공격, 격퇴)에 의해 승리하지 못하였다.

그리고 5세대 전쟁은 최첨단 과학기술발달로 신교리, 신무기로 수행한 이라크전쟁이 대표적이다. 이라크전쟁은 기존의 전쟁패러다임에 커다란 두 가지 변화를 가져왔다. 하나는 '충격과 공포 작전' 이고, 또 하나는 '신속결전작전'이다. 충격과 공포 작전은 미사일과 항공력을 이용한 대규모 공습으로 적을 집중폭격하여 단숨에 마비시켜 제압하는 것이다. 미군은 개전 초부터 이를 적용하여 이라크를 충격과 공포로 몰아넣었다.[24] 이제까지는 저항능력이 없는 적을 향하여 대규모 공중폭격을 하지 않았었다. 신속결전작전은 개전 초부터 지상전을 병행하는 작전으로 그동안 미군은 공중우세가 확보되지 않은 상황에서는 지상군을 투입하지 않았다. 미군은 태평양전쟁, 6·25전쟁, 베트남전쟁에서도 마찬가지였으며 걸프전과 아프가니스탄 전쟁에서도 공중우세가 확보되지 않은 상태에서는 지상전을 감행하지 않았다. 하지만 이라크전쟁에서 적용한 신속결전작전은 어느 정도 인명의 희생을 감수하더라도 개전 초부터 지상전을 병행하였다. 재래식 작전과 신속결전작전의 차이는 아래와 같다.

〈표 2-4〉 재래식 작전과 신속결전작전의 차이[25]

재래식 작전 Conventional Operations	신속결전작전 Rapid Decisive Operations
순차적, 점진적 Sequential, Progressive	동시적, 병행적 Simultaneous, Parallel
전개, 숙영, 증원, 계획 후 이동 Depoly, Lodge, Build up, Plan before moving	이해, 투입, 타격, 지속, 계획하며 이동 Understand, Access, Strike, Sustain, Move while planning
선형적 Linear	분산적 Distributed
소모에 기반 Attrition-based	효과에 기반 Effects-based
수적 우세, 적 군사력 공격 Achieve numerical superiority Attack the enemy's forces	질적 우세, 적 능력 공격 Achieve qualitative superiority Attack the enemy's capabilites
대칭적 Symmetrical	비대칭적 Asymmetrical
지형중심 Terrain-oriented	시간중심 Time-definite orientation
군사력 중심 Force-oriented	결합력 중심 Coherence-oriented

24) http://slate.msn.com/id/2081008/
25) Chris Shepherd, *Campaign Plan 2001 Status Briefing*, Joint Forces Command, 2000.

북한지역에서 한반도 주변국은 안정화작전 시 자국의 네트워크에 기반하여 작전을 수행할 것이며, 북한 정권과 연계한 세력은 네트워크 기술 수준이 미국·중국·러시아 수준만큼 발달하지 않아 4세대 전쟁방식을 추구할 것이다.

북한 정권과 동조세력이 4세대 방식으로 수행할 전쟁의 양상은 첫째, 게릴라전을 수행할 것이다. 국방자위정책 실천노선의 일환으로 전 인민을 사상 무장화 완료하였으며, 특수전부대 20만 명을 보유하고 있다. 또한, 아프가니스탄전쟁과 이라크전쟁 이후 테러전을 모방하여 특수전부대를 개편 및 증강하였고, 갱도 파괴폭탄으로부터 방호되는 지하갱도를 1962년 12월부터 전 국토를 요새화하여 생존성 보장과 차후에 활동할 거점을 구축해 놓았다. 둘째, 심리전을 수행할 것이다. 핵무기 사용 위협, 장거리 미사일 공격, 사이버 및 GPS 공격, 유언비어 유포, 특수전 부대의 전·후방 동시공격 및 선전선동으로 국민의 심리적인 충격을 야기하고, 정부요인 암살과 정부시설을 타격하여 안전한 지역이 없도록 할 것이다. 이러한 임무는 북한 사이버부대 해킹 전문가 3천여 명과 우리민족끼리(조국통일평화위원회)와 내나라(통일전선부) 등 대남 선전 및 심리전 온라인 매체 등이 활동할 것이다.

셋째, 정규전과 비정규전을 복합적으로 수행할 것이다. 과거 6·25전쟁에서 경험했듯이 북한 특수전부대는 설악산, 지리산 등 태백산맥과 고지에서 정규전과 연계하여 게릴라 활동을 할 것이다. 넷째, 전쟁의 단기전이다. 한미연합군은 한반도 주변의 중국과 러시아의 개입이 없다는 가정하에 최첨단 과학기술에 바탕을 둔 우세한 전력으로 북한군과의 전쟁은 단기전이 될 것이다.

제3장

베트남전쟁과 독일통일 안정화작전 분석

제1절 베트남전쟁 안정화작전 분석

1 정치 · 제도적 요인 분석

1) 국제사회 환경

베트남전쟁은 냉전체제의 이념전쟁, 비정규전과 정규전, 정치전과 군사전쟁, 그리고 강대국과 약소국 간의 충돌을 함축하고 있다. 베트남은 유사 이래 반복된 중국의 침략에 대항하여 독립을 쟁취한 북거남진(北拒南進) 저항의 역사이다. 다민족 국가인 베트남은 1972년 말 당시 인구가 4,100만 명(남베트남 1,833만 명, 북베트남 2,267만 명)이었다. 인구의 70% 이상이 농촌에 거주하였고 종교는 불교 60%, 카톨릭 20%, 나머지는 자생종교를 믿었다. 베트남은 19~20세기에 프랑스의 식민지, 일본군의 침략, 프랑스의 재침 그리고 미국과의 전쟁을 겪은 후 무력으로 남북통일을 달성하여 30년에 걸친 장구한 전쟁을 끝냈다. 베트남전쟁은 총 5차[1]까지 분류하는데, 책에서 소개하는 내용은 2차 전쟁 시기이다.

미국의 전쟁개입은 트루먼-아이젠하워-케네디-존슨-닉슨-포드 대통령 등 6대에 걸쳐 진행되었다. 최초 개입은 1950년 10월 10일 프랑스와 남베트남 지원을 위해 미국 군사고문단이 파견부터이다. 미국은 남베트남에 군사기술자문 위주로 지원하다 점차 군사 자문을 제공하면서 직접 부대를 훈련하였고 이후 전쟁에 참전했다.

인도차이나반도 3국을 식민지로 점령하고 있던 프랑스는 디엔비엔푸 전투에서 민족주의자이며 공산주의자이고 독립운동가인 호찌민(Ho chi Minh) 세력에게 패배하였고, 1954년 7월 20일 제네바 평화협정을 통해 점령한 지 100년 만에 베트남에서 철수하였다. 최초 프랑스를 지원하기 위해 베트남 문제에 개입한 미국은 군사고문단(Military Assistance Advisory Group, MAAG)을 파견하여 지원하기 시작하였고, 1955년 10월 남베트남 정부

---

1) 1946.12.19.~1954.10.9.(1차 전쟁, 8년): 프랑스 ↔ 호찌민 세력, 1961.12.11.~1973.1.28.(2차 전쟁, 12년): 자유연합군 ↔ 남 · 북베트남 민족해방전선, 1974.10~1975.4.30.(3차 전쟁, 7년): 남베트남 ↔ 북베트남, 1978.12.15.~1979.1.7.(4차 전쟁, 24일): 베트남 ↔ 캄보디아, 1979.2.7.~3.16(5차 전쟁, 38일): 베트남 ↔ 중국.

가 수립되면서 남베트남군을 육성하였다. 그리고 주베트남 내 미군이 증가하자 1962년 2월 8일 남베트남 군사원조사령부(MACV)를 창설하였고, 작전을 주도적으로 수행하는 작전사령부 역할을 하였다.

한편, 1950년 1월 소련은 호찌민 정부를 승인하면서 대규모 원조를 시작하였고, 인접한 캄보디아와 라오스는 1953년 프랑스로부터 독립 후 내전을 거쳐 1975년 공산국가가 되었다. 이 국가들은 베트남과 국경을 맞대고 울창한 밀림 쯔엉선 고산지역을 베트남이 사용하도록 허락함으로써 지정학적 측면에서 공산주의 세력이 팽창하는 요인이 되었다. 그리고 1955년 4월 18일에서 24일까지 개최된 비동맹 반둥회의에서 반미 색채가 강한 비동맹국가들이 남베트남보다 호찌민 세력을 지지하면서 국제사회에서 새로운 독립을 시도하는 호찌민 세력에게 유리하게 환경이 조성되었다. 따라서 국제사회에서 지지를 받도록 치밀한 외교활동이 중요하다.

2) 정치체제

호찌민은 마르크스-레닌주의와 호찌민 사상을 기반으로[2] 1945년 9월 2일 북부 하노이를 수도로 베트남 민주공화국(the Democratic Republic of Viet Nam)을 수립하였다. 이때는 남북 베트남을 모두 대표하는 성격이면서 남베트남 정부보다 10년 먼저 수립하였다. 제네바 평화협정으로 프랑스가 철수하고 북쪽으로 이동한 호찌민세력은 전후복구와 경제개발을 추진하는 한편, 제네바 협정에 따라 1956년 남북 총선거를 하자고 남베트남 정부에 제안하였다. 그러나 남베트남 정부와 미군은 호찌민의 제안을 거부하였다. 이에 호찌민은 1960년 9월 '북부에서의 사회주의 혁명의 달성과 남부의 해방' 이라는 목표하에 남베트남의 정치 · 경제 · 사회 조직에 적극적으로 개입하였다. 전쟁의 명분은 '베트남의 자유와 독립'이었다. 그리고 호찌민의 군사전략은 '인민전쟁'[3]이었다. 남부의 반정부세력(베트콩, Viet Cong)과 연계하여 정치와 무장이 결합된 폭력혁명노선으로 이족(二足)과 삼비(三鼻)투쟁[4]을 효과적으로 추진하였다. 남북 베트남의 정치체제 특성을 살펴보면 첫째, 남북 정

2) 김종욱 역, 『승리의 교훈, 베트남전쟁』(서울 : 국방부 군사편찬연구소, 2012), p.31.

3) 베트남군 대장 보응우옌잡 장군은 "인민전쟁이란 기본적으로 노동자계급과 농민이 주도하는 전쟁이다". 오홍국, 『베트남전쟁과 한국군』(서울 : 국방부 군사편찬연구소, 2014), p.41.

4) 이족(二足) : 정치투쟁과 군사투쟁, 삼비(三鼻) : 3개 방향에서 이루어지는 공격을 의미하는 것으로 도시투쟁, 농촌투쟁, 산악투쟁을 의미한다. 김종욱 역(2012), p.336.

치지도자의 능력과 자질에서 남베트남 고딘 지엠(Ngo Dinh Diem) 대통령의 지도자 역량은 오랫동안 독립활동을 한 호찌민보다 부족하였다. 둘째, 남북 국가수립의 정통성이다. 호찌민은 베트남 민족의 마지막 황제인 바오다이로부터 권력을 인계받은 후 50만 군중 앞에서 정부를 수립하였다. 외세의 지원없이 국가를 수립하였다. 그러나 고딘 지엠은 외세인 미국의 지원으로 정부를 수립하였다. 셋째, 남북 정치체제의 안정성이다. 남베트남의 고딘 지엠 일족이 군부의 쿠데타로 피살된 후 1965년 6월까지 14차례나 군 쿠데타가 발생하여 정권이 불안정했으나, 북베트남은 정권의 교체 없이 호찌민과 집단지도체제에 의해 안정을 유지하며 전쟁피해복구, 경제개발, 교육 등 내치에 전념하였다. 넷째, 청렴도 문제이다. 남베트남은 대통령 일족과 관리들이 지원 장비와 물자들을 착복하는 등 부패해서 중도 성향의 국민도 돌아서 버렸다. 그러나 호찌민은 평생 독신으로 살면서 국가주석이었지만 족벌이나 파벌과는 거리가 멀었으며 권력까지도 집단지도체제로 유지하였다. 다섯째, 북베트남 인구가 남베트남보다 1.3배 많았다. 인구가 많다는 것은 동원능력, 조세수입, 선거 등 정치·경제·군사 면에서 유리하게 작용할 수 있는 요인이다.

한편, 고딘 지엠은 미국의 지지하에 자유민주주의 체제를 도입하여 1955년 10월 26일 베트남공화국(the Republic of VietNam)을 수립하였다. 지엠은 어수선한 정국을 안정화하는 것이 급선무였다. 자유민주주의 체제에서 건전하고 다양한 정당의 발달은 건전한 사회적 토대를 전제로 한다. 남베트남은 약 100년간 프랑스 식민통치를 받으면서 많은 정당이 지하조직으로 발전되었고, 독립 후에는 사회불안으로 정당들이 발전할 사회적인 기반이 갖추어지지 않았다. 1963년 남베트남 내 정당의 수는 군소를 포함하여 약 50~60개로 추산되었고, 1966년에는 월남인 사회당(Xa Hoi Viet Nam) 등 약 40여 개가 활동했다.[5] 정권 초기에는 자유민주주의 체제를 표방했지만, 식민통치의 연장선에 있는 것처럼 독재정치를 하였다. 국가를 수립한 시기부터 헌법을 선포한 1956년 10월까지 1년간은 지엠 정권의 절정기라 할 수 있는데, 헌법에 기초한 3권분립이 성립된 강력한 대통령 중심제였다.

5) 신상준, 『월남 행정개관』(서울 : 신조문화사, 1968), p.62.

〈그림 3-1〉 고딘 지엠 정권 중앙정부 구조[6)]

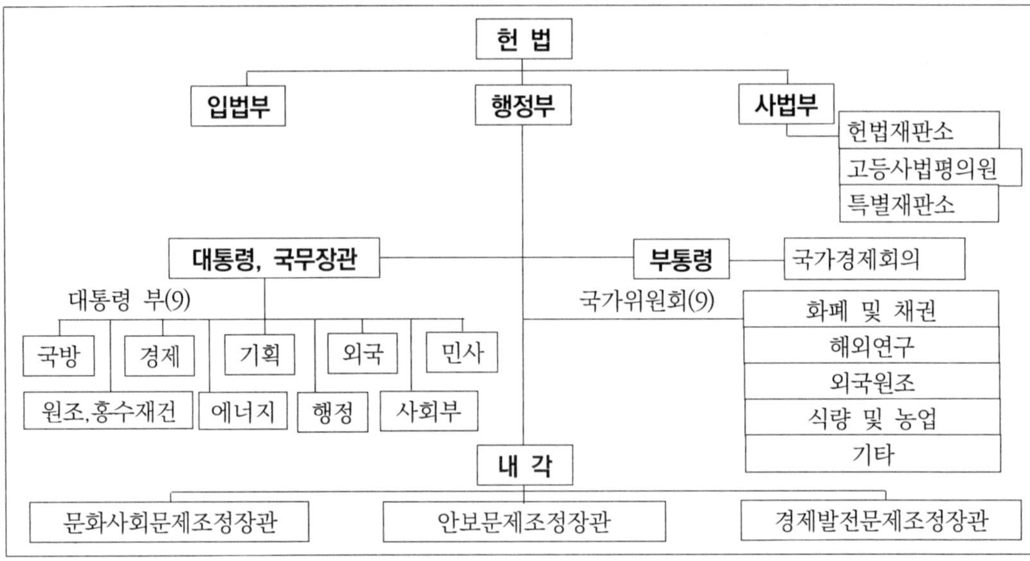

중앙정부는 대통령 직속에 부 9개, 국가위원회 9개, 내각에는 문화사회문제조정장관 예하에 민사부 · 노동부 · 교육부 · 보건부, 안보문제조정장관 예하에 사법부 · 국방부 · 내무부 · 외무부, 경제발전문제조정장관 예하에 토목교통부 · 지방부 · 재무부 · 경제부 등 12개 부서가 있었다. 특히 대통령부 조직이 매우 광범위하고 치밀하게 구성되었다. 강력한 대통령 중심제는 신생국가로서 정국안정이 절실히 필요했기 때문이었다. 이것은 과거 왕조부터 프랑스 통치까지 중앙정부의 힘이 지방까지 미치지 못해 정부의 정책이 제대로 집행되지 않는 고질적인 폐단을 없애기 위한 노력의 일단이라 할 수 있다. 지엠은 1963년 11월 1일 군부 쿠데타로 일족과 함께 피살되었고, 군부정권이 등장하면서 불교, 천주교 등 종교인과 학생들의 반정부활동과 폭력 행위로 사회는 전반적으로 불안정했다.

북베트남의 호찌민세력은 국가의 정통성, 국민의 지지, 체제의 안정, 청렴도, 인구수 등 제반 분야에서 남베트남보다 우위에 있었다. 따라서 안정된 정치체제와 국민의 지지가 국가 운영에 영향을 미치는 주요 요인이라고 할 수 있다.

6) 신상준(1968), p.60.

3) 법규 시행

호찌민은 국가수립과 함께 피폐해진 경제, 산업, 농업, 교육 등 제반 분야의 재건을 위해 법령의 제정과 관련된 정책을 추진하였다. 프랑스와 항전 시기 임에도 불구하고 1947년 6월 27일 장애인과 희생자 가족을 기리는 날을 정하고[7] 1948년 6월 11일부터 애국자 본받기 운동을 추진하였다. 그리고 1953년 3월 토지개혁과 군중 동원에 관한 법령을 통과시키는 등 토지에 관한 3건의 책령을 공포하였으며, 동년 4월부터 1954년 7월까지 5차에 걸쳐 농지세를 감소시키고 농민이 토지를 소유하게 하였다. 이러한 정책은 농민들이 항전에서 공을 세우도록 더욱 매진하게 하였고 특히 프랑스와의 디엔비엔푸 전투에서 승리하는데 크게 기여하였다.[8]

전쟁으로 북베트남의 도시는 폐허가 되고 프랑스 기술자는 철수했으며 농촌은 더욱 황폐해지고 경제회복은 절망적인 상태이었다. 그래서 호찌민은 전쟁복구와 경제개발을 최우선 정책으로 삼았다. 경제개발의 핵심은 집단경제화를 추진하는 것이었는데 그 중에서도 농업이 최우선이었고 이어서 문화, 교육, 보건분야로 정책을 추진하였다.

1955년 9월 호찌민은 베트남 조국전선의 강령을 발표하였다. 이 내용은 ①민족독립완성 ②조국통일 ③민주제도실현 ④경제개발 ⑤토지개혁 ⑥합리적인 사회정책 시행 ⑦문화교육발전 ⑧국방강화 ⑨독립 ⑩평화외교와 국민단결정책 시행 등 10개이었다.[9] 그 후 식목운동, 3단계 경제복구사업, 문화개발, 여성 · 청소년교육 등 여러 방면에 걸친 법령 정비와 정책을 추진하는 한편 남베트남 민족해방전선[10]과 연계하여 통일을 목표로 정치활동과 군사활동을 확대해 나갔다.

한편, 남베트남의 법규와 정책은 제대로 집행되지 않았다. 왜냐하면, 베트남 민족에게 법규 준수의 의미는 베트남인을 억압하는 수단으로 작용되어 왔기 때문이었다. 약 1000년간 중국의 지배를 받는 동안 법제 또한 중국에 의해 제정되고 베트남인을 규제할 각종 형벌로

7) 남북을 통일한 북베트남은 2012년 국가보조금을 받는 전쟁유공자 대상을 9개로 분류해 지원하고 있다. 그 대상은 ①1945년 8월혁명(마지막 황제 바오다이가 호찌민지지 선언 후 퇴위한 일) 이전 활동한 자 ②열사의 친 · 인척 ③무장세력영웅, 노동영웅 ④베트남영웅 어머니 37,432명 중 현재 11,944명) ⑤부상병 ⑥혁명 · 항전활동에 참가한 자로서 생포 · 수감된 자 ⑦환자 ⑧항전에 참가한 자 ⑨혁명지원에 공이 있는 자. 신상준(1968), p.501.

8) 김종욱 역(2012), p.103.

9) 김종욱 역(2012), p.174.

10) Nation Liberation Front, NLF. 1960년 12월 20일, 사이공 서북방 캄보디아 국경의 정글에 모여 NLF를 결성, 점차 인원이 늘어 남베트남 공산주의자들의 임시정부 수준으로 발전하게 되었다. 최용호(2004), p.79.

규정되었기 때문이었다. 그리고 베트남 왕조시대의 법제는 왕의 통치수단과 중앙집권 봉건체제 및 정통성을 유지하는 수단으로 작용하였다. 그리고 정치 · 군사지도자들의 부정부패, 관리들의 착복 등은 베트남 정서에 녹아있는 피동성에 기인한 것으로 판단된다. 자유 진영 연합군의 법규분야 시행을 살펴보면 첫째, 국제법으로 합의된 제네바 평화협정 내용 중 '남북총선거를 실시하여 통일정부를 수립한다''는 호찌민의 제안을 거부한 것이 대표적이다. '남베트남은 제네바 협정에 조인하지 않았기 때문에 협정을 지킬 의무가 없다'고 거부하였다.[11] 물론 협정체결 당시에 지엠 정권은 수립되지도 않았지만, 보다 더 궁극적인 약점은 북베트남보다 인구가 적었고 호찌민의 지도력에 필적할 수 없었다. 둘째, 미군이 조언한 토지개혁은 농민으로부터 지지를 받도록 추진되어야 했으나, 새로 땅을 소유하게 된 농민은 전체 농민의 12%에 불과해 대중적인 지지를 받지 못했고[12] 그나마 받은 것도 무상이 아니고 유상이었다. 토지개혁법은 대지주인 프랑스인과 중국인들의 저항에 부딪혀 실패하였다. 셋째, 1959년 「법령59-10」 치안유지법[13]은 민간인도 특별군법회의에서 재판받도록 하여서 이때부터 남베트남에서의 모든 반정부행동은 베트콩이라는 이유로 무차별적인 탄압을 받아 민심이 떠나게 하는 가혹한 법령이었다. 넷째, 총동원령을 발령하였지만 이를 집행하기 위한 어떠한 일도 하지 않았다고 주월미군사령관인 웨스트모어랜드 장군은 회고하였다.[14] 국가 총동원령이 선포되면 정부의 각 부처와 국방부는 집행계획에 의거 인력과 물자를 군부대와 전쟁지원부서에 동원하여 지원해줘야 하나 남베트남은 집행계획을 구체화하지 못하여 실행할 움직임이 없었다. 징집된 병사들도 탈영병이 많아 휴가를 보낼 수 없었다. 이에 비해 북베트남의 국가 동원령은 엄격히 시행되었으며 징집기피자는 극소수이어서[15] 남베트남과 대조되었다.

한편, 주월한국군사령관 채명신 장군은 남베트남 북쪽에 한국군 1군단, 중부에 2군단을 배치하고, 6 · 25전쟁을 통해 게릴라전 상황에서 민사심리전의 중요성을 감안하여 한국군 민사심리전 목표를 수립하여 시행하였다. 특히 '100명의 베트콩을 놓치는 한이 있더라도 1명의 양민을 보호하라'는 훈령을 하달하여 베트남인의 생명과 재산을 보호하도록 하였다. 군사작전 간 재산피해 발생 시 미군과 협의하여 문제를 해결하였으나 발생한 피해에 대해

11) 최용호(2004), p.75.
12) 송필경, 『제국주의 야만에 저항한 베트남전쟁』(서울 : 건치, 2002), p.95.
13) 정재욱,(2005), p.74.
14) 최용호(2004), p.75.
15) 나대식 · 조영철 역, 『월남 최후의 붕괴』(서울 : 국방부 군사편찬연구소, 1985), p.204.

서는 한·미·월 간 협조회의를 통하여 문제를 정상적으로 해결하였다.16) 지금까지 북베트남과 자유진영이 시행한 법규와 시행결과를 알아보았다. 이를 종합하면 〈표 3-1〉과 같다.

〈표 3-1〉 북베트남과 자유진영 법규 시행과 결과

구 분		법규 등	시행 결과	평 가
연합군	남베트남	제네바협정, 총선거	남북 총선거 부정(1956)	미준수
		치안유지법(1959)	민간인 군사재판, 민심이반	준수
		전국계엄령(1964.8)	전국(10일 후 해제)	미흡
		총동원령(1967.10)	집행계획 미비, 탈영병 과다	미흡
	프랑스	대월 기술·경제원조	기술, 의료, 위생, 경제 지원	준수
	한국	민간인보호 훈령	행동수칙 시행	미흡
		민사청구권	한·미보충실무약정 체결	준수
		제네바협약,포로관리	장병교육(1965)	준수
	미국	제네바협약,포로관리	국제적십자사 포로 감독	준수
		전쟁법, 민간인보호	미라이 학살사건(1968)	미준수
		주월사령관 9개수칙	행동수칙 휴대	준수
북베트남		조국전선강령	10개안 시행	준수
		제네바 평화협정	남북 총선거 제안	준수
		파리평화협정	남베트남 푸옥롱시 공격	미준수
		포로관리	국제적십자사 감독 제한	미준수

북베트남의 법규와 정책은 정권이 안정된 가운데 시행착오를 겪으며 농·어민에 혜택이 가도록 하였고, 국민이 국가를 위해 총력전을 할 수 있도록 지지하는 원동력이 되었다. 법규 시행은 국민을 안정시키는 통치수단이며 중요한 영향요인이다.

16) 한국학술정보(편), 『제10권 월남전 관련 자료집』(서울 : 한국학술정보, 2010), p.117, 394;『제22권 월남전 관련 자료집』(2010), p.182.

2 경제 · 기능적 요인 분석

1) 재원

북베트남은 공산권으로부터 국가운영에 필요한 재원을 지원받았다. 소련은 1955년부터 1964년까지 경제원조로 약 3억 5000만$, 중국은 약 4억 5000만$를 지원하였다. 기타 사회주의 국가들도 약간씩 원조하였다. 호찌민은 지원자금을 군사분야보다 경제분야에 우선 투입하였다.[17] 남베트남은 미국 군사원조사령부(MACV)가 1962년 2월 8일 설치되면서 매년 4억 달러 정도가 원조되어 지엠 정부 재정의 ⅔를 차지하였다.[18] 전쟁 수행과 안정화작전을 위한 막대한 국가경비 충원을 대부분 외국차관과 외원(外援), 특히 미국에 의존하였다.

그러나 정치가 불안하고 지엠 일족의 족벌과 연이어 등장한 군부정권의 부정부패[19]로 많은 예산과 물자들이 목적 외 지출되는 등 예산관리에 대한 감독기능이 없어 낭비되었고, 전쟁물자는 외국에 대부분 의존할 수 밖에 없었다. 미국은 1962년부터 차관없이 공여로 남베트남을 지원하였다.[20]

〈표 3-2〉 미국 경제원조 현황(군사원조 제외)[21] (단위 : 백만US $)

구 분		'54/'58	'59	'60	'61	'62	'63	'64	'65	계
경제원조	계	1,012.1	207.1	180.5	144.6	143.2	197.6	240.6	292.6	2,418.3
	공여	960.6	187.6	169.1	131.4	143.2	197.6	240.6	292.6	2,322.7
	차관	51.5	19.5	11.4	13.2	0	0	0	0	95.6
AID	계	963.0	200.6	169.0	132.6	110.7	133.2	164.8	224.3	2,098.2
	공여	913.0	181.1	159.3	121.9	110.7	133.2	164.8	224.3	2,008.3
	차관	50.0	19.5	9.7	10.7	0	0	0	0	89.9
평화식량 food for peace		49.1	6.5	11.5	12.0	32.5	64.4	75.8	68.3	320.1

17) 김종욱 역(2012), p.499.
18) 최용호(2004), p.82.
19) 1967년 제4군단장 당 반 쾅 장군 부인은 공식 석상에 휘황찬란한 보석들을 치장하고 나타나고 화려해 주민들은 장군 아니면 부인이 부패했을 것으로 생각하기에 충분했다. 최종기 역, 『왜 월남은 패망했는가-야전군사령부의 보고서-』(서울 : 광명출판사, 1976), p.281.
20) 차관(credit)은 다른 나라 공용기관이나 민간으로부터 자금 또는 상품을 꾸어들이는 일을 가리킨다. 공여는 어떤 물건이나 이익 따위를 상대편에게 돌아가도록 하는 것을 의미한다.
21) 김종욱 역(2012), p.107.

그리고 1966년부터 종전 시까지 미국의 원조금액은 〈표 3-3〉와 같다.

〈표 3-3〉 미국의 원조금액 현황(1966~1975)[22]

구 분	'66	'67	'68	'69	'70	'71	'72	'73	'74	'75
금 액 (백만$)	862	1,203	1,054	1,608	1,693	1,882	2,382	2,270	1,026	1,450

원조는 1973년 1월 28일 북베트남, 남베트남, 남베트남 임시혁명정부, 미국 등 협정서명 4개 당사자가 파리평화협정을 체결하기 전까지 계속 증가했으나 체결 후에는 감소하기 시작하였다. CORDS는 1966년부터 1970년까지 $582백만에서 $1.5조, 지방군(Regional Forces, RF)과 방위군(Popular Forces, PF)에게는 1966년까지 매년 $30만 투입되다가 1971년까지 매년 $1.5백만 투입되었다.[23]

북베트남은 적은 전쟁비용으로 전쟁을 수행하였으나 남베트남은 많은 원조에도 불구하고 부정부패, 착복 등으로 전쟁비용이 목적있게 집행되지 않았다.

2) 계획 사전준비

고딘 지엠은 파괴된 교량, 도로 등 기반시설 복구와 농·어민 보호정책을 시행하였으나 효과가 거의 없었다. 왜냐하면, 군인·관리들이 그동안 주민을 위해 일을 해본 적이 없었기 때문이었다. 자유민주주의 체제는 수립되었지만, 국민은 낡은 사고방식에서 벗어나지 못하였다. 고딘 지엠은 베트콩의 활동을 차단하고 지역의 안정을 위해 1959년 초 공산주의 가능성이 있는 농·어민들을 집단농장에 강제로 이주시키는 '농가 프로그램(Agrovile Program)'[24]을 시행하여 양민 보호정책을 추진하였으나, 강제로 끌려 나와 수용되는 강제 집행이어서 주민의 반발이 심했다.

한편, 미군은 군사고문단을 중심으로 남베트남 정부를 지원하면서 1962년부터 여러 평정계획을 시행하였다. 군사고문단장 하킨스 사령관은 「스탠리-테일러 계획」에 따라 약 18개월 동안 대규모 '전략촌'을 건설하였다. 이 계획은 영국이 1948년부터 1960년까지 말라야반도에서 현지 주민을 공산군 반군으로부터 보호하였던 '재정착촌' 계획의 모방이었

22) 김종욱 역(2012), p.107.
23) smallwarsjournal.com 〉milreviewmarch2.
24) 농가 프로그램은 1962년 이후 미국이 지엠 정권에서 공식적으로 추진한 '전략촌' Strategic Hamlet의 효시이기도 하다. 송필경(2002), p.96.

다.[25] 이와 유사한 '전략촌 계획'이 1963년에 남베트남에서 시행되었다. 베트콩의 온상이 된 작은 마을들을 대형 전략촌 내부로 옮기고 농민을 이주하는 계획이었다. 전략촌에 각종 복지시설을 설치하여 근대화된 마을을 조성하고, 외곽에는 울타리를 설치하고 경계병을 세워 베트콩과 주민과의 관계를 차단하는 것이었다.

전략촌 계획은 분명히 획기적인 정책이었고 베트콩에게는 위협적이었는데 문제점이 많았다. 첫째, 농민 대다수가 강제로 이주하는 과정에서 대대로 살아온 기존의 집은 불태워지고 없어지게 되어 살아온 터전에 집착하는 농민들의 불만이 생겼다. 둘째, 전략촌 내 자신의 집은 자력으로 지어야 했다. 물자는 미군이 무상으로 지원을 하였지만, 실상은 부패한 관리들이 중간에 착복하는 바람에 농민의 부담이 늘어났다. 셋째, 실적 위주의 졸속행정이었다. 전략촌 선정 시 주민의 의사를 수렴하지 않고 무리한 일정을 강요하면서 불만을 야기하였다.

1964년 1월 웨스트모어랜드 장군은 부임 후 전략촌의 효과가 미흡하자 남베트남 평정계획을 구체화하였다. 이 계획은 협력이라는 'HOP TAC'계획이다. 사이공을 중심으로 점차 주변의 6개 성을 포함해 외곽지역으로 주민의 보호와 정부 행정권을 확대해 나가는 것이었다. 도심지 중심의 주민안전을 확보하고 난 뒤 차차 그 범위를 밖으로 밀고 나가 확대하는 방법이었다. 이 계획은 정치와 군사의 합동계획이며 군이 주도권을 갖고 군사력으로 대도시 중심에서 점차 동심원으로 지역을 확대해 나가는 것이었다. '한 방울의 기름이 물 표면에서 확산되는 원리'처럼 베트콩을 조금씩 외곽으로 밀어내고 후속하는 남베트남의 순찰대와 잠복근무부대가 남아있는 반정부세력을 색출하는 것이었다.

그다음 단계는 행정기관들이 들어와 정부의 사무와 봉사로 주민에게 신분증 발급, 경찰의 치안유지, 학교운영, 치료, 병원 진료 등을 하여 베트콩이 지배하는 것보다 훨씬 좋은 생활 여건을 유지하는 것이었다.[26] 그러나 불안한 정세, 군부 실력자의 소극적인 태도, 미군의 물자를 가로채는 정부 관리와 군인들의 부패로 이 계획은 반정부세력에게 악용되었다. 반정부세력은 마을과 재산을 닥치는 대로 파괴하는 초토화전략이라고 왜곡하였고 매체들의 악의적인 보도로 1965년 결국 수포로 돌아갔다.

1965년 중반 미군 군사지도자들은 군사작전에 문제가 있다는 것을 깨닫고 조직과 교리의 변화를 시도하였다. 군사원조사령부 부사령관이었던 아브람스 장군이 '남베트남 안정화 및 장기발전계획(the Program for the Pacification and Long Term of south Vietnam, PROVN) 연구에서 '미군이 추진하고 있는 정규전 개념인 탐색격멸작전을 중지

25) 손석현(2016), p.12.
26) 최종기 역(1976), p.91~92.

하고 정부정책에 대한 주민의 지지를 획득해 안정화를 달성해야 한다'고 하면서 미군의 전략은 실패했다고 주장했으나 채택되지 않았다.27)

그 후 아브람스 장군이 주월미군사령관으로 취임하면서 이전의 탐색격멸작전을 중지하고 '소탕과 장악(Clear and Hold)' 작전개념을 적용하여 의심지역을 소탕한 후 베트콩이 사용하지 못하도록 계속 장악하였다.

미군은 소부대 단위로 주민과 같이 거주하면서 마을을 방어하고 주민의 마음을 획득(Wind the hearts and minds)하였다. 1969년 초 아브람스 장군의 전역계획인 '하나의 전쟁(One War)'에서 전략적인 핵심은 민간정부의 권한을 확대하고 주민의 안전을 제공하고, 안전을 확보하기 위해 베트콩 하부조직을 무력화하고 주민과 분리하는 것이었다.28) 이 계획은 베트콩 활동영역을 감소시키는데 성공하였으나, 전쟁은 평화협상과 함께 연합군은 베트남에서 철수 명분을 찾고 있었다. 미군의 안정화작전 계획은 〈표 3-4〉와 같다.

〈표 3-4〉 미국의 베트남전쟁 전략에 따른 안정화작전 계획29)

시 기	대통령 전략	주월사령관 안정화작전 계획
'50.10.10~'62.2	• 트루먼, 아이젠하워 대통령 - 군사고문단 파견MAAG	남베트남군 군사력 증강
'61~'64	• 케네디 대통령('61.1) - 응오딘 지엠 지지	• 하킨스('62.2~'64.1) : 군사원조사령부 창설 - 재래식전쟁, 화력위주 대규모작전
'64~'68	• 존슨 대통령('63) - 베트남전쟁의 미국화	• 웨스트모어랜드('64.1~'68.6) - 정규전 개념, 탐색격멸작전 - 안전위협, 민심이반, 적대주민 증가
'68~'73	• 닉슨 대통령 - 베트남전쟁의 베트남화	• 아브람스('68.7.1~'72.8) - 소탕과 장악, 주민 우선 • Frederick C. Weyand('72.8~'73) : 철수

한편, 베트남에 파병30)된 채명신 장군은 게릴라 속성을 잘 알고 있었기 때문에 파병 전부

27) John A. Nagl, Learning to Eat Soup with a knife : Counterinsurgency Lessons from Malaya and Vietnam, Chicago : The university of chicago Press, 2005, p.151.

28) 손석현(2016), p.24.

29) 손석현, 『대반란전(COIN) 전사연구』(서울 : 국방부 군사편찬연구소, 2016), p.7~28.

30) 해외파병과 관련된 용어는 파견(派遣)과 파병(派兵)이 혼용되고 있다.「국제연합평화유지활동 참여에 관한 법률」에는 파견으로 되어있다. 그리고 국방부 '국군의 해외파병업무 훈령'에 파병을 사용하고 있고 군은 군사적 의미의 성격을 강조하기 위해 일반적으로 파병을 사용한다. 또한 자료연구를 위해 관련 도서나 문서들을 파악한 결과 파병으로 사용되었고, 파견은 없었다. 이후로 파병으로 표기했다.

터 민사심리전과 함께 '중대기지전술' 개념을 적용하여 작전하였다.[31] 주민 거주지역 외곽에 전술 기지(Tactical base)를 설치하고, 기지를 거점으로 수색정찰과 매복으로 접근하는 베트콩을 차단함으로써 점차 평정지역을 외곽의 원거리 주민 밀집지역으로 확대해 나갔다.[32] 이러한 전술은 남베트남 지역을 안정화하고 남베트남 정부에 대한 지지도를 높이는 데 기여하였다.

3) 기구와 조직

호찌민은 1944년 9월 북베트남 북부의 산간지대에서 프랑스에 저항할 활동거점을 확보한 후 외세의 척결과 독립을 위해 정치와 군사에서 다양한 조직을 창설하고 확대해 나갔다. 그 중에서 제일 먼저 창설한 것이 오늘날 베트남군 모체가 된 '해방군 선전대'이다. 해방군 선전대는 1944년 12월 22일 34명으로 창설되었고, 임무는 전투보다 촌락에 침투해 조직과 선전활동을 하는 것이었다.[33] 그 후 북베트남 행정체계를 따라 지방까지 공안조직 등이 편성되었고 국가수립 이후에는 사회주의 체제 정착을, 남베트남에 대해서는 자생하는 공산세력과 연계하여 대남혁명역량과 반정부활동을 이끌어나갔다.

호찌민이 1940년대부터 1970년대까지 조직한 정치와 군사조직은 해방군 선전대, 베트남 공안조직, 청년돌격대, 민족해방전선, 자위부대 등이다. 이중 공안조직은 중앙 - 지역 - 성 등 3개 등급으로 조직되었고, 총수는 내무부장관이 직접 지휘하였다.[34] 호찌민은 '공안과 군대는 인민과 당, 정부 그리고 프롤레타리아 정권의 양팔'로 간주하였다.[35] 노동당 중앙위원회는 북베트남의 방위와 남베트남의 해방을 같은 수준으로 중요시하는 정책을 채택하였고 정치와 군사문제를 모두 관장하면서 특히 군사문제는 엄중히 감독하였다.

호찌민은 남베트남 지방조직망을 활용하여 반미 · 반정부세력을 포섭하고 확산해 나갔는데 그중에서도 민족해방전선과 연계하여 정치 · 사회 · 종교조직을 규합하고 민족단결을 강조하면서 전쟁을 주도하였다. 베트콩(베트남 코뮤니스트) 정치조직은 북부 하노이의 "노동당 중

31) 강원도 화천에 위치한 제7보충교육단에서 비둘기부대 초대 부대장인 조문환 장군이 베트남지형을 모형화하고 훈련했다. 장태순, 『맹호부대 월남전쟁 참전일지』(서울 : 고글, 1996), p.254; 해병대는 경북 포항 제1상륙사단 특수교육대에서 파병되었던 초대 건설지원단 정보참모 이근식 중령이 훈련시켰다. 오홍국(2014), p.283.
32) 최용호(2004), p.221.
33) 유인석, 『새로 쓴 베트남의 역사』(서울 : 도서출판 이산, 2002), p.22~37.
34) 김종욱 역(2012), p.512.
35) 김종욱 역(2012), p.260.

앙위원회 - 재통일부 - 대남공작본부' 통제를 받아 남베트남 6개 지역구의 지구위원회, 사이공 등 대도시의 특별지구위원회가 편성되었다. 지구위원회는 사무국, 연락부, 선전부, 훈련부, 활동부, 인사부로 편성되었다. 그리고 성(省), 도(道)에도 동일한 기구들이 편성되었다.[36] 이러한 피라미드체계는 개개의 당세포가 지리적인 조건에 의하여 사회적 직업적인 집단으로 조직되고, 베트콩들은 정치 · 군사활동이 서로 결합되어 훈련받고 비밀공작원이 되었다.

한편, 지엠 정부와 사후의 민간정부에서의 중앙과 지방행정조직은 안정화작전을 지원하고 시행하는 기구들이 있었다. 대통령부에는 민사부, 상호원조 및 홍수재건부, 내각의 문화사회문제조정장관 예하에도 민사부가 있었다. 그리고 지방행정기구는 성(省) - 군(郡)-면(面) - 촌락으로 이뤄지고 있었는데[37] 내무부에서 관장하였고 성 · 군에는 각 지방재건과가 편성되어 있어서 기반시설복구와 대민지원을 할 수 있었다. 그러나 지엠 사후 1967년 9월 응웬 반 티에우 대통령이 취임하기까지 4년 동안 무려 14회의 정권교체가 반복[38]되면서 군사정권에서는 안정화작전 기구와 인력은 폐지되고 해산되었다.

1967년 기엔 · 카오 · 키 군사정권 시 〈그림 3-2〉 전시 내각을 보면 중앙정부에 안정화작전 조직이 없음을 알 수 있다.

〈그림 3-2〉 기엔 · 카오 · 키 군사정권 전시내각 기구도(1967.3)[39]

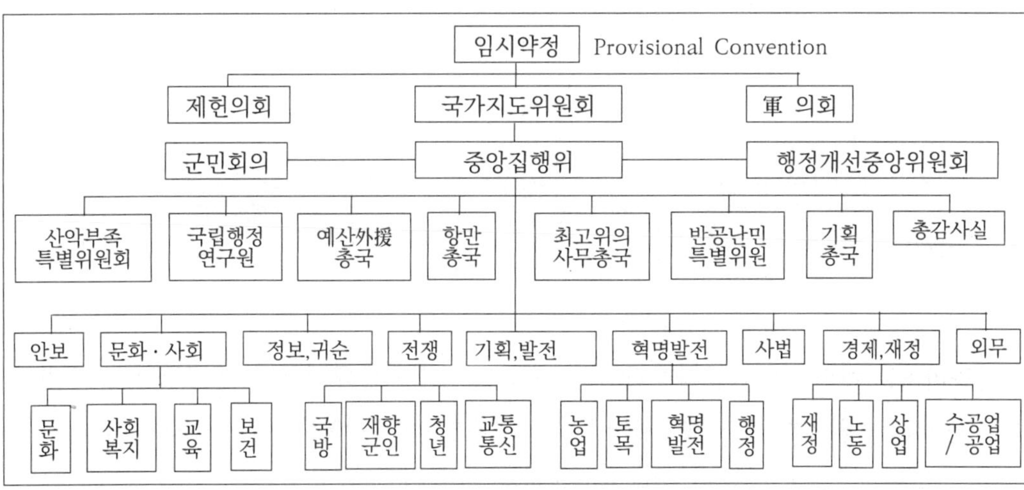

36) 채명신, 『채명신 회고록 : 베트남전쟁과 나』(서울 : 팔복원, 2006), p.68.

37) 지엠정부는 성 - 행정대표 - 칸톤(canton) - 촌이고, 1968년 기엔 카오 키 군사정권는 성 - 군 - 촌이었다. 채명신(2006), p.79; 신상준(1968), p.148~149.

38) 최용호(2004), p.93.

39) 신상준(1968), p.61.

그리고 〈그림 3-3〉 국방부 기구에도 안정화작전 조직은 편성되지 않았다.

〈그림 3-3〉 국방부 기구도[40]

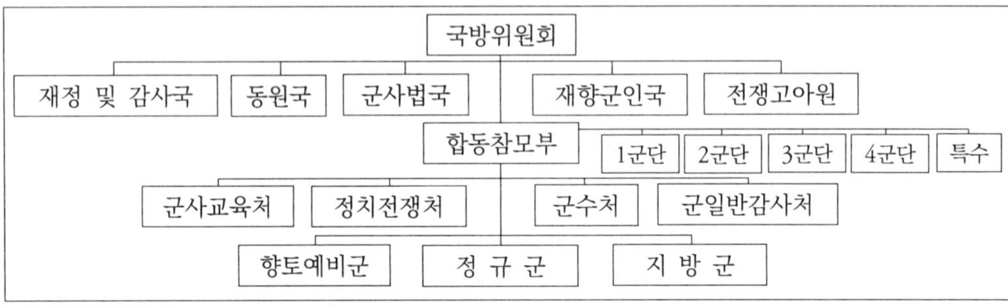

그 후 1967년 티에우 대통령은 평정과 개발에 관한 계획과 방침을 수립하는 중앙평정개발회를 설치하고 정부차원에서 복구와 대민정책을 시행하였다.[41]

한편, 미군의 안정화작전 기구는 정부와 군 그리고 민간조직으로 구분할 수 있는데 먼저 주월미군사원조사령부 기구는 〈그림 3-4〉와 같다.

〈그림 3-4〉 주월미군사원조사령부(MACV) 기구도[42]

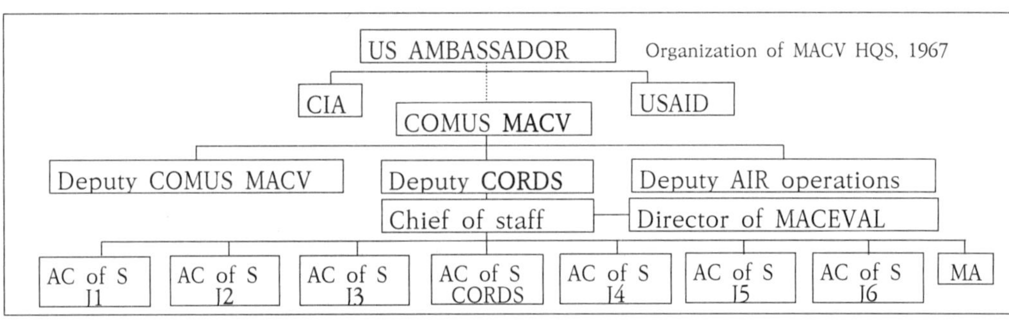

건설관리처는 대민지원과 군사작전 시 소요되는 재건공사를 총괄 지원하였다. 안정화작전은 대민작전 및 혁신적 개발기구(CORDS)에서 총괄하였다.[43] CORDS 책임자는 Komer이었고, 임무는 민간분야와 군사분야로 구분하여 시행하였다. Province level

40) 신상준(1968), p.125.
41) 나대식 · 조영철 역(1985), p.214.
42) https://books.google.co.kr 〉books.
43) 1967년 5월 1일 CIA, 정보국, USAID, 국무성, 백악관, 각군 평정화기구들이 통합된 '대민작전 및 혁신적 개발기구(Civil Operations and Revolutionary Development Support, CORDS)'다.

CORDS Team 및 Phoenix 기구도는 다음의 <그림 3-5>와 같다. 민간분야는 16개 조직이 임무를 수행하였다.

<그림 3-5> CORDS Team 및 Phoenix 기구도[44)]

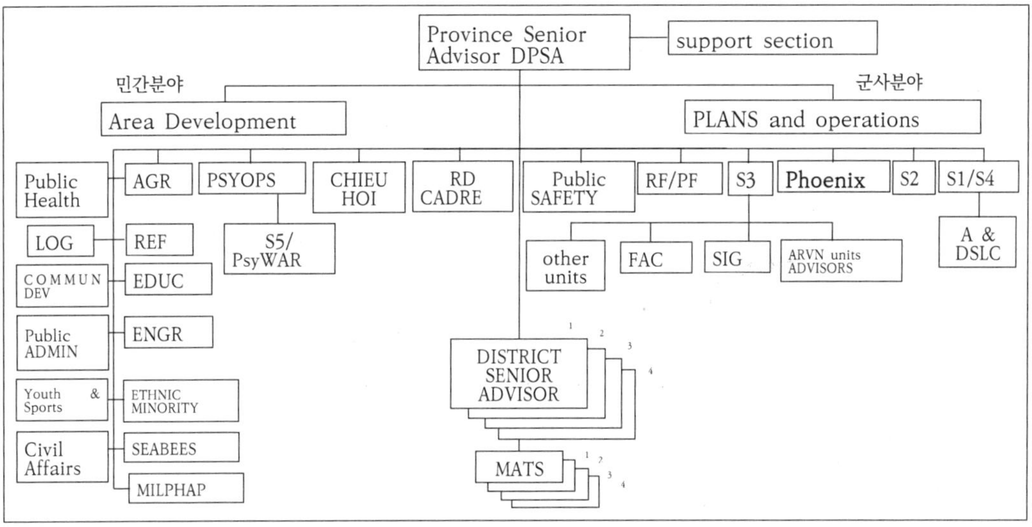

Phoenix 조직은 별도로 편성되어 베트콩의 기반 파괴와 라디오 방송 등으로 남베트남으로 전향시키는 임무를 전개하였다. 주월미군사원조사령부(US Military Assistance Command Vietnam, MACV) 평정계획 시행 시 안정화작전 조직은 <표 3-5>과 같다.

<표 3-5> 예하부대 안정화작전 조직 현황[45)]

구분	민간 비정규방어단 (CIA 그린베레)	HOP TAC 위원회	해병대 연합작전소대	지방의용군
지역	달락 주	사이공→외곽으로	최북단(미1군단)	지방 자체
결과	실 패	실 패	성 공	성 공

미군의 안정화 조직의 특징은 1967년 이전까지는 고립지역에서 소부대 단위로 안정화작전을 하였고, 이후에는 주월미군사원조사령부에서 통합하여 운용했다는 차이점이 있다.

44) smallwarsjournal.com 〉milreviewmarch2.
45) 손석현(2016), p.14~26. 내용 정리.

한국군은 사령부에 민사심리전 참모부와 민사업무를 전담하는 민사중대가 편성되었고, 3차와 4차로 파병된 수도사단 · 제2해병여단과 9사단 참모부에 민심참모부, 해군은 해군수송전대에 민심참모부가 편성되어 민사작전을 전담하였다. 1 · 2차로 파병된 제1이동외과병원, 태권도교관단, 건설지원단은 참모편성이 없었지만, 부대 자체가 구호, 재건을 전담하는 안정화작전 부대에 해당된다[46]고 할 수 있다.

지금까지 기구와 조직에 대해 알아보았다. 호찌민은 건국 이전부터 공안조직을 이용하여 베트남 남북에 걸쳐 거미줄 같은 조직을 운용하였고, 남베트남은 초기 지엠 정권 시 안정화작전을 추진하였으나 대통령 사망과 관리들의 부정부패로 제한되었고, 이후 등장한 군부정권은 안정화조직이 편성되지 않았다. 미군은 초기에 화력위주의 재래식 전쟁으로 인하여 CORDS와 예하부대의 민간 비정규방어단과 연합작전소대와 같은 창의적인 안정화작전의 효과를 반감시켰고, 결국 전쟁의 흐름을 바꿀 수 없었다.

한국은 6 · 25전쟁 경험을 이용하여 민사심리전을 병행했으나 미군과 함께 베트남에서 철수할 수 밖에 없었다. 따라서 안정화작전을 성공시키기 위해서는 정부에서부터 군 및 민간조직에 이르기까지 기구들을 사전에 창설하고 지방까지 그 영향이 미치도록 운용하는 것이 중요하다는 것을 알 수 있다.

4) 전문인력

호찌민이 1945년 8월 8일 창설한 공안은 내무부장관 지휘계통에 따라 경찰, 정보원 임무 등을 철저하게 수행하였고, 활동한 공안부대는 최소 297개이었다. 그리고 1950년 7월 15일 출범한 베트남 청년돌격대는 북부에서 17.5만 명이 사회주의 건설 임무를, 남부에서 5,000여 명이 국방, 교통수송, 임업분야에서 주로 활동하였다. 이들은 100개 이상의 도로를 개설하였고, 6개 전투비행장을 건설하였고 항공기 15대 격추와 정찰병 생포 등의 역할을 하였다. 북베트남 제3군구 전쟁피해 복구와 사회안정을 위해 활동한 청년돌격대 인력은 매몰방지 및 구조부대, 부상자 후송구급부대, 화재진압부대이었다.

그리고 남베트남의 민족해방전선(NLF)은 5,500명 주력군과 3만 명의 베트콩을 남베트남의 정치 · 경제 · 국방 등 사회 각계각층에 침투시켜 미군의 평정계획을 무산시키고 세력을 확대해 나갔다. 이들은 농 · 어촌 촌락을 중심으로 토지개혁, 의료지원, 교육, 집 · 도로

46) 최용호(2004), p.376.

보수와 세금을 징수하면서도 때로는 재판을 하는 등 지역의 행정체계를 구축하고 치안을 유지하였다. 공안조직과 민족해방전선은 전문지식을 비록 갖추지 못하였지만, 기능과 임무를 수행하였다.

한편, 안정화작전의 주체는 베트남인이 되어야 한다는 웨스트모어랜드 장군의 전략에 의해 남베트남 군부정권 차원에서 미군의 평정계획(HOP TAC)을 지원하는 HOP TAC 위원회를 설치하고 당시 킨 수상이 주재한 가운데 중앙정보국, 내무성, 경찰, 성 대표들이 참석하여 평정작전을 지원하였다. 그러나 군지도자들이 정치적인 혼란과 소용돌이에 휘말리면서 수상 대신 예하 3군단장이 참석하는 등 그 중요성이 소홀해졌다. 그 결과 전문지식과 경험을 갖추지 못한 정치인들이 참석하는 등 파행으로 진행되다가 HOP TAC 위원회는 폐지되었고 인력들은 해산되었다. 안정화작전 전문인력들이 해산된 가장 중요한 원인은 잦은 군부의 정권교체 때문이었다.

미군의 남베트남 지원책임은 최초 군사고문단 때부터 주월미국 대사에게 있었으나 산만하게 통제하였다.[47] 롯지 대사와 후임인 테일러 대사는 남베트남에서 활동하는 군, AID, CID 등 각 기관에서 나온 대표들을 통합하지 못하였다. 웨스트모어랜드 사령관은 평정작전을 통하여 전국을 안정화하려고 사령부 예하 참모조직으로 CORDS를 편성하였다. CORDS는 남베트남 정부·지방관리와 군 책임자가 참석하는 44개 지방의 안정화작전에 고문관(ADVISOR)으로 참석해 지원하였다.

1967년 창설 시 고문관은 108명이었으나 1969년에는 최고 7,601명까지 활동하였다. 이들의 95%는 군에서 지원하였고, 이러한 활동은 북베트남 및 베트콩에게 큰 위협으로 작용하였다.[48] 베트콩 기반조직을 식별·제거하며 생포 또는 사살하거나 전향하도록 방송하는 Phung Hoang(Phoenix) 조직은 당근과 채찍(Carrot and stick) 접근방식으로 사이공에서부터 고문관 704명이 활동하였고, 1972년까지 베트콩 81,740명을 찾아내고 그중 26,369명을 사살하는 성과를 거두었다.[49]

주월한국군사령부는 민사심리전 참모부에 장교 4명(대령, 중령2, 소령), 부사관 3명(원조기획 중사, 하사2), 타자병 등 총 8명, 민사업무를 전담하는 민심중대는 장교 27명, 병 95명으로 편성하여 안정화작전을 수행하였다.[50] 사단은 민심참모, 연·대대는 정보장교가 단

47) 최종기 역(1976), p.76.
48) smallwarsjournal.com 〉milreviewmarch2.
49) U.S. Army, *Military Review*, Fort Leavenworth, March - April, 2006, p.20.
50) 민심중대는 본부, 행정반, 운영반, 인쇄반, 3개 소대(1개소대 장교 6, 병 24, 소대본부 6, 확성기반 9, 선무반 8명)으로 편성돼 활동했다. 최용호(2004), p.376.

독으로 베트남 지방관리 그리고 경찰·민간기구들과 협력하여 안정화작전을 수행하였다. 또한, 언어소통이 필요하여 남베트남 군사어학교에서 총 1,344명, 각급부대에서 총 3,225명의 한국군 장병들이 베트남어 12주 과정을 이수하고 첩보수집과 민사심리전에 투입되었다.[51]

3 행위적 요인 분석

1) 갈등관리

북베트남의 갈등관리는 내부의 갈등관리와 남베트남 지역의 갈등유발로 구분할 수 있다. 먼저 북베트남 내부의 갈등관리에 대해 알아보면, 호찌민은 1945년 8월 국가수립 전에 공안조직을 창설하여 북베트남에서 활동하던 남베트남 군인 및 미국 첩보원 그리고 범법자들을 색출하여 치안을 확립하였다. 그리고 전쟁 피해자 가족을 지원하는 정책과 애국자 본받기 운동을 전개하여 희생자들의 마음과 정서를 국민이 공감할 수 있게 함으로써 사회적인 갈등을 관리하였다. 또한, 프랑스와 디엔비엔푸 전투에서 승리하여 100여 년간 지배하던 프랑스를 철수시켜 남북 베트남인들에게 큰 기쁨과 자긍심을 주었다. 북베트남으로 귀환 후 식량이 부족하자 소련과 중국의 원조금을 버마 쌀을 수입해 위기를 넘겼고 1953년에 실시한 토지개혁의 부작용으로 데모와 반란까지 발생했지만, 토지개혁 대상의 재분류와 개선을 약속하는 등 갈등원인을 수용하고 관리하여 주민을 안정화하는데 성공하였다.

한편, 남베트남에 대한 갈등유발의 전략은 첫째, 제네바 평화협정에 따른 남북총선거를 하자고 제안하여 남북 주민들로부터 명분과 공감대를 형성하였고, 이를 거부하는 남베트남 정부에 대해 사회 각 계층별로 반정부활동과 반미활동을 하도록 하였다. 둘째, 남베트남 주민의 반정부 저항성향을 적극적으로 활용하여 공공갈등과 민군갈등을 유발하였다. 셋째, 베트콩을 동조하는 주민들을 사상·군사적으로 무장시켜 통제지역을 확대하고 각계각층 동조자들을 동원하여 반정부시위, 테러 그리고 봉기를 유발하여 사회혼란을 증폭시켰다.

지엠 대통령은 정권 초기 군과 경찰을 장악하고 반대세력을 제압하며 강력한 대통령 체제를 구축하여 1년간 정권을 안정화하였으나 국민 간의 갈등관리는 실패하였다. 그 원인은 첫째, 대통령 일족의 족벌 독재정치이다. 평생을 청빈하게 살아온 호찌민과 명확하게 대비

51) 오홍국(2014), p.71.

되는 최대의 약점이었다. 둘째, 남베트남 국민으로부터 신뢰를 얻지 못하였다. 지엠 대통령의 사망 후부터 1967년 9월 응웬반티에우 대통령이 취임하기까지 약 4년간 정권이 14차례 교체되면서 정책의 일관성과 전쟁지도능력을 상실했다. 셋째, 안정화작전에 대한 인식 부족이다. 관리와 군인들은 대민지원 경험이 없었고, 국민을 억압하는 수단으로 인식하였다. 지엠 정권부터 군부 정권까지 12년 동안 지도자들은 봉건적인 가치관으로 국민에 대한 봉사와 헌신적인 마인드를 갖지 않았고 갈등관리제도를 정상적으로 운영하지 못했다.

미군은 전쟁을 주도하면서 군사, 대민, 여론에서 갈등관리에 실패하였다. 첫째, 명확한 군사지휘체계의 미확립이다. 일반적으로 동일한 전장에서는 전쟁을 주도하는 1명의 사령관에게 전군을 지휘하도록 단일한 지휘체계를 부여하고 있다. 그러나 미군은 남베트남군은 남베트남인에게, 한국군도 협상을 통해 한국군 장성이 지휘하도록 하였다. 둘째, 안정화작전을 위한 민·관·군 지휘체계의 조기 미구축이다. 주월 미국대사가 모든 기구들을 통합하여 안정화작전을 시행하였어야 했는데 웨스트모어랜드 사령관 부임 후에야 자금과 물자를 CORDS 조직을 활용하여 작전을 시행하였다. 셋째, 문화·정서적인 접근방법에서 문제가 발생하였다. 미군은 베트남 문화와 정서를 충분히 고려하지 않은 채 군사력 위주의 작전 수행으로 전통적으로 외국인 배타감정이 있는 주민에게 역효과를 가져왔다. 넷째, 전쟁의 참상이 TV 등 대중매체를 통하여 가정에까지 그대로 전달되었고, 1967년 10월 워싱턴DC에서 10만 명의 반전 행진이 일어나는 등 미군의 사기 저하에 영향을 주었다.

한국군은 문화·정서적으로 갈등관리를 하였다. 주민과 게릴라 사이의 관계를 잘 알고 있어서 물자 지원 시 마을 촌장을 경유하여 직접 전달하였고, 주민 모두에게 혜택이 돌아가도록 하였다. 그리고 노인을 공경하고 친절한 모습으로 주민의 생명과 재산을 보호하였다. 한국군의 활동은 남베트남 주민들이 자립의 능력을 구비하도록 자조사업, 대민건설, 각종 친선활동에서 나타났다.

2) 능력의 구비

프랑스와 전쟁에서 승리하고 베트남을 독립시킨 호찌민은 사망할 때까지 국가주석이면서도 족벌이나 파벌과는 거리가 멀었다. 호찌민 지도자의 자질과 삶의 여정은 남북 국민들이 모두 공통으로 존경하였다. 그래서 북베트남의 정치·군사지도자들도 재물 욕심 없이 전쟁에 전념하였다. 군부대, 청년돌격대, 자위부대는 파괴된 북베트남 지역의 기반시설, 보급로, 생활터전을 재건하였고, 국민들은 단결하여 피해를 복구하고 전쟁을 후방에서 지원하였다.

남베트남 정부는 웨스트모어랜드 장군의 조언을 받아 방송국을 설립하고 촌락에 텔레비전 수신기를 제공하였다. 그래서 주민들이 정부와 군의 전시상황브리핑, 정부정책과 홍보내용을 청취하고 떠났던 마을로 돌아오기도 하였다. 그러나 많은 분야에서 지원 능력이 부족하였다. 대민지원의 구상과 승인은 Top-Down 식이었다. 지원사업 계획은 하부 조직인 면·촌락에서부터 올라와야 검토하였고, 노동력은 주민이 자발적으로 부담해야 했으며, 관리들은 주민에게 군주처럼 행세하고, 정부는 구호, 치안유지 보다 세금징수, 노동력을 제공하는 동원의 대상으로 인식했다.

미군은 의료·구호분야에서도 원조하였다. 육군은 병원을 23개 추가로 건설하였고, 육·해·공군 치료단 20개를 조직하여 지역을 순회하면서 지원활동을 하였다. 웨스트모어랜드 장군은 회고록에서 "한국의 6·25전쟁과 일본에서 동양인을 상대한 경험은 있었으나 베트남에서 어떻게 임무를 수행해야 할 지 가르쳐 줄 수 있는 책이 없었다"고 하면서 어려움을 토로하였다.[52] 그리고 전투할 수 있는 능력과 자질이 부족한 초급 간부들이 전장에 투입되어 미라이마을 학살사건과 같은 비인도 행위가 발생해 주민이 베트콩이 되는 등 안정화작전에 대한 교육훈련이 미흡했다.

한국군은 민사작전과 군사작전을 동시에 수행할 수 있는 능력을 구비하였다. 장병들은 파병 전에 주월미군사원조사령부에 베트남의 지형과 기후의 특징, 베트콩 전술 등을 요청하여 숙지하였고, 민사작전 요원이 되었다. 또한, 베트남 현지에서 베트남어 12주 어학교육으로 기본적인 대화가 가능하였다.

호찌민의 청빈하고 통일을 향한 삶은 국민들이 단결하고 전쟁을 지원하는 구심점이 되었다. 남베트남은 행정과 군사분야에서 부정부패, 안정화조직 미편성 등 능력이 구비되지 않았다. 미군은 정착촌 추진, 베트남 문화인식 등에서 시행착오를 하였다. 베트남전쟁에서 안정화작전 분석결과는 〈표 3-6〉과 같다.

52) 최종기 역(1976), p.277.

〈표 3-6〉 베트남전쟁 안정화작전 분석결과

구	분	분석 내용	식별된 요소	분석결과
정치 · 제도적 요인	국제사회 환경	북 : 국제 비동맹세력 지지 남 : 미국 등 우방 지원	1.국제사회에 당위성 홍보 2.국제사회 지원 요청	☆ (보통)
	정치체제	북 : 실력으로 외세격퇴, 국가건립,정통성 확보 남 : 잦은 정권교체, 혼란	3.외세개입 배제, 주도적인 안정화작전 추진 4.정치와 사회의 안정 필요	□ (미미)
	법규 시행	북 : 국제법 무시 남 : 국내법 강행 규정	5.국내 · 외 법 정비 추진 6.정치안정과 법규 시행	□ (미미)
경제 · 기능적 요인	계획 사전준비	북 : 북 방위와 남부 해방 동일 수준 전략 남 : 미군 보조 한 : 파병 전 사전 준비	7.피해복구와 남부 점령 추진계획 준비 8.작전위한 작계, 교리 준비	☆ (보통)
	기구와 조직	북 : 각계각층 조직 운용 남 : 안정화조직 폐지	9.각계각층 조직 효과적운용 10.안정화조직 창설 필요	☆ (보통)
	재원과 전문인력	북 : 다양한 전문인력 운용 남 : 전문인력 부재 미 : 전문인력과 재원 지원	11.정부 및 민간차원 전문인력 육성 필요 12.전쟁재원, 감사반 운용	☆ (보통)
행위적 요인	갈등관리	북 : 조직, 인력운용으로 갈등관리 성공 남 : 갈등관리 실패	13.갈등요인 해소방법 강구 14.사안별 맞춤형 갈등관리 제도 추진	★ (핵심)
	능력의 구비	북 : 국민의 지도자 지지 남 : 부정부패, 능력 미흡 미 : 최신 무기, 재원 구비	15.지도자의 능력과 국민의 지지 필요 16.계획과 작전능력 준비	★ (핵심)

위 〈표 3-6〉에서 식별된 요소들을 살펴보면, 우선 중복부분은 정치 · 제도적 요인의 1번 · 2번 · 3번은 국제사회 지지와 당사국의 안정화작전 당위성을 국제사회에 요청한다는 의미에서 같은 의미이다. 그리고 4번 · 6번과 행위적 요인의 13번 · 14번은 정치의 안정과 국민의 갈등 해소라는 공통점이 있어 같은 내용이다. 5번과 경제 · 기능적 요인의 7번 · 8번 · 9번 · 11번 · 12번 그리고 행위적 요인의 16번 요인은 안정화작전을 위해 사전에 준비할 수 있는 내용이다. 또한, 10번 요인은 평시에 조직을 운용하여 안정화작전 성공에 기여하고, 행위적 요인의 15번 요인은 정치 · 군사지도자들의 능력과 국민의 지지가 필요한 요소이다.

따라서 식별된 요소들을 조정하면, 정치 · 제도적 요인은 3개, 경제 · 기능적 요인은 2개,

행위적 요인은 3개 등 8개이고, 최종 정리하면 5개 요소이다. 결론적으로 안정화작전의 요소는 첫째, 외세의 개입을 배제하고 국제사회의 폭넓은 지지를 받고 자국의 능력으로 주도적으로 안정화작전을 추진하여야 한다. 둘째, 잦은 정권교체, 일관성 없는 정책과 법규 시행은 사회 혼란과 갈등이 확산되는 문제가 있으므로 안정적인 정치체제와 국민의 합의에 의한 맞춤식 갈등관리제도가 필요하다. 셋째, 안정화작전을 위한 사전 제반 준비들이 필요하다. 안정화작전계획, 기구와 조직, 재원, 불리한 자연환경을 극복하고 임무수행할 수 있는 장비 그리고 장병 교육훈련이다. 넷째, 안정화작전이 성공할 수 있도록 기구와 조직을 평시에 창설하여 운용하여야 한다. 북베트남은 공안조직을, 한국군은 민사심리전중대를 운용하여 농 · 어촌지역까지 통치력을 구축했다. 다섯째, 정치 · 군사지도자들은 희생적인 리더십과 전쟁수행능력을 발휘하고 국민의 지지를 받을 수 있도록 하여야 한다.

제2절 독일통일 안정화작전 분석

1 정치 · 제도적 요인 분석

1) 국제사회 환경

1985년 3월 냉전체제의 맹주인 소련에서 미하일 고르바초프가 공산당 서기장으로 취임하였다. 당시 소련은 국내적으로 식료품 부족, 약탈, 폭동이 발생하는 등 경제 상황이 악화되어 고르바초프는 개혁개방을 추진하면서 보수세력과 대립하는 한편 대외적으로는 동유럽 국가들에게 민주화 개혁을 요구하는 등 국제사회에 커다란 변화를 가져왔다. 이러한 민주화 흐름은 동구권 국가인 헝가리에서부터 시작되어 폴란드, 체코 등으로 번졌고 장기독재자와 공산당의 몰락을 가져와 새로운 정권이 수립되는 계기가 되었으며 국경의 철조망과 지뢰가 제거되는 변화가 나타났다. 이러한 변화로 헝가리 국경이 개방되어 1989년 9월 말 최소 24,000명 이상의 동독인이 탈출하였고, 1989년 9월 30일부터 10월 5일까지 체코와 폴란드 주재 서독대사관으로 14,000여 명의 동독인이 몰려와 특별열차로 서독으로 수송되었다.[53] 11월 9일 베를린 장벽 붕괴 후 12월 말까지 대규모 탈출이 이루어져 서독에 도착한 동독인은 총 343,854명이나 되었다.[54]

서독은 탈출 난민을 모두 수용하고 정착하도록 경제적 지원을 하는 한편 통일준비를 하였다. 그러나 동 · 서독은 쉽게 통일을 추진할 수 없었다. 국경을 접하고 있는 소련, 폴란드, 프랑스 뿐만 아니라 영국, 미국, 이탈리아 등 우방국의 동의를 받아야 통일을 할 수 있었다. 독일통일에 대해 처음에는 미국 이외에는 모두 반대하였다.

서독은 그동안 독 · 미 및 NATO(North Atlantic Treaty Organization, 북대서양조약기구) 동맹체제를 유지한 가운데 유럽안보의 중심축 역할을 하였다. 그러나 프랑스 뿐 아니라 주변국 모든 국가는 독일이 재통일되면 강력한 군사력을 기반으로 다시 유럽에 전쟁의 참화를 불러 올 수 있다는 우려 때문에 통일독일 출현을 반대하였다.

---

53) 국가안전기획부, 『독일 통일모델과 통독 후유증』(서울 : 국가안전기획부, 1997), p.47~48.
54) 국가안전기획부(1997), p.168.

서독은 주변국의 우려를 불식시키고 통일을 달성해 가는 과정에서 헬무트 콜(Helmut Kohl) 수상은 외교문제 해결에 중요한 역할을 하였다. 프랑스와는 미테랑 대통령과 개인적인 친분을 활용하는 한편 독일화폐 마르크를 포기하고 유럽공동 화폐인 유로화를 사용하여 유럽 공동체 구성에 적극 협조하겠다고 하였다. 영국 대처 수상은 독일이 다시 강대한 국가로 나타나는 것을 받아들이기 힘들고 10~15년 뒤 협상할 문제라고 하였다.

인접한 폴란드는 현재의 국경선 안에 독일인이 거주하고 있음을 고려하여 국경선 분쟁이 발생하지 않기를 희망하면서 통일을 반대하였다. 이탈리아는 동·서독 2개 국가가 유럽안정에 도움이 된다고 통일을 반대하였다. 독일통일 문제는 주변 국가의 각기 다른 이해관계가 복잡하게 얽혀 있었으나 1990년 2월 독일통일 승인원칙에 관련국들과 회담에 합의하였다. 그러나 영국·프랑스·폴란드의 반대보다 더 중요한 것은 소련의 반대였다. 개혁개방의 신사고 전략을 갖고 있던 고르바초프는 1987년 7월 7일 독일통일 논의를 한번 거부한 적이 있었으며, 동·서독으로 분리된 체제를 고집하였다. 그러나 1980년대 후반 소련 내부의 정치·경제·사회적으로 급격한 변화가 발생하였다. 고르바초프 중심의 개혁세력과 군부중심의 보수세력이 대립한 가운데 1990년 7월 2일부터 11일까지 진행된 제28차 공산당 전당대회에서 반대세력 1,300표가 나와 고르바초프 서기장의 정치적 입지가 점차 약해지고 있었다. 고르바초프가 실각한다면 독일통일은 큰 난관에 봉착하는 것은 명약관화였다. 그래서 콜 수상은 1990년 7월 15일부터 16일까지 고르바초프와 정상회담을 하여 동독에서 소련군이 철수 시 철수비용과 복귀 후 주택건설, 차관지원 등을 제공하는 한편 독일통일의 승인과 통일독일 후 NATO군 잔류에 대한 양보를 얻어냈다.

한편, 독일통일 관련국들의 외무장관은 1990년 5월부터 9월까지 독일의 군사적 지위와 승전국 권리를 규정하기 위해 동·서독과 승전 4개국이 2+4회담을 하였다. 2+4회담 주요내용은 〈표 3-7〉과 같다.

〈표 3-7〉 2+4회담 주요내용[55)]

구분	1차(본)	2차(동베를린)	3차(파리)	4차(모스크바)
일자	1990.5.5	1990.6.22	1990.7.17	1990.9.12
주요 내용	·독일자결권 인정 ·통독 동맹체 소속 미합의	소련의 동·서동맹체 제 동시 가입 제안 - 참가국 거절	독 - 폴란드간 국경조약 일정 합의	·소련군 철수비용 / 주택건설 참여 ·독일 주권 명시

55) 이태욱·안석교·백종천·전성우, 『독일통일 : 경제·군사·교육통합』(서울 : 대한발전전략연구원, 2000), p.248.

서독은 2+4회담 최종합의를 통하여 승전 4대국의 권리와 책임을 모두 종결시키고 주권을 완전히 회복하여 자주적으로 통일정책을 하게 되었다. 주변국과 협상 과정에서 서독은 특히 소련에 우호적인 외교정책을 시행하였는데 그 이유는 첫째, 2+4회담에서 동의 둘째, 약 40만 명의 소련군이 동독에서 철수 셋째, 다른 사항에 동의 등 3가지 난관을 해결하기 위해 동독이 소련과 맺은 조약뿐만 아니라 경제 분야까지도 철저히 지원하고 이행하였다. 서독은 미국과 NATO 체제를 유지한 가운데 소련의 신사고 변화를 파악하고 주변국의 우려를 불식시키고 통일하였다.

2) 정치체제

서독은 동독보다 인구는 3.8배, 면적은 2배, 국민총생산은 7.9배로 우세하였다. 동·서독은 전승 4개국 통제를 받으며 자주권이 크게 손상된 가운데에서도 인적·물적 교류는 계속하였다. 그 후 국제정세 변화에 따라 교류의 폭은 확대·축소되는 양상을 보이다가 1969년 서독 브란트 수상 집권 후 대립·병존 정책에서 보완·공존 정책으로 전환 즉, 동방정책이 추진되면서 해빙기가 시작되었다. 통일될 때까지 서독이 추진한 단계별 중점을 개관하면 〈표 3-8〉과 같다.

〈표 3-8〉 서독의 통일 추진중점[56]

구 분	시 기	통일 추진중점
1단계	1949~1965	힘에 의한 우위정책 추진(냉전기)
2단계	1966~1969	동방정책 추진(동·서독 해빙기)
3단계	1970~1974	교류·협력의 법적·제도적 기반 마련
4단계	1974~1989	비정치분야 조약체결을 통한 접촉 확대
5단계	1989~1990	통일과정의 구체화

동·서독은 정부수립 이전부터 경제 분야에서 교류를 시작하였고 1948년 베를린 봉쇄로 일시 단절된 경우를 제외하고는 교류가 계속되었다. 이외에 정치 분야에서는 상호 상주대표부 개설(1974.6), 4차례 공식·비공식 수뇌회담, 경제·농림·건설·보건부장관 회담 정

56) 국가안전기획부(1997), p.2~4.

례화, 정부·정당·의회 교류가 있었다. 경제 분야에서는 교역규모가 1989년에 약 80억 달러에 달했고, 양독 교역은 EC(유럽공동체) 내 교역으로 간주되어 대공산권수출통제위원회 이외는 완전 무과세로 유통되었다. 인적교류는 동독과의 교류 중 최우선 교류로써 분단 이래 소규모 교류가 지속되어 왔으며, 국가기본조약 체결 이후에는 연간 430만 명 서독인과 270만 명 동독인이 상호방문을 하는 등 분단극복을 위한 핵심요소로 추진되었다. 문화교류는 동독은 TV·라디오 시청이 거의 자유화되어 국민의 70%가 서독방송을 청취하였고, 연극·오케스트라 연주 등 교류와 함께 비교적 개방된 자세를 취하여 서독이 잘 살고 자유스러움을 알게 되어 동경하게 되었다.

통일 전까지 동·서독 체제는 완전히 다른 양상으로 발전하였다. 서독은 서구 민주주의의 체제 특징인 입법·사법·행정부의 삼권분립, 지방자치단체 그리고 직업공무원 제도 등으로 발전하였던 것에 반해 동독은 공산당의 영도적 지위 아래 중앙집권을 강조하는 사회주의 체제로 발전되어 갔다. 서독은 국명이 독일연방공화국이며 11개 주로 이루어진 국가였고, 동독은 독일민주공화국이며 모든 권력은 인민에게 있음을 헌법에 명시하고 있었으나 실제로는 모든 국가권력은 공산당인 사회주의통일당에 집중되어 있었고 민주주의 근간인 삼권분립과 지방분권 또는 지방자치제도는 없었다. 소련이 점령하던 시기에는 지방자치제도가 있었으나 동독 정권의 수립과 동시에 없어지고 사회주의통일당에 의하여 중앙집권 통제가 본격화되었다. 동독은 최초의 5개 주를 15개 관구로 개편하는 등 연방제와 지방자치제의 폐지를 통해 지방의 힘을 약화시키고 대신 공산당 지배통제를 강화하였다. 동독은 경제파탄, 소련의 개혁개방과 동구권 국가들의 민주화 영향으로 대규모 탈출과 망명 및 반정부 시위로 붕괴의 조짐이 시작되었고 이후 국민의 의견을 수용하여 새로운 정권을 수립하였으나 격변기에 짧은 기간만 유지한 채 붕괴되어 갔다.[57)]

한편, 동독의 체제붕괴가 가시화되자 1989년 11월 13일 취임한 모드로우(Modrow) 수상은 11월 17일 서독에 양독 간 포괄적인 「조약공동체 체결」방안을 제시하였다. 이에 콜 수상은 1989년 11월 28일 양독간 국가연합구조를 거쳐 통일연방국가를 수립하는 3단계 통일방안으로써 연방제 추진 10개항 프로그램(Zehn Punkte Program)으로 대응하면서 통일의 중간단계로서 양독이 병존하는 과도기적 통일방안을 제시하였다.

3단계 통일방안 중 1단계는 동독의 자유총선에 의한 민주정권 수립, 2단계는 양독간 실

57) 호네커(1971~1989.10.18), 크렌츠(1989.10.18~11.12), 모드로우(1989.11.13~1990.4.11, 마지막 공산정권), 드메지에르(1990.4.12~10.2, 첫 민주정권).

질협력 증진위한 공동위 구성 및 공동 입법기구 설치 그리고 3단계는 궁극적인 통일연방국가 수립이었다. 10개항 프로그램은 〈표 3-9〉와 같다.

〈표 3-9〉 연방제 추진 10개항 프로그램[58]

· 대동독 의료 · 재정 부문 포함 다각적 지원 제공
· 통신망 확충 및 고속전철 부설 등 환경개선 지원
· 동독의 자유 총선 실시 및 정치범 석방과 시장경제 도입 등 자구 노력 강화
· 모드로우 동독 수상의 조약공동체 체결 제안 수락 : 경제 · 교통 · 환경 · 보건 · 문화분야 공동위 구성 제의
· 양독간 연합체 형성 및 이를 기초로 연방 구축 : 공동 각료회의 · 공동 자문위원회 · 공동의회 구성, 정치문제 협의
· 통독문제는 유럽통합 및 동 · 서독 관계개선과 연계 추진
· 동독 및 동구 국가에 EC 문호개방, EC · 동독 간 무역협정 체결
· 유럽안보협력기구를 환경보존 및 동서 무역협력 촉진기구로 전환
· 광범위하고 신속한 군축 및 군비 통제 노력 강화
· 통독 및 유럽안보 실현을 위한 지속노력 전개

콜 수상의 연방제 추진 10개항 프로그램은 주변 서방국들과 아무런 상의없이 제시되었다. 이에 대해 소련은 공식적으로 반대하는 입장을 노골화하기 시작하였고, 1990년 1월 30일 소련을 방문한 동독 모드로우 수상은 2월 1일 갑자기 친소입장으로 선회하여 연방제 중립국으로 통일하는 「독일을 위한 4단계 통일방안」을 〈표 3-10〉과 같이 제시하였다.

〈표 3-10〉 동독 모드로우 수상의 4단계 통일방안[59]

· 1단계 : 우선 동 · 서독이 NATO와 바르샤바 조약기구 탈퇴, 군사중립을 이루고
· 2단계 : 화폐를 비롯한 경제부문은 물론 교통망 · 법률제도 등을 통합하는 연방구성
· 3단계 : 중앙 및 지방의회와 정부기구 등을 각각 묶는 공동정책기구를 구성하고
· 4단계 : 이들 공동기구에 양국 주권을 이양하고 재통일

그러나 모드로우 수상의 제안내용 중 서독의 NATO 탈퇴는 서독 정부가 수용하기 어려운 내용이었다. 그 이유는 미국의 영향력을 차단하려는 소련의 정치적 전략이었으며 또한 서독이 지금까지 유럽에서 확보한 정치적인 위상을 약화시키는 것이었다. 그래서 콜 수상

58) 국가안전기획부(1997), p.70.
59) 국가안전기획부(1997), p.97.

은 독 · 미, 독 · 프, EC, NATO, G7 정상회담 등을 통하여 연대세력을 구축하는 한편 생필품, 재정을 지원하는 의사표명으로 소련의 변화를 유도하고 정상회담을 통하여 통일독일 후 소련군 철수, NATO 잔류 및 주권보장 등에 대한 양보를 얻어냄으로써 통일의 마지막 장애요인을 해결하였다.

동독은 사회주의통일당 외 4개의 위성정당(DBD, CDU, LDPD, NDPD)이 있었으나 동독체제 혁신을 주장하는 재야단체들이 뉴포럼(1989.9.9.), 민주부흥(1989.10.1.), 사민당(1989.10.7.) 등을 창설하고 동독 인민의회가 1990년 3월 최초의 자유 총선거를 한다고 의결함에 따라 체제붕괴가 가속화되었다. 자유 총선거는 총 23개 정당에서 의원 400명을 선출하였다. 선거결과 콜 수상의 지원을 받은 중도우파세력인 독일연합(AFD)이 집권당이 되면서 첫 문민정부가 탄생하였고 수 개월 내 화폐통합과 서독으로의 흡수통일이 추진되었다.

동 · 서독은 국가기본조약을 체결하여 전반에 걸쳐 동서 간 교류를 확장하고, 45년간 분단을 마감하는「경제 · 사회 · 통합협정」을 체결하여 외형적인 통합을 이루고 단일경제권을 형성하였다. 그리고 내부통합의 마지막 단추로써 1990년 8월 31일 서독으로 편입하는「통일조약」을 체결하여 얄타체제를 종식하였다. 그리고 정당의 활동 목표와 당명이 동일한 동 · 서독의 정당들은 통합되었다.[60]

서독은 통일을 끝까지 반대한 소련과 정면으로 접근하는 대신 주변국을 우선 설득하고 연대세력을 구축 후 협상하는 우회접근을 통하여 통일에 대한 양보를 얻어낸 전략은 향후 한반도 통일을 반대하는 중국, 일본, 러시아를 설득하고 통일을 해야 하는 한국정부에게 외교전략의 방향을 제시해 주고 있다.

3) 법규 시행

서독이 주도적으로 통일을 추진함에 있어서 정치인들이 생각한 대체적인 통일접근 방법은「기본법 제146조」에 따른 점진적 통일방식이었다. 콜 수상은 연방제 추진 10개항 프로그램을 통하여 동 · 서독 간 조약공동체와 국가연합단계를 거쳐 연방제로 가는 2~3년간의 과도기 통일방안을 추진하였고, 사민당 · 민사당 등 야당은 양독간 합의를 거쳐 통일헌법을 제정하고 신정부를 출범시키는 통일방안이었다. 그러나 동독체제 와해가 예상보다 급속히 진행되고 무엇보다 국민들의 조기통일 기대감, 고르바초프 정권의 불확실성 등으로 기본법

60) 자민당은 1990년 8월 11일, 사민당은 1990년 9월 16일, 기민당 전당대회는 1990년 10월 1일~2일이었다.

제23조의 흡수통일 방식으로 전환하여 통일을 달성하였다.

동·서독이 시행한 법규는 내독 간 적용한 법령과 동독이 외국과 체결한 조약·협정으로 구분하여 분석할 수 있다. 우선 내독간 적용한 법령을 알아보면, 동·서독 법체제의 상이한 이유로 법 제·개정 과정을 거친 후 통일 후에는 연방정부 법령을 동독지역까지 확대 적용하였다. 동·서독 사법체제의 특징을 보면, 서독은 자유민주주의 가치 수호에 기초를 두고 국가·기관·개인의 법질서가 침해되었을 때 그 침해를 규율하는데 목적이 있었고, 입법·사법·행정부의 상호견제라는 삼권분립이 작동하였다. 그리고 임시헌법이라 할 수 있는 기본법을 근간으로 법체계가 형성되어 있었다.

그러나 동독은 공산당 사회주의통일당에 의해 법의 제·개정과 적용, 해석이 이루어졌다. 권력은 인민에게 있다고 헌법에 명시하고 있었으나 법 위에 공산당이 위치하고 있어서 법 자체의 독립성이나 타당성 근거없이 공산당에 의한 종속적 범주로서의 의미만을 지녔다. 또한, 국가권력을 상호견제하는 삼권분립의 원칙이 없었고 헌법재판소가 설치되어 있지 않아 헌법적인 통제기능이 존재하지 않았다. 그리고 인민재판조직인 법원만 설치되어 있었고, 행정·재정·노동·사회법원 등 특별법원이 존재하지 않았다.

따라서 행정기관 간의 권한쟁의 또는 공권력에 의한 시민권리 침해 시 행정소송, 헌법소원 등 권리구제신청을 하는 것은 불가능하였다. 국민은 단순히 복종해야만 하였다. 서독과 현격한 차이를 보였던 것은 사법관계 종사자가 부족한 것이었다. 동·서독의 법관, 변호사, 검사 등 현황은 〈표 3-11〉과 같다.

〈표 3-11〉 동·서독 사법체제 종사자 현황(1990.1.1.기준)[61]

구 분	법 관		변호사	검 사	민사소송	노동재판
	인원(명)	비율(명)	인원(명)	100만명당	1,000만명당	
동 독	1,435	1명당 1.2만	600	80	3,100건	789건
서 독	17,000	1명당 3.5천	55,000	60	22,000건	6,000건

위 표를 통해 조사·기소하는 검사의 수가 인구 면에서 서독보다 3.8배 적음에도 서독보다 많았음을 알 수 있다. 따라서 동독인은 개인권리를 침해받고도 권리구제신청 등을 하기가 어려웠다.

61) 국가안전기획부(1997), p.147.

한편, 서독은 1950년 8월 제정한「연방내 독일인 수용에 관한 법」에 따라 동독 망명자를 수용하면서 통일에 대비한 새로운 법령을 제정하고 기존 법령은 개정하는 등〈표 3-12〉와 같이 정비하였다.

〈표 3-12〉 동·서독 통일 대비 법령 제·개정 일부 현황[62]

구 분	개 정	제 정
동 독	법원조직법, 사회보장법 등	환경법, 주설치법, 파산법, 복권법, 사유화법, 신탁업무법, 지방자치법, 지방자치단체 소유재산법
서독 (통독후)	기본법, 노동촉진법, 폐기물법, 국토공간정비법, 환경오염피해보호법	시효정지법, 시효연장법, 형사복권법, 미해결재산문제처리법, 투자촉진법, 보상법, 슈타지문서관리법, 재산법, 투자법, 자산귀속법, 유해물질방출법, 접경지역지원법, 택지법 등

제·개정된 법령들은 통일 전에 동·서독이 협력하여 통일 후 혼란을 최소화하기 위해 정비한 것도 있지만 통일 후 불법행위 처벌, 과거청산, 동독지역 재건 및 인프라 구축을 위해 정비한 경우가 많았다.

독일통일에 있어서 가장 특징적인 법규 시행은 동독군 인수의 법적 근거이다. 동독군 인수의 법적인 근거는 1990년 8월 31일에 체결한「통일조약」이며, 통일조약 중「부록Ⅰ, 제19장, 업무영역 B : 군인법, 제2절」이다.[63]

또한, 독일 연방정부가 승계한 동독의 제3국과 체결한 조약·협정 문제이다. 동독이 체결한 국제조약·협정은 137개국 3,000건이었다. 다자 간 600건, 양자 간 2,400건이었다.[64] 연방정부는 통일조약 제12조에 의거 '신뢰성의 원칙', '관련 당사국의 이해관계', '독일측의 조약상 의무', '자유·민주·법치국가적 기본질서' 그리고 'EC 관할권 존중' 등 5개 원칙[65]

62) 국가안전기획부(1997); 통일부, 『독일통일 총서 1~4권』(2013). 내용 정리.
63) 통일부, 『독일통일 총서 1 군사분야』(서울 : 아미고디자인, 2013), p.31.
64) 국가안전기획부(1997), p.186; 동독이 최종 정리하여 서독에 전달한 조약은 137개국의 2,600개이며, 사회주의권의 상호경제원조이사회 회원들과 체결한 다자조약은 392개에 달했다. 양독이 회원으로 가입한 국제기구 차원의 다자조약을 비교해보면, 양독은 총 235개 조약체결 당사국이며, 구동독은 35개 조약만 체결국이고 서독은 체결국이 아닌 것으로 파악되었다. 협상 결과 약 2,200개의 조약이 효력상실되었고, 나머지 조약은 전문가에 의해 추가 협상했다. 유 욱,「통일 시 북한의 대외 관계 승계문제에 대한 연구 - 통일부 정책연구 용역보고서 - 」(서울 : 통일부, 2011), p.59.
65) 국가안전기획부(1997), p.184.

을 갖고 조약체결 당사국들과 개별 협상을 거쳐 '계속유효', '조정' 또는 '효력상실' 여부 등을 결정하였으며, 서독의 법령으로 대체 불가할 경우 유효하되 통일독일과 새로운 협정을 체결하여 동독정권의 외교관계를 정리하였다. 그 결과 80%가 효력을 상실하였다.

통독 후 연방정부가 법규를 시행하는데 다음과 같은 어려움이 있었다. 첫째, 동독 탈출자 사살 연루자, 슈타지 요원(비밀경찰) 등 범법자 처리에 한계가 있었다. 슈타지 요원 활동에 따라 간첩죄 또는 형법상 범죄로 분류하여 처벌하였으나 기본법의 소급금지조항 때문에 최고책임자들은 책임을 모면하였다. 둘째, 동독의 법령에는 있으나 서독의 법령에는 없어 대체 불가한 것은 별도의 법 제정이 될 때까지 잠정적으로 동독법이 유효하도록 하는 등 법체계가 미비하였다.

향후 한국정부는 실현 가능한 통일전략을 마련하고 동 · 서독이 거쳤던 헌법 · 행정 · 치안 · 사법분야, 군사 · 외교분야 그리고 노동 · 복지 · 환경분야 등의 법령을 타산지석으로 삼아 제 · 개정해야 한다. 또한, 한국의 법령으로 대체할 수 없는 북한법령이 존재할 것이고 인도주의 정신에 벗어나는 범법자 처리에도 한계가 있을 것이다. 따라서 위와 같은 제한사항을 극복할 수 있는 대책을 강구해야 한다.

2 경제 · 기능적 요인 분석

1) 재원

서독은 통일 전부터 동독과 꾸준히 교류하면서 1971년부터 1989년까지 동독에 약 7조 1,500억 원을 지원하였고, 이 중 80% 이상을 고속도로와 철도 등 교통분야 개선에 투입하였다.[66] 서독의 지원에도 불구하고 동독의 경제는 1980년대에 극도의 위기상황에 빠졌고, 1989년의 대서방 외채는 280억 마르크로 급증하였다.[67] 특히 1990년 여름과 가을 사이 동독군은 봉급을 지불할 수 없게 되었고 주거조건과 기반시설을 개선할 재원이 절대적으로 부족하여 개혁할 능력이 없었다. 이러한 상황에서 서독은 1988년부터 동독 주민들의 망명이 급증하여 이들을 지원하는 사회보장혜택을 제공하면서 재정 부담이 급격하게 증가하였다. 서독의 재정부담 증가 이유는 〈표 3-13〉과 같다.

66) 통일부, 『독일통일총서 4』(서울 : 레드클립, 2013), p.114.
67) 국가안전기획부(1997), p.43.

〈표 3-13〉 서독의 재정부담 증가 이유[68]

망명 지원	동독파견 공무원 보상	동독몰수 재산보상	동독자산 사유화 오류	무기 · 장비 판매/폐기	동독 채무	재 건
일시지원금 수속/잡비 주택 실업/수당 취업/정착	1991~ 1993 :8억9천만 DM	농림3배 영업용 토지7배 대지20배 채무4.5%	1조2000억 DM평가, 실제 400 ~1000억 DM	14억1600 만DM	280DM	고정투자 주택건설 환경보호 교통부문 농업 등

서독이 1991년부터 1996년까지 지출한 통일비용은 총 9,960억 DM이며 이 중 사회보장 및 실업대책이 40%, 인프라 및 투자장려가 25%, 동독기업 사유화 및 자립지원이 15%, 동독지역 주 · 지자체 재정보조에 20%를 지원하였다. 서독의 통일재정을 확보하기 위해 연방정부는 다음과 같은 정책을 시행하였다. 첫째는, 한시적으로 운영한 통일기금이었다. 통일 전 연방정부와 주정부 상호 간에 시민 1인당 평균 조세수입이 동일하게 배분되도록 한 재정균형제도이다.[69] 이 제도는 재정이 풍부한 연방주가 빈약한 연방주의 조정교부금을 지원하는 수평적 재정균형제도이었고, 수평적 재정균형제도로 해도 안되면 연방정부가 일반 또는 특별교부금을 보충하는 수직적 재정균형제도 등 두 제도가 있었는데 이 방법을 신연방 5개 주에 적용 시 서독의 연방주들은 과도한 액수납부 때문에 동독 5개 주의 재정균형제도 가입을 거부하였다. 이 때문에 연방정부는 재정균형제도를 신연방주에 적용하지 않는 대신 통일기금을 설치하였다. 통독 독일은 통일기금으로 신연방 5개 주의 공공재정을 지원하게 되었고 1991년부터 1994년까지 총 1,607억 DM을 지원하였다. 둘째는, 조세수입 증대를 위한 통일연대세를 도입하였다. 개인 소득세 · 법인세에 7.5%씩 부과하는 통일연대세를 1991년 7월 1일부터 1992년 6월 30일까지 1년간 시행 후 중단했다가 재정 부족으로 1995년 1월부터 재도입하였다. 셋째는, 연대협약을 시행하였다. 통일 후 신연방 지역에서 발생하는 비용을 특별히 지원하기 위해 주정부 간에 재정균형의 구도에서 지급하는 연방지원금이었다. 이 지원금은 동독재건 목적으로만 사용되었다. 1995년부터 2004년까지 945억 유로를 지원한 연대협약Ⅰ 그리고 2019년까지 총 1,564억 유로를 지원한 연대협약Ⅱ를 시행하였다. 넷째는, EC 예산에서 신연방주로 지원된 EC 구조조정기금이었다. 1991년부

68) 국가안전기획부(1997). 내용 정리.
69) 통일부, 『독일통일총서 3 구동독지역 재건특임관 분야』(서울 : 애드밴, 2013), p.29~30.

터 1999년까지 총 340억 마르크가 지원되었다. 다섯째는, 연방재정 건실화 정책이었다. 연방 및 공공부문 재정적자가 급증해서 1993년 12월부터 사회복지예산 축소, 모든 개별예산 동결, 인력감축 및 국방비 삭감을 시행하였다. 그 결과 연방정부는 물론 연방주와 지자체의 재정 부담을 경감시키는 실질적인 효과가 발생하였다. 여섯째는, 환경특별부과금을 도입하였다. 45년간 생산실적 위주의 사회주의 계획경제 시행으로 공업폐수 95% 이상이 미처리된 상태에서 방류, 공공 하수시설 60~70% 파손 등 동독 내 심각한 토양 · 하천 · 대기 · 방사능 오염물질이 정비되지 않고 노출되어 커다란 사회문제가 되었다.

서독은 위와 같은 재정 확보대책을 시행하여 통일 후 동독지역 재건과 주민의 삶의 수준이 서독 주민들과 동등한 수준으로 올라오도록 하였다. 연방정부의 통일비용 산정은 학자마다 상이하게 〈표 3-14〉과 같이 주장하고 있다.

〈표 3-14〉 통일비용 산정 현황[70]

구 분	콜 수상	국가안전기획부		Klaus Schröder역사학자	베를린 자유대학 연구소	김창권
금액(DM)	1,150억	7,200	2조6,430	1조5000억 유로	1조6000억 유로	1조2,800억 유로
비 고	'91~'94	'90.말~'96	'90~'00	채무포함	'90~'09	'91~'03

위 〈표 3-14〉에서 콜 수상과 바이겔(Theo Waigel) 재무부장관은 전문연구기관이 파악한 동독의 총자산 평가액이 1조 2000억 마르크에 기초하여 통일 후 1991년부터 1994년까지 통일비용을 1,150억 DM로 전망하였다. 그러나 동독의 자산 전망치는 훨씬 미달하였고, 부족한 재원은 재정확보 수단에 의해 조달하였다.

한편, 연방정부가 신연방 5개 주 재건을 추진하면서 세밀한 종합계획과 전략 없이 중복투자와 과잉투자 등을 추진하여 재정을 낭비하는 사례가 발생하였다. 연방정부가 추진한 재건사업 중 인프라 추진과제[71]는 소유권 정립 및 토지주택의 사유화, 주택개발 및 주거지

70) 국가안전기획부(1997), p.26, 372; 통일부, 『독일통일총서 3』(2013), p.36; 김창권,「독일통일비용 15년 평가와 시사점」(서울 : 현대경제연구원, 2005), p.69; 김영윤,「경제적 관점에서 본 독일통일 : 평가와 시사점」(서울 : 독일통일 한독학술회의, 2010), p.9. 에서는 2조 3,340억 마르크로 예상하는 등 학자마다 다르다.

71) 통일부, 『독일통일총서 4』(2013). 내용 정리.

원, 도시정비, 농촌정비, 교통 인프라개발, 통일수도, 산업입지개발, 수자원, 환경개선, 접경지역, 제도통합 등이었다. 이 같은 사업을 추진하면서 지방자치단체 간 나눠먹기식 중복투자와 정치적인 작용으로 주택에 과잉투자, 동·서독 간의 수로 물동량 증가예측 잘못으로 과다한 투자가 이루어지는 부작용이 발생하였다.

이상으로 재원에 대하여 알아보았다. 통일 전 서독은 동독의 교통시설을 개선하는 등 기반시설 구축에 노력하였으나 통일 이후 보상, 재건 분야에 많은 재원을 지출하였고, 부족한 재원을 확보하기 위해 다양한 정책을 시행하였다. 그리고 재정을 낭비한 부작용도 발생하였다. 따라서 충분한 통일비용을 확보하기 위해서 정부와 민간은 재정확보 대책을 개발하고 준비를 하여야 한다.

2) 계획 사전준비

동·서독은 통일준비를 사전에 철저히 하지 못하였다. 다만 양독은 게르만 민족의 동질성을 회복하고 통일을 하기 위하여 경제 분야부터 교류를 시작하였고 이어 국가기본조약을 체결하여 교류의 폭을 확장하였으며 국민에게 통일에 대한 공감대와 열망을 갖도록 하였다. 정치지도자들은 점진적인 통일정책을 추진하였으나 동독인들의 체제변화와 통일에 대한 열망은 양독 정치지도자들의 예상을 훨씬 뛰어넘는 것이었고 많은 시행착오를 겪으면서 통일하였다.

서독 정부는 동독체제의 붕괴가 예상됨에 따라 대내·외적으로 본격적으로 통일을 준비하였다. 대내적으로는 첫째, 각 부처와 지자체 행정구역별로 동독과 자매결연을 체결하고 분야별 인력을 파견하여 동독체제의 변화를 지원하고 해결해야 할 문제점을 파악하였다. 인력파견은 사전에 준비한 계획이 아니고 갑자기 추진된 정책이어서 파견된 인력들은 동독인의 도움을 받아 임무수행을 해야 했으며 상호 간 갈등과 편견이 존재하고 비협조적으로 일을 처리하는 등 문제점들이 나타났다. 파견 종료 후에는 원대 복귀하여 재보직을 받기 위해서 일정한 기간을 대기하여야 하였다. 둘째, 망명한 난민이 너무 많아 서독에서 수용소가 부족하였고 군부대 시설까지 이용하여 난민들을 수용하였다. 셋째, 각 연방 부처는 동독 정부가 위치한 베를린에 각 지부를 설치하였다. 법무부는 통일 1년 전부터 법률체계를 통합하기 위하여 형법·민법·공법 등 3개 과를 설치했으며[72] 재무부는 화폐통합을 위한 조약

72) 국가안전기획부(1997), p.112.

초안을 작성하고 내독 실무단을 구성했으며, 교육부는 동독의 중앙집권적인 교육체계를 자유롭고 세분화된 체계로 전환하기 위해 통일 전에 초 · 중 · 고 · 대학의 모든 교육과정을 단계별로 조정해 나가는 정책을 추진하였다. 그리고 국방부는 사실 충분한 준비를 거의 하지 못하였다. 동 · 서독군의 통합은 정치통합의 마지막 단계에서 최종적으로 통합하는 분야이었으며 주변국들이 초미의 관심을 갖고 지켜보고 있는 분야였다. 그래서 동 · 서독의 회담은 비공개로 진행하였다. 1990년 2월부터 5월까지 양독 차관급 회의만 16회 진행하였다.[73] 주요 내용은 창설할 기구와 조직, 인수할 동독병력 규모, 무기와 장비 운용 및 폐기, 기지와 시설 처리 등 이었다. 국방부장관 최초의 회담은 통일되기 5개월 전이었다. 서독은 재정부담을 고려하여 대폭 감축하려고 무기 · 탄약을 관리하던 부대까지 해체하였다가 경계병력이 없어서 다시 부대를 창설하기도 하였다. 또한, 무기 · 장비 등을 폐기 · 활용하는 정책을 제때 하달하지 못했다.

한편, 대외적으로는 주변국과 정상회담 그리고 2+4회담에서는 폴란드의 국경선을 인정하여 통일 동의를 이끌어냈다. 서독은 사전에 준비하지 못하고 많은 시행착오와 혼란을 겪었음에도 통일을 달성하였다. 효과적인 통일을 위해서는 각 분야의 제도 정비, 자매결연 및 인력 파견 등을 사전에 준비해야 한다. 한반도 통일을 위해서는 대내 · 외적인 정책을 발굴하고 대책을 사전에 강구하는 것이 그 어느 요인보다 핵심적인 요인이다.

3) 기구와 조직

동독이 서독을 담당하였던 정부의 기구는 '외교부 서부담당관실'과 '당서기국'이었다.[74] 동독은 서독을 하나의 외국으로 간주하였고, 서독에 위치한 상주대표부도 외교부 소속이었다. 1980년대부터 동독지도부는 시민의 개혁개방 요구로 통제할 수 없는 상황이 발생하였고 정권교체와 함께 모든 분야에서 통일로 가는 서독식 모델을 추진하였다. 법치국가의 기본원칙과 법 질서에 부합된 행정기관의 개편과 개혁을 추진하였다. 가장 핵심적인 역할을 한 것은 동 · 서독 간의 자매결연이었다. 정부부처, 지방자치단체, 도시, 대학, 부대, 연구소 등 서로 직접적인 파트너 관계를 정립하여 중앙집권적이고 수동적인 체질에서 서구식의 창의적이고 자율적이며 능동적인 체질로 변화를 시도하였다. 자매결연의 현황은 장벽붕괴 후 1990년 초까지 짧은 기간 동안 646개의 도시 간 또는 기초자치단체 간, 통일 당시에는

73) 통일부, 『독일통일총서 1』(2013), p.111.
74) 통일부, 『독일통일총서 3』(2013), p.14.

854건, 1993년 내부통합 시에는 2,000건이나 되었다.[75]

동독군은 차후 역할에 대한 건설적인 의견을 수렴하기 위하여 자유총선거 전까지 총 7회 군개혁원탁회의 기구를 운용하여 새로운 국방법령, 승진규정 등을 제정하기 위해 군개혁위원회를 한시적으로 설립하였다. 교육 분야에서는 통일 전에 동독의 교육과정을 조정하기 위해 1990년 5월 16일 양독 간 공동교육위원회를 구성하고 동·서독 교육제도의 점진적인 통합기능을 수행하는 기구와 조직을 〈표 3-15〉와 같이 개편·신편하여 통일에 대비하였다.

〈표 3-15〉 통일 전 동독의 개편 / 신설 기구와 조직[76]

구 분	개편 / 신설 기구와 조직
정부조직	공산정권 → 문민정권, 행정단위 → 지구행정청으로 명명
국방분야	· 국방부 → 군축국방부로 개칭 · 군개혁원탁회의, 군개혁위원회, 군개혁담당관, 육·해·공군의 인력전환담당관실(직업교육), 군인담당관실 신설

한편, 서독은 통일 전까지 대내·외적으로 통일정책과 외교활동을 주도적으로 진행하였다. 서독이 정부를 수립 후 동독과의 문제와 통일문제를 담당한 정부 기구는 '전독일문제담당부'였다. 그 후 1969년 10월 브란트 총리 시절 동방정책(Ostpolitik)을 추진하면서 동독을 독일 내의 하나의 특수관계로 여기고 '내독관계부'로 명칭을 변경하였고, 통일 시기에 이르러서는 동독에 대한 실제적인 정책결정은 주로 '총리실 경제국 통일정책담당관'이 담당하였으며, 통일 후에는 내독관계부는 해체하고 '연방내무부'로 이관하였다. 그래서 통일 후 정부 내에 동독지역을 담당하는 재건 전담부서는 없게 되었다.[77] 동독체제의 붕괴 조짐이 보임에 따라 서독 정부는 통일 후 체제혼란과 통일비용 최소화를 위하여 동독과 분야별로 자매결연을 체결하여 동독체제를 지원하였다. 그리고 1989년 11월부터 12월에 서독군 지휘부는 비밀리에 군사통합계획을 논의하였다. 이 비밀회의는 국방부장관·차관, 합참의장, 연방군 내 소수그룹이 참여하는 비공식 실무팀으로 구성되었다. 그리고 서독은 동독군을 인수 통합하기 위해서 1990년 8월 동독 군축국방부에 연락참모부를 파견하여 5주 동안 동독군의 병력, 무기, 장비, 예산, 기반시설, 전화, 통신망 등을 평가하였고, 동부방위사령관

75) 통일부, 『독일통일총서 2 행정분야』(서울 : 통일부, 2013), p.102.
76) 국가안전기획부(1997). 내용 정리.
77) 통일부, 『독일통일총서 3』(2013), p.14~15.

을 임명하여 동독군을 지휘하는 동부방위사령부를 편성 운용하였다.[78] 내각은 1990년 2월 외무 · 내무 · 법무 · 재무 · 경제 · 내독관계 · 노동 · 환경장관 등으로 구성된 통일위원회 및 6개분과위원회를 구성하여 화폐 통합문제를 검토하였다.[79] 서독이 추진한 기구와 조직은 〈표 3-16〉과 같다.

〈표 3-16〉 통일 전 서독의 개편 / 신설 기구와 조직

구 분	개편 / 신설 기구와 조직
대동독부서	전독일문제 담당부 → 내독관계부 → 총리실 경제국 통일정책담당관 → 내무부
동독군 인수준비	외교/안보정책 협력팀, 연락참모부, 동부지역방위사령부
화폐 · 경제 · 사회통합 준비	재무부 : 내독계 실무단, 통일위원회 / 6개 분과위원회
교육분야	공동교육위원회 · 학술원
구동독 사유화 추진	신탁관리청 및 15개 지점
인권실태 · 조사	동독인권기록보존소,사회주의통일당 독재청산연방재단

통일 후 독일은 소련군의 철수를 지원하기 위하여 1990년 10월에 합동위원회와 산하 12개 실무단을 구성하였고, 동독지역이었던 신연방 5개 주를 서독 11개 연방주 체제로 편입하였다. 또한, 동부지역 재건을 위한 재건자문단, 복권 · 배상단 담당관실, 노동분쟁중재소, 특임관제도 등을 운용하였다. 특임관이란 위임자가 특별하게 지정하는 업무를 수행하는 사람을 말하며 정부뿐만 아니라 기업 · 관공서에서도 지정할 수 있는 업무담당자이다. 특임관은 한국의 무임소장관처럼 대통령이 지정한 업무를 담당하는 사람이었다.[80]

통일 후 동독지역 재건을 위한 독일 정부 내 조직은 연립정부가 바뀌거나 정권의 이해관계에 따라 소속이 변경되었다. 콜 총리는 재건기구를 총리실에서 연방경제부로, 슈뢰더(Gerhard Schroder) 총리는 다시 총리실로, 2002년에는 교통건설주택부로 이전되었다가 2009년에는 다시 연방내무부로 이관되었고 2011년 3월부터는 재건기구의 직급이 차관으

78) 통일부, 『독일통일총서 1』(2013), p.23~24.

79) 국가안전기획부(1997), p.87.

80) 독일의 대표적인 특임관제도는 총리실 산하의 이주민 · 피난민의 사회통합담당특임관, 법무부에는 인권문제담당특임관, 법령에 의거한 쓰레기처리담당특임관, 통일과 관련해서는 구동독지역 재건담당특임관, 독일수도이전담당특임관 등 많은 특임관이 활동했다. 통일부, 『독일통일총서 3』(2013), p.17~18.

로 낮아졌다. 잦은 책임부서의 변경과 낮은 직급은 동독지역 재건조직이 연방정부 내 독립부서로 확실하게 정립되지 않았음을 보여준다. 통일 후 서독이 개편 · 신설한 기구와 조직은 다음의 〈표 3-17〉과 같다.

〈표 3-17〉 통일 후 개편 / 신설된 서독의 기구와 조직[81)]

구 분	개편 / 신설 기구와 조직
정부조직	· 20개 부처 중 핵심부서인 수상실, 내무부, 법무부만 개편 - 수상실 : 신연방 5개주 담당 2개과, 5개주 문제전담 내각소위원회 신설 - 내무부 : 신연방주 재건자문단, 문화담당실, 정치교육 · 동구문제연구담당국 신설 - 법무부 : 복권 · 보상문제 담당관실 신설
행정체제 지원(내무부)	· 연방 · 주 조직정비처, 연방연합회, 합동인력소개소 · 신연방주 재건자문단, 지방자치단체 협의회
불법 · 과거청산	· 특별수사본부, 경찰수사본부, 특별조사위원회 · 슈타지 문서관리청
소련군 철수 지원	합동위원회 및 산하 12개 실무단
신연방 5개 주 (동독 주)	· 연방군 배치, 법무부(재판소, 검찰청) · 주헌법보호청, 세무서 120개, 지방병무청 26개 · 특별검찰단, 기동경찰대, · 주정부 / 지방자치단체
동독 군인	서독군 편입 적격심사위원회
동독 공무원	3년 수습(재교육+연수 프로그램 이수)
기본법 개정	합동헌법위원회(연방 상 · 하원 64명+주 대표 64명)

지금까지 동 · 서독이 통일 전후로 개편 · 신설한 기구와 조직에 대하여 알아보았다. 양독은 기본적으로 자매결연을 체결하여 파트너 관계를 형성하였다. 동독은 서독체제로 개혁하였으며 서독은 통일의 주역으로서 동독을 흡수 포용하면서 신연방 5개 주의 사법 · 조세 · 행정체제 등이 정착되도록 지원하였다. 양독이 통일되기까지 운영한 기구와 조직은 대단히 중요한 역할을 하였다.

81) 국가안전기획부(1997). 내용 정리.

4) 전문인력

서독은 자유민주주의 가치와 법 질서 구현에 적합한 전문인력을 선발하기 위하여 동독인의 적성, 능력, 전문성 그리고 불법행위 여부 등을 검증하였다. 서독은 검증단계를 거쳐 합격한 자에 대해서만 2~3년 교육과정과 평가단계를 거쳐 국가와 공공기관 등에 재임용하였다. 연방정부는 우선 신연방 5개 주의 행정체계를 구축하기 위해서 5개 주 공공기관 종사자 230만 명을 평가하고 선발하였다. 예를 들면, 서독의 경제부는 1,600명이었는데, 동독의 경제부는 3,800명이나 되었다. 인구대비 공무원 비율을 보면 동독은 약 14%, 서독은 약 7%로 동독이 훨씬 높았다. 그래서 연방정부는 인건비 지출을 절감하려는 노력과 함께 동독의 공무원을 재임용 시에 통일조약에 명시한 대로 평가와 선발 과정을 거쳐야 했다. 그리고 55세 이상자와 비밀경찰에 연루된 자는 기본적으로 공무원이 될 수 없었다. 1990년 이전부터 2009년까지 신연방주(동독지역) 국가기관에 종사한 인원의 감축 현황은 〈표 3-18〉과 같다.

〈표 3-18〉 신연방주 국가기관 종사인원 감축 현황(1990~2009)[82)]

연 도	감 축 현 황
1990 이전	200만 명 이상, 그 중 약 30만 명 비밀경찰과 인민경찰
1990	170만 명 → 평가 후 재임용 3만 명
1991	140만 명
2002	85만 명
2009	72만 명

통일 직후인 1991년 동독지역 공공기관 종사자는 140만 명 밖에 안되어 행정인력이 부족하였다. 그래서 연방정부는 1990년 중반부터 서독의 공무원들을 동독으로 파견·전보 조치하였다. 통일되기 전에 서독의 관료가 동독에 파견되어 행정업무를 하게 된 것은 그만큼 동독의 행정이 거의 마비상태에 빠질 정도로 상황이 악화되었기 때문이었다. 통일 당시 동독의 공무원 170만 명 중에 평가를 통해 재임용한 인원은 3만 명에 불과했다. 서독 공무

82) 통일부, 『독일통일총서 2』(2013), p.201.

원의 동독파견제도는 1992년까지 인원은 약 35,000명이 파견된 것으로 추정하고 있다. 파견 인원 중에서 약 15,000명은 연방정부에서 파견되었고, 2만 명은 서독의 연방 주와 지방자치단체에서 파견되었다.[83] 신연방 5개 주 행정체계 구축에 도움을 주기 위하여 서독의 자매결연 주는 동독의 행정기관, 재판소, 지방자치단체, 학교, 병원 등 각 분야에 전문지식을 갖춘 인력을 파견하였다. 예를 들면, 서독의 바이에른 주는 1991년 5월 406명의 주 행정부 직원과 판사를 장기 파견하였고, 14일 이하 단기적으로는 약 700명을, 대학교수 31명은 신연방주 대학재건작업을 도왔다.[84] 사법체계에서는 신연방주 사법관계 종사자가 절대적으로 부족하였다. 1990년 1월 1일 통계에 의하면 서독의 법관은 17,000명으로 비율은 법관 1명당 시민 3,500명이었다. 동독의 법관은 1,435명으로 법관 1명당 시민 12,000명이어서 서독의 1/4에 불과해 인력이 부족했다. 그리고 통일을 전후하여 동독의 판사와 검사의 약 1/4이 사퇴함에 따라 잔류인원 1,076명에 대해 연방정부는 민주사법과 법치국가에 대한 신념, 과거의 경력과 관련된 도덕적 · 정치적 완전성, 법률지식 구비 및 재교육에 대한 의사, 객관적 · 독립적인 판결능력 유무, 직업윤리의식 등을 심사기준으로 적용하여 부적격자는 재임용에서 배제하였다. 연방정부의 재임용 심사과정을 거쳐 동독의 판사 · 검사 624명이 선발되었고, 이들은 3년 내지 5년의 시보기간이 경과된 후 재임용되었다. 인원 부족으로 법률보호공백이 초래되자 해결책으로 서독지역 판사 593명, 검사 177명, 사법보조인이 동독지역으로 파견되었다.[85]

국방 분야에서는 군사통합을 추진하기 전인 1990년 3월 말 서독 국방부는 크뤼거-슈프렝엘 국장을 동독 국방부에 파견하여 동독군의 조직과 구조를 개혁하고 지원하는 시도를 하였다. 그러나 지난 45년 동안 군 분야에서 서로 접촉을 하지 않아 강한 이질감이 형성되어 있었고, 서독은 동독에 대해 아는 정보가 거의 없고 소통이 제대로 되지 않아 긴장 상황이 발생하는 이유로 5월 초에 파견 인원을 소환하였다. 그리고 동 · 서독 통합군 감축 계획(52만 명 → 37만 명)에 따라 서독은 동독군의 장성급 90%, 고위장교 80%, 부사관 · 병 40%를 전역시켰고, 서독 연방군에 계속복무 희망자에 한해 2년간의 한시복무기간을 적용

83) 서독에서 파견된 공무원의 수는 연구자에 따라 다르다. 1992년에 발표된 Bernd Keller의 논문 *Beschäftigung und Arbeitsbeziehungen im öffentlichen Dienst der neuen Bundesländer, Gewerkschaftliche Monatshefte 43*, 1992, p.331~342.에서 신연방주에 근무하는 서독파견공무원 수가 약 20,000명이라고 하였다. 그중에서 8,000명이 연방정부, 8,000명이 주정부 그리고 4,000명이 지방자치단체에서 근무하고 있다고 하였다. 통일부, 『독일통일총서 2』(2013), p.192.

84) 통일부, 『독일통일총서 2』(2013), p.186.

85) 국가안전기획부(1997), p.16.

하여 자유민주주의와 법치주의에 적합하고 동독 비밀경찰과 인도주의 정신에 위배되는 인원을 배제하여 총 10,800명(장교 300명, 부사관 7,600명, 병 200명)을 연방군에 편입하였다.[86] 군의관은 전문인력으로 인정되어 대부분 편입하였다.

교육 분야에서 연방정부는 동독에서 학업한 초·중·고·대학의 졸업증 유효성을 인정하였으나, 동독시절 교수·교사들의 재임용은 공산당원, 공산당 어용단체 간부, 슈타지 비밀경찰에 연관된 사람은 평가과정을 거쳐 배제하였다. 또한, 공산체제 학과나 연구기관은 폐쇄하였고, 기존 종사자는 9개월 경과기간 종료 후 전직 또는 퇴직시켰다. 한편, 동독 슈타지에 연루되었던 교사와 해직된 교사들이 교단에 복직하는 사례가 증가하여 1996년까지 심각한 사회문제를 유발하였다. 슈타지 연루혐의 교사와 해직교사 현황은 〈표 3-19〉와 같다.

〈표 3-19〉 슈타지 연루혐의 교사와 해직교사 현황[87]

구 분	튀링겐	작센	브란덴부르크	작센-안할트	머클렌부르크-포어폼메른
동독출신 교사(명)	35,000	59,639	34,000	36,468	29,923
슈타지 연루교사(명)	1,200	미상	3,300	887	1,581
해직 교사(명)	815	2,820	617	133	993

예를 들면, 작센 주에서 1996년 11월 법원판결을 통해 728명이 다시 교단으로 복귀하여 집단세력화 하는 사례가 발생하였다. 작센 주 교육부장관은 동독출신 교사 중 1/3이 연방정부의 교육시스템을 거부하고 여전히 동독 교육시스템을 고수하고 있다고 분석하였다.

서독 연방정부는 서독 교육체제에 적합한 전문인력을 재임용하기 위해 다양한 검증과 조사를 하였음에도 불구하고 공산체제를 고수하는 전문인력들이 여전히 존재하고 있음을 보았을 때 다양한 자료를 바탕으로 평가와 경과기간을 거쳐 올바른 인력을 선발할 필요가 있다.

86) 국가안전기획부(1997), p.16~17.
87) 국가안전기획부(1997), p.445.

3 행위적 요인 분석

1) 갈등관리

동·서독은 통일과정에서 국내·외적인 갈등이 상당히 있었다. 동독은 내적인 측면에서 갈등관리에 실패하였고, 서독은 외적인 측면에서 갈등관리에 성공하여 통일을 달성하였으나 통일 이후 또 다른 갈등이 발생하였고, 여러 정책들을 시도하여 갈등을 해소하려 하였지만, 여전히 갈등이 남아있다. 동독의 주요 원인은 첫째, 경제·사회면에서 공산주의 정부수립 이후 통제경제체제를 기반으로 시장의 경쟁력 없이 생산물이 유통되다가 1980년대 들어서 세계시장과 공산권에서도 상품 경쟁력을 잃어 수출이 감소하였고, 산업생산시설은 노후화되면서 실업자가 증가하여 반정부 시위가 발생하였다. 둘째, 정치면에서 소련의 개혁개방 정책과 공산권의 민주화 영향으로 체제에 반대하는 재야세력의 공산당 퇴진요구와 망명자의 대규모 발생 등 동독의 국가통치력이 약화되었다. 셋째, 군사면에서 동독군은 식료품 생산, 인프라 구축, 교통부문 등 민간인이 꺼리는 위험도가 높은 생산현장에 투입되어 불만이 증가하였고, 탈영하거나 명령을 거부하고 심지어 시위까지 발생하였다. 상시 1만 명, 피크 타임에는 5만 명(동독군 약 30%) 이상이 작업에 투입되었다.[88] 1989년 11월에서 1990년 5월 사이에 탈영한 장교, 부사관, 병사의 수는 1,400명이나 되었다.[89] 그리고 1990년 9월 동독이 서독과 체결한 통일조약 내용이 알려지면서 공군은 인사전환을 거부하였고, 육군은 대대급 소수의 군인들이 탱크를 몰고 베를린까지 진격할 것이라고 하는 등 군부에 의한 쿠데타 시도가 있었지만, 실행되지는 않았다. 이처럼 전국적으로 시민들의 저항이 발생하자 동독 정부는 공산당, 교회대표, 반체제 대표 등 각 정파의 세력이 1989년 12월에서 1990년 1월까지 10회의 원탁회의를 통하여 슈타지 해체, 신헌법 제정, 자유 총선거 등 정치적인 타협과 화해·조정 과정을 통해 갈등을 관리하면서 통일로 나아갔다.

한편, 서독은 콜 총리를 중심으로 안정적인 정치체제를 유지하고 있었다. 동독체제의 붕괴 조짐이 보이자 서독은 통일을 달성하기 위하여 동독 내 각계각층의 갈등 현상을 분석하고 서독 정부 부처 내 분야별 위원회, 동독정상과 회담, 협상 등으로 동독의 갈등을 성공적

88) 통일부, 『독일통일총서 1』(2013), p.81; 1985년부터 55,000명 동독 군인이 투입되었다. 이 시기에 이미 내적붕괴가 시작되었다. 이태욱·안석교·백종천·전성우(2000), p.251.
89) 통일부, 『독일통일총서 1』(2013), p.82.

으로 관리하였다. 먼저, 정치면에서 동독의 망명자를 차질없이 수용한 것이었다. 서독의 연방정부는 기본법과 1950년 8월에 제정한「연방 내 독일인 수용에 관한 법」에 따라 망명자 수용, 이주허가, 지원대책을 시행하고 지원과정에서 연방정부는 망명자 심사·분산업무, 각 주 정부는 수용·관리업무를 분담하여 동독 망명자들을 수용하였다. 그리고 동독의 개혁촉구와 긴급재정지원, 통일방안 등을 모색하였고, 서독의 콜 총리는 동독 내 사회 혼란을 방지하기 위해 1989년 12월 19일 동독 모드로우 수상과 정상회담을 하였고, 구체적인 통일준비로 경제·산업협력협정, 항공문제 협의, 자매결연체결, 형사법 공조협의, 신문·잡지·방송교류 등 다양한 분야에서 협정과 협상으로 동독 안정의 기틀을 마련하였다. 둘째, 경제·사회면에서 1990년 5월 18일 서독은 동독과 화폐·경제·사회통합 조약을 체결하였다. 서독은 재무부를 중심으로 외무·내무·법무·경제·내독관계·노동·환경부 등으로 구성된 통일위원회 및 6개 분과위원회를 구성하여 통합문제를 심도있게 검토하였다. 비록 화폐통합으로 동독지역 인플레, 일자리 및 생산력 상실 등 혼란을 초래한 바도 있지만, 혼란을 최소화하려는 시도를 하였다.

셋째, 군사면에서 동독군을 인수하기 전에 동독의 군축국방부에 연락참모부를 설치·운영하여 문제점을 파악하고 안정적인 인수를 시도하였다. 이러한 서독과 동독의 노력에 대하여 전승 4대국과 인접국들은 강한 불신과 의구심을 갖었다. 이에 서독의 콜 수상은 주변국 정상과 회담 및 재정지원으로 외교 갈등을 원만하게 해결하였다. 특히 통일을 끝까지 반대한 소련과는 2차례 회담과 재정지원으로 양보를 얻어냈다. 통일 후 발생한 갈등 양상과 관리한 내용은 〈표 3-20〉과 같다.

〈표 3-20〉 통일 후 갈등양상과 갈등관리

구분	갈등양상	갈등관리
정치	화폐통합, 공무원재임용, 공산당활동	서독공무원 파견·전보, 재정확보
사회	미해결 재산권, 동독자산 사유화, 슈타지 연루자 / 해직교사 복귀	투자우선으로 정책수정, 슈타지 문서관리청 신설
치안	극우민족주의 확산, 아랍계 불법행위 양독주민 이질감 심화, 테러 등	주헌법보호청 신설, 기동경찰대 창설 인력강화, 법치주의 원칙처리 등

이상으로 동·서독 갈등의 원인과 관리에 대하여 알아보았다. 동독은 국가위기상황 능력이 없었고, 서독은 동독의 변화와 개혁을 촉구하는 등 내·외적인 능력을 구비하여 주도적으로 통일을 달성했다. 갈등관리 능력은 대단히 중요한 요인이다.

2) 신속성

서독은 기본법 제23조를 적용하여 외형적으로 신속하게 동독과 통일하였다. 통일의 성공을 이끈 요인은 안정적인 체제, 콜 총리의 정치역량, 풍부한 재정, 전문성을 갖춘 전문인력을 들 수 있다. 동·서독의 정치지도자들은 2~3년의 과도기간을 거쳐 통일을 기대하였다. 그러나 동독의 국민들은 그렇지 않았다. 그들은 서독으로의 빠른 통일을 기대하였다. 동독 국민들의 개혁 요구에 동독의 체제가 붕괴하고 최초의 문민정권이 수립되면서 동독의 드메지에르 수상은 자유 총선거를 통해 민심을 확인하고 가능한 한 통일 시간을 단축하기 위하여 대연합정부 구성을 결심하였다. 정치·경제·국방 등 제반 분야에서는 서독과 통일 협상을 시작하였다.

정치면에서 서독은 통일 전부터 동독과 자매결연을 체결하여 파트너 차원에서 동독의 개혁개방을 지원하였고, 통일 후에는 신연방 5개 주에서 공무원의 감소로 행정 공백이 발생하자 공무원들을 파견·전보하였고 행정 소요를 지원하여 신속하게 행정체제를 구축하였다. 군사면에서 서독은 1990년 3월 말 타 부서보다 늦게 동독과 접촉하였지만 정확하고 신속하게 동독군을 인수하였다. 인수과정과 인수 후에도 한 건의 쿠데타 또는 무기·장비 밀매나 유통이 없었다. 서독은 동독군의 국방조직, 병력, 무기·장비들을 성공적으로 인수하였다.

통일 후 정치·행정·국방 분야에서의 통합과정은 비교적 순조롭게 진행되었으나 경제와 인프라 재건사업은 상당한 어려움에 봉착하였다. 동·서독이 신속하게 통일을 추진하면서 발생한 문제점은 첫째, 서독은 사전에 정확한 통일비용을 예측하지 못하여 통일 후 재원확보 대책을 다양하게 강구하였다. 동독의 자산평가를 오산하였고 통일기금, 통일연대세 등을 도입하여 국민으로부터 징수해야만 하였다. 둘째, 미해결 재산문제와 신탁관리청의 신속한 사유화 추진방식 문제로 동독 주민들은 살던 집에서 쫓겨나고 일자리를 잃고 대량 실업자가 발생하여 동독지역에서 사회·심리적인 갈등이 유발하였다. 셋째, 대부분의 동독군이 서독군으로 편입되지 않는다는 사실이 사전에 알려지지 않으면서 강제로 전역하게 된 공군과 육군에서 쿠데타가 발생할 뻔하였다. 넷째, 서독은 동독의 슈타지에 연루되었던 공무원과 교사 등을 무조건 해직시켰으나 증거 등 불충분으로 복귀자가 많이 생기면서 사회갈등이 발생하였다. 다섯째, 동·서독 간에 국력의 차이가 있었음에도 콜 수상의 결단력으로 이루어진 화폐통합의 화폐 교환비율체계를 교묘히 이용하여 부당이익을 챙기는 경제사범이 발생하였다. 여섯째, 동독인의 생활 수준은 서독인의 70% 수준이어서 상대적인 박탈감과 함께 마음의 벽이 생겼고 주민 간에는 이질감이 형성되었다. 이러한 영향으로 극우 민족주의

세력이 외국인 노동자들을 테러하고 불법단체들이 활동하는 등 치안이 악화되었다.

이와 같은 문제점을 고려하여 신속한 통일보다는 점진적인 통일 정책을 추진하는 것이 바람직하다고 생각한다. 사전에 분야별로 다양한 대책을 강구하고 추진하면 혼란과 갈등을 관리하면서 내적인 통일을 달성할 수 있다. 신속성은 외적인 통일을 달성하는 데 크게 기여한 요소이기는 하나 내적 통합을 완성하는데 부작용을 초래한 요소이기도 하다.

3) 능력의 구비

동독은 서독과 통일 당시 대외채무 280억 마르크도 상환할 여력이 없었고 개혁개방을 요구하는 시위와 집회가 전역에서 발생하는 등 국가통제력이 급속히 약화되었다. 또한, 군인 보조금과 교육할 장소와 교육기관도 없었다. 국가위기를 관리할 역량이 구비되지 않았었다. 한편, 서독은 거의 전 분야에서 동독보다 우위에 있었다. 서독의 국력과 국가지도자인 콜 수상의 정치역량은 주변국의 반대에도 불구하고 통일을 가능하도록 하였다. 국제사회의 통일 지지, 안정된 서독의 정치체제, 서독의 통일 재원, 서독 전문인력 등이 있었기 때문이었다. 지금까지 동·서독 통일에 끼친 영향들을 분석하였다. 분석한 결과는 〈표 3-21〉과 같다.

〈표 3-21〉 동·서독 통일요인 분석결과

구분		분석 내용	식별된 요소	분석결과
정치·제도적 요인	국제사회 환경	·소련 개혁개방, 동구권 민주화로 동독체제 붕괴 ·통일여건 불리해도 콜수상 외교역량으로 통일 지지	1.주변국 개혁개방/공산체제 민주화 변화 2.주변국 통일반대에도 불구, 정상회담, 외교로 통일모색	★ (핵심)
	정치체제	·체제 반대, 개혁개방 요구 ·자유총선거, 문민정부수립	3.민주화세력 육성, 공산체제 붕괴/문민정부 수립 추진	☆ (보통)
	법규 시행	·통일전 양독 법령 제·개정 ·사살자 처벌책임 한계	4.법령 제·개정, 통일여건 준비 5.국제조약·협정 검토 필요	□ (미미)

경제·기능적 요인	계획 사전준비	· 양독 교류 불구 통일준비 미흡 · 동독군 해체후 일부 재편성 · 낙관적 전망으로 재건 효과 미흡	6. 정부 / 민간차원 제분야 통일준비 추진 필요 - 정치·지역 영향 배제 - 낙관적인 재건전망 경계	□ (미미)
	기구와 조직	· 국민요구에 따라 조직개편 · 서독의 주도적인 통일추진 위한 정부/민간조직 운용	7. 정부·지자체·연구소 등 분야별 자매결연 체결 8. 통일 전후 개편/창설 추진	☆ (보통)
	재원과 전문인력	· 통일후 동독지역 인력부족 · 서독 공무원 파견·전보 · 예상보다 많은 비용 투입 · 재건종합계획과 전략 미흡으로 재정 낭비	9. 검증/평가로 공무원재임용 10. 수복지역으로 공무원파견 11. 다양한 재정확보정책 개발 12. 재건종합계획 수립으로 예산 집행 효율성 제고	☆ (보통)
행위적 요인	갈등관리	· 망명, 시위, 갈등관리 실패 · 망명자 수용, 정상회담, 재정지원으로 갈등관리	13. 다양한 갈등사례 연구, 유형별 맞춤식 갈등관리제도 개발	★ (핵심)
	신속성	· 동독국민 신속한 통일요구 · 신속한 통일로 문제 발생	14. 갈등관리 위한 점진적인 통일 추진	□ (미미)
	능력의 구비	· 정치안정과 역량, 경제력, 국민지지 등 능력구비	15. 국제사회 지원협조 외교 16. 정치안정, 재원 등 준비	☆ (보통)

위 〈표 3-21〉에서 중복되는 부분을 살펴보면, 정치·제도적 요인의 1번·3번은 개혁개방과 민주화를 유도하는 측면에서 공통점이 있다. 2번과 행위적 요인의 15번은 통일에 대한 주변국 동의를 이끌어내고 지지하도록 외교역량을 강화하는 내용이다. 4번과 경제·기능적 요인의 6번·7번·8번·10번 그리고 행위적 요인의 13번·14번·16번은 사전에 계획하고 준비할 수 있는 공통점이다. 경제·기능적 요인의 11번·12번은 통일비용 조성을 위한 다양한 정책개발과 효과적인 예산집행 내용이다. 정치·제도적 요인의 5번은 통일시 피승계국의 국제조약과 협정을 승계하는 내용이며, 경제·기능적 요인의 9번은 법치국가에 적합한 전문인력을 재임용 시 적용할 평가내용이다. 따라서 식별된 요인을 조정하면, 정치·제도적 요인은 4개, 경제·기능적 요인은 3개, 행위적 요인은 2개 등 9개가 식별되었고, 최종 정리하면 6개 요인이다.

결론적으로 동·서독 통일의 요인은 정치·제도적 측면에서 첫째, 비군사분야에서 활발한 교류활동으로 민주화세력을 육성하여 체제를 변화시키는 노력을 하였다. 둘째, 통일의 결정적 요인은 소련의 개혁개방 등 외부요인이었다. 미국과 굳건한 동맹 기반 위에 주변국과 정상회담 및 경제지원으로 국제협력을 이끌어내는 외교역량을 키워야 한다. 셋째, 피승계국의 국제조약과 협정을 승계할 수 있도록 관련법을 검토해야 한다. 넷째, 통일 후 과거청산, 동독재산 처분 및 사유화, 인프라 재건 시 충분한 계획없이 신속하게 추진하는 바람에 실업자 양산, 시민 갈등, 고위공무원 테러 등 치안이 악화되었다. 따라서 법령, 조직과 기구, 전문인력, 갈등관리제도 등 제반 분야에서 사전에 계획하고 준비하여야 한다. 다섯째, 충분한 재원을 마련해야 한다. 국영재산 가치를 정확히 평가하고, 국민이 이해하고 기꺼이 수긍할 수 있는 기금과 세금 등을 확보할 정책을 개발하여야 한다. 여섯째, 구체제 전문인력 편입 시 이적행위, 반인륜행위, 과거의 경력, 정치 · 도덕적 흠결, 전문지식 구비 등 검증과 평가를 통해 민주주의와 법치국가에 적합한 인력이 재임용되도록 하여야 한다. 이상으로 동 · 서독 통일에 영향을 주었던 안정화작전의 요인들을 분석하고 발전시킬 사항들을 알아보았다.

제4장

UN 승인 다국적군 안정화작전 분석

제1절 레바논전쟁 안정화작전 분석

1 정치 · 제도적 요인 분석

1) 국제사회 환경

레바논전쟁은 6 · 25전쟁과 베트남전쟁보다 더 복잡한 요인으로 촉발되었다. 제1차 세계대전의 영향으로 영국의 전쟁자금 필요, 유대인 국가건설 보장, 난민유입 등 다양한 요인이 국제정치에서 팔레스타인1) 운명을 결정하였고 레바논 혼란과 전쟁을 초래하였다. 팔레스타인과 이스라엘의 운명을 바꾼 것은 강대국의 「삼중협정」에 기인하였다. 협정내용과 결과는 〈표 4-1〉과 같다.

〈표 4-1〉 삼중협정 내용 / 결과2)

시 기	협정문	주요내용	결 과
1914 ~ 1916	후세인 - 맥마흔 서한 (사우디통치자 - 영.무관)	• 아랍 WWII 참전 시 독립보장 • 아랍 칼리파제 재구축 조건	• 독립국가 건설시 팔레스타인 포함 불분명 • 팔레스타인에 대한 아랍 영토 주장 근거
1916	사이크스 - 피코 협정 (영.외교관 - 프.외교관)	오스만터키 패전 후 러시아 동의하 아라비아 민족 분할 결정	• 프랑스 통치 - 시리아, 레바논 • 영국 통치: 이라크, 요르단, 팔레스타인 남부
1917.11	벨푸어 선언 (영.외무장관)	• 유대인 영국 전쟁자금 지원, 미국 참전 유도 • 팔레스타인에 유대인 국가건설 보장	• 유대인 국가건설 공식 효력 발휘 • 대규모 유대인 이주 토대 마련

1) 팔레스타인 의미는 요르단강 서안~지중해 연안을 일컫는 지명이며 필리스틴(Philistine)인이 살던 땅이란 뜻이다.
2) 국방대학교 PKO센터, 『레바논 핸드북』(대전 : 국군인쇄창, 2011), p.62.

위 〈표 4-1〉과 같이 벨푸어 선언으로 유대인의 국가건설이 공식적으로 발효되었고, 때마침 오스만 제국(Osman Empire)가 패전으로 팔레스타인에서 물러나고, 영국의 통치가 시작되면서 팔레스타인으로 유대인의 집단이주가 〈표 4-2〉와 같이 증가하였다.

〈표 4-2〉 유대인 집단 이민 증가 현황(1880~1937)[3]

제1차 (1880~1903)	제2차 (1904~1914)	제3차 (1920~1922)	제4차 (1924~1925)	제5차 (1933~1937)
2.4만 명	9.6만 명	11.6만 명	15만 명	최대(1935년. 1년에 6.1만 명)

제2차 세계대전 종전 후 1947년 11월 29일 11개국이 팔레스타인 지역에 대한 분리안을 채택하여 유대인의 이민이 증가하면서 팔레스타인은 87.5%에서 43%로 축소되었고, 이스라엘인의 점령지는 56%로 증가하였으며 예루살렘은 공동으로 강제 분할되었다. 그리고 이스라엘은 1948년 국가를 수립하였다. 그러나 이스라엘을 반대한 이슬람 국가들은 이후 4차례 이스라엘을 침공하여 전쟁을 하였으나 모두 패하였고, 결국 팔레스타인 거주지역의 영토축소와 팔레스타인 난민만 증가하였다. 레바논으로 유입된 팔레스타인 난민과 영향은 〈표 4-3〉과 같다.

〈표 4-3〉 레바논 유입 팔레스타인 난민 / 영향[4]

구 분	1차(1948~1949)	2차(1972)	3차(2011 이후)
원 인	1차 중동전쟁	요르단의 PLO 축출	시리아 종파 내전
인 원	15만 명	30만 명	시리아 난민 113만 명
영 향 / 결 과	• 레바논 내 무슬림 인구 역전 • 기독교우위정책, 내전 • 팔레스타인 게릴라의 이스라엘 공격	• 미니 팔레스타인국가 • PLO↔기독교간 내전 • 시리아군 4만명 주둔 • 이스라엘, 레바논침공 • UNIFIL 창설 주둔	• 레바논 일자리 잠식 • 공공서비스 소요급증 • 레바논인 세금 증가 • 각종 범죄요인 증가

이스라엘은 팔레스타인을 지지하는 주변국과의 4차례 전쟁에서 모두 승리하여 영토가 증

3) 국방대학교 PKO센터(2011), p.63.
4) 레바논 평화유지단, 『인샬라! 레바논』(대전 : 국군인쇄창, 2014). 내용 정리.

가한 반면에 팔레스타인은 국가의 수립을 못하고 삶의 터전을 잃은 채 인접국인 레바논, 요르단, 시리아 등으로 흩어져 난민이 되었고, 특히 레바논에 유입된 난민은 정치, 사회, 군사적으로 많은 역기능을 초래하였다.

유대인은 벨푸어 선언 후 국가수립까지 30여 년이 걸렸다. 이 기간에 유대인들은 영국, 소련 등 강대국과 정치·경제적으로 강한 유대관계를 맺고 국제사회가 인정할 수 밖에 없는 협정을 체결하여 국가를 수립하는데 성공하였다. 반면에 팔레스타인은 유대인이 물밀 듯이 유입되고 있음에도 불구하고 민족 간의 내부분열로 내부 단결을 하지 못했을 뿐만 아니라 같은 아랍족인 중동국가와 강대국에게 협조와 요청 등 외교활동이 부족했다. 따라서 나라의 운명을 결정하는 것은 국제사회의 흐름과 역학관계가 어떻게 바뀌는지 파악하는 것이 중요함을 알 수 있다.

2) 정치체제

6·25전쟁 시 한국에 물자를 지원한 레바논은 지중해 연안의 동쪽, 요르단강 서쪽에 위치하며 굴곡 많은 역사를 지니고 있다. 인구는 2020년 말 기준 676만 9,151명이고, 종교는 이슬람교 54% 기독교 40.5% 기타 5%이며, 언어는 공식적으로는 아랍어이나 프랑스어와 영어 비율도 높다.[5)]

레바논 정치체제의 설립기반은 1932년에 실시한 인구조사 결과(총 819,366명)에 따라 1943년 권력배분에 합의한 「국민협약(Nationa Pact)」이다. 특히 팔레스타인의 난민은 레바논 정치에 큰 변화를 초래하였다. 레바논의 국민협약은 정치구조를 종파별로 분류하였고, 오늘날까지 다종교 체계에 바탕을 둔 권력분배구조를 확립한 합의이다. 헌법이 아닌 이 국민협약에 의하여 대통령은 기독교 마론파, 총리는 수니파, 국회의장은 시아파, 국회부의장은 그리스 정교에서 선발하고 있다. 국회의원(99명)은 최초의 인구조사 비율에 의거 기독교 6(54명) : 이슬람교 5(45명)로 배분하였고, 정부 각 부처에도 동일하게 종파별로 배분이 되었다.[6)] 이후 무슬림 인구의 증가와 기독교 주민의 이주로 인구변동이 〈표 4-4〉와 같이 발생하였다.

5) 2021 통계청.
6) 국방대학교 PKO센터(2011), p.7.

〈표 4-4〉 종파별 인구비율 변화 현황(1932~2016)[7)]

구 분	1932년	1956년	1983년	2008년	2016년
기독교(%)	51.7	55.8	40.2	40.3	38.0
이슬람교(%)	48.3	44.2	59.8	59.7	62.0

레바논 내 무슬림의 인구는 1차 중동전쟁 후 유입되기 시작하여 기독교인을 초월하였다. 그러나 인구 구성 비율이 역전되었음에도 정치구조는 개편되지 않았다. 국민협약은 대대적인 도전에 직면하였다. 레바논 내 갈등의 촉매작용을 한 것은 팔레스타인 난민의 유입과 무장단체의 등장이었다. 1차 중동전쟁 시 팔레스타인 난민 15만 명이 유입되었고, 3차 중동전쟁 이후 요르단에 근거지를 두고 군사조직을 창설한 야세르 아라파트(Yasser Arafat)의 PLO(Palestine Liberation Organization, 팔레스타인 해방기구)[8)]가 1972년 9월 요르단에서 축출되면서 난민 30만 명과 함께 정부의 통치력이 약하고 군사활동이 대외적으로 용이한 레바논으로 유입되었다. 유입된 팔레스타인들은 레바논 내에서 의료, 주거, 교육 등 열악한 환경에 대한 불만의 증가와 함께 기독교 세력과 충돌하였고, 이것은 1975년 레바논 내 2차 내전의 계기가 되었으며, 대이스라엘 항쟁으로 1978년 3월 이스라엘의 1차 레바논 침공을 포함하여 4차례 침공을 초래하였다. 이후 아랍연맹의 중재로 1989년 타이프(Taif) 협약에 의하여 기독교와 이슬람의 국회의원 구성은 기독교 5 : 이슬람 5 동수로 조정되었고 내전이 종식되었다.

1989년 타이프협약과 1991년 10월 마드리드「중동평화협정」은 헤즈볼라의 대이스라엘 투쟁의 합법성과 명분을 모두 약화하였다. 헤즈볼라는 무장을 해제해야 하는 상황에 봉착하였다. 헤즈볼라는 이란의 지원하에 이라크 레바논지부와 이슬람 아말의 연합체로 구성되었다. 이란은 예산 훈련 무기를 지원하였고, 시리아는 육로와 공중으로 무기수송을 지원하였다. 헤즈볼라는 1983년 4월 주레바논의 미국대사관 폭탄테러, 2000년 레바논에서 이스라엘군의 철수 주장, 2006년 대이스라엘 전쟁을 주도하며 레바논과 아랍세계에서 가장 영향력 있는 정파로 성장하였다. 헤즈볼라는 레바논 내 정치권에서 입지 강화와 영향력을 발휘하기 위하여 1992년 국회의원 선거에 참가하였고, 그 결과 8명이 선출되는 등 합법적인

7) 박종평,「레바논의 소수종파에 관한 연구 : 마론파를 중심으로」(서울 : 한국중동학회보 제18호, 1977), p.173; 합참, 『레바논 평화유지단 16진 보고서』(서울 : 합참, 2016), p.2.
8) 1961년 1월 아랍정상회담을 통해 팔레스타인들의 대이스라엘 투쟁과 그들의 영토문제를 지원하기 위해 아랍국가들에 의해 창설된 기구. 레바논 평화유지단(2014), p.57.

정당으로서 기능을 하기 시작하였다. 또한, 반정부세력과 연계하여 시위, 무력충돌, 거부권을 인정하는 신정부 구성 등 정치권에서 위상을 확보하려고 합법적 비합법적인 정치활동을 하였다. 헤즈볼라 출신의 국회의원과 장관의 현황은 〈표 4-5〉와 같다.

〈표 4-5〉 헤즈볼라 출신 국회의원과 장관 현황[9)]

구 분	국회의원				장 관		
	1992	2000	2005	2009	2005	2010	2014
인원(명)	8	11	14	11	1	13	8

헤즈볼라는 레바논 정치권에서 제3세력으로 부상하였고, 무장조직도 해체하지 않은 채 정치조직과 군사조직을 보유하고 있으면서 많은 영향력을 행사하고 있다.

한편, 레바논 내 주둔한 시리아군(4만명) 철수와 내정간섭을 반대해 온 라픽 하리리(Rafik Hariri) 전 총리가 2005년 2월 폭탄테러로 사망하자 반시리아 민족봉기인 '백향목 혁명'이 발생하여 정당들은 이후로 반시리아동맹(3 · 14 동맹)과 친시리아동맹(3 · 8 동맹)으로 양분되었고, 반시리아 국론에 힘입어 2005년 총선에서 3 · 14 동맹이 승리하여 다수세력으로 부상하였다. 레바논 내의 정당들은 기독교, 카톨릭, 그리스정교, 수니파, 시아파 등 18개 종파에 속한 가운데 활동하고 있다.

레바논 정부 내각은 2005년 총선에서 3 · 14 동맹 8석, 3 · 8 동맹 8석, 중립 6석 등 장관 24명이 종파별 동맹별 동수로 구성되었다. 레바논의 정치체제 특성은 첫째, 국민협약에 의하여 정부와 사회의 각 분야는 종파에 따른 신분분배가 적용되고 있다. 둘째, 헤즈볼라 무장조직은 국제법과 국내법에 의하면 불법 무장조직으로 규정되어 있지만, 해체되지 않은 채 대이스라엘 투쟁의 선봉장으로서 활동하고 있다. 셋째, 레바논 국민은 잦은 외세의 침략 속에서 국가보다는 지역별 종교와 가문을 중심으로 결속해 왔다. 넷째, 레바논 정부의 성격은 이스라엘이 침공 시 친이스라엘 정권수립, 시리아군 주둔 시에는 친시리아 정권이 수립되었고, 헤즈볼라는 자체적으로 정치조직과 군사조직을 운용하면서 사회복지 활동을 강화하였다.

2006년 UNIFIL(United Nations Interim Force In Lebanon, 레바논 주둔 유엔잠정군) 증강 이후 레바논은 정치적으로 국내 안정을 되찾았고, 2009년부터 정치적으로 안정되어 있는 것으로 평가받고 있다.

9) 레바논 평화유지단(2014), p.130~131. 내용 정리.

3) 법규 시행

레바논의 사법체계는 프랑스 사법제도의 영향을 받아 하급법원 56개, 고등법원 11개, 대법원 4개로 구성된 3심제를 운용하고 있다. 그리고 종파별 문제를 전담하는 종교법원을 유지하고 있는 것이 특징이다.[10] 레바논 국민들의 교육, 복지 등은 종파와 족벌주의로 발전하고 심화되었다. 반면에 국가의 통제력은 약화되어 국가의 법규보다 종파와 족벌의 법규를 더 중요하게 여기고 있다. 종파별 분쟁에 따른 법규는 '헌법, 형법, 폭동·내전 및 종교 간 투쟁에 관한 가중처벌법' 등이 있다. 그러나 법규들은 제대로 집행되지 않았다. 난민과 무장단체가 레바논의 사법제도를 무력화하였다. 팔레스타인의 레바논 내정간섭을 금지한 카이로 협정도 1972년 팔레스타인 난민 30만 명이 유입되면서 유명무실해졌고, 헤즈볼라 무장단체는 동등한 내각 구성 지분과 야당의 거부권(⅓이상) 행사 장관직까지 요구했다.

한편, 1975년 4월 PLO와 기독교 민병대(팔랑헤) 간의 무력충돌로 레바논 내전이 발생하여 시리아군 중심의 '아랍평화유지군'이 2005년 4월까지 약 30년간 레바논에 주둔하면서 내정간섭과 반시리아 정치인을 테러하였다. 이러한 사태는 시리아가 배후에서 영향력을 행사한 결과이며 레바논의 자주성을 해치는 불법한 개입이었다. 레바논은 국제법의 주체로서 자주적으로 생존권을 보장받고 타국의 부당한 간섭을 배제할 권리가 있다. 이는 유엔의 헌장에도 잘 나타나 있다. 유엔헌장 제2조 4항은 "모든 회원국은 국제관계에 있어 다른 국가의 영토보전이나 정치적 독립에 반대하거나 또는 국제연합의 목적과 양립할 수 없는 다른 어떠한 형태의 무력위협 또는 무력행사를 삼가야 한다"고 규정하고 있다. 또한, 1965년「국내정치 개입 불인정 및 독립·주권의 보호을 위한 선언」에서 타국의 정치, 경제, 문화적 제요소에 관한 군사개입 등 국가의 자주성을 해치는 모든 개입을 불법으로 선언하였다. 그러나 레바논은 헤즈볼라의 무장활동, 이스라엘의 레바논 침공, 시리아의 내정간섭, 유엔안보리결의, 아랍연맹 중재 등 국외적인 영향에 따라 자주성을 잃고 국제 역학관계에 따라 수동적으로 국가운영을 할 수 밖에 없었다. 레바논이 독립한 이후부터 체결한 주요 국내법과 국제법 관련 현황은 〈표 4-6〉과 같다.

10) 레바논 평화유지단(2014), p.50.

〈표 4-6〉 레바논의 국제법 · 국내법 관련 현황[11)]

시 기	국제법		국내법	내 용	비 고
	유엔결의	아랍연맹 / 기타			
1943	·	·	국민협약	종파 비율 권력배분	·
1949	·	· /정전협정	·	레바논-이스라엘	·
1969.2	·	카이로협정/ ·	·	팔레스타인 난민보호, 팔, 레바논 간섭금지	팔레스타인
1976.10	·	평화유지군/ ·	·	레바논 2차 내전, 시리아군 4만명	PLO - 기독교 폭동 · 종교법
1978.3	425호	·	·	UNIFIL 창설 이스라엘 철군 감시	
1982.8	·	· /UN MNF	·	PLO 완전축출 감시 4개국 구속력 없음	
1989.10	·	타이프협약/ ·	·	대통령 권한 축소 국회의석 5:5 동수	기독교 - 이슬람 폭동 · 종교법
1991.10	·	· /중동평화협정	·	미국 중재 아랍 - 이스라엘 회담	헤즈볼라 반대
1993.9.13 ·	·	· /오슬로협정	·	PLO - 이 평화모색 PLO 임시정부 출범	
2000.5	1559호	·	·	블루라인 설치 이스라엘 철군 감시	헤즈볼라 반대 폭동 · 종교법
2006.8	1701호	·	·	UNIFIL 증강 이스라엘 철군 감시	헤즈볼라반대 폭동 · 종교법
2007.5	1757호	· /유엔-레바논협정	·	라픽 하리리 등 253명 희생, 재판 의회비준 실패 / 유엔차원의결	헤즈볼라, 시리아 관련. 폭동 · 종교법
2008.5	·	도하협정/ ·	·	공석 대통령 선출 야당 거부권 배분	헤즈볼라 폭동 · 종교법

팔레스타인 난민과 헤즈볼라의 대이스라엘 무장투쟁은 카이로 협정 등 국제법을 제정하게 한 요인이 되었으나 정작 국제법과 레바논의 국내법을 준수하지 않았다. 종파별 가족단위를 중요시하는 레바논 민족은 유입된 팔레스타인 난민과 무장단체의 활동으로 국가의 법규가 제대로 집행되지 않았다. 레바논은 팔레스타인 지도자들과 협의하여 레바논의 법규

11) 국방대학교 PKO센터(2011).

와 관습을 준수하도록 강조하고 난민유입에 따른 법규를 보완하고 국제사회에 요청하는 적절한 외교정책을 시행하고 성과를 거뒀어야 했다. 안정된 국가를 유지하기 위해서는 국가지도자의 희생적인 리더십을 바탕으로 국가의 제도가 뒷받침된 가운데 종파별 족별보다 국가의 통치하에 사회 결속력을 유지하고 법규들을 준수해야 한다.

2 경제 · 기능적 요인 분석

1) 재원

국가는 치안이 유지된 가운데 국민들이 생업을 이어가도록 피해지역을 복구하고 정상화하여야 한다. 레바논전쟁에 있어서 유럽, 미국, 세계은행, UNIFIL 등 국제사회는 레바논 재건을 위하여 지원하였다. 국제사회가 레바논을 지원한 현황은 〈표 4-7〉과 같다.

〈표 4-7〉 국제사회의 레바논 지원현황[12)]

시 기	지원회의	금 액	지원국
2001	파리 공여국회의Ⅰ	·	·
2002.11	파리 공여국회의Ⅱ	43억달러	사우디 7억 등 14개국 및 기관
2006.8	스톡홀름회의, 재건지원	10억달러	한국 500만 달러 등
2007.1	파리 공여국회의Ⅲ	76억달러	사우디 11억, 미국 7.7억 등

한국은 1991년부터 2007년까지 총 4690.6천 달러를 지원하였다.[13)] 과거 레바논을 식민통치하였던 프랑스는 레바논의 경제를 재건하기 위하여 파리Ⅰ,Ⅱ,Ⅲ 회의를 개최하였고, 세계은행은 2003년 말까지 관개수로 개선과 현대화, 보건분야 개선, 고형폐기물과 환경관리, 직업과 기술교육 프로젝트를 추진하였다. 이 프로젝트에 세계은행은 1억4693만 달러를 지원하였다. 그리고 1994년부터 2005년 5월까지 정부의 세수입관리 기술교육, 교육개

12) 외교통상부, 『레바논 개관』(서울 : 마스터상사, 2009), p.14~23.
13) 외교통상부(2009), p.117~118.

발, 지역사회 개발, 상·하수도 개발, 도시교통 및 문화유산 개발 등 총 3억 2185만 달러의 지원을 결정하였으나 실제로는 8770만 달러(27.2% 수준)만 지원하였다.[14)]

레바논은 정파 간의 이해, 비효율적인 예산 집행, 관료주의 행정 병폐, 부정부패 등 문제로 세계은행에서 지원한 프로젝트를 제대로 수행하지 못했다. 예산집행에 있어서 투명성 확보, 부패 척결, 관료주의 탈피 등 개혁이 필요하다. 한편, UNIFIL과 연관된 국가들도 레바논을 지원하였다. 지원금액은 〈표 4-8〉과 같다.

〈표 4-8〉 UNIFIL 관련국, 동명부대 지원금액 현황[15)]

UNIFIL(2013)					동명부대(1~15진)			
CIMIC	이태리	스페인	프랑스	핀란드	계	주민숙원 사업	학교 지원	레바논 군지원
54만$	80만$	40만$	28만$	8만$	95.8억원	58억원	17.8억원	20억원

동명부대는 한국정부와 군 예산으로 제1진부터 현재까지 레바논을 지원하고 있다. 예산의 투입은 주민숙원사업 60.5%, 레바논군 지원 20.8%, 학교지원 18.5%로 집행되었고, 주민숙원사업 중 기반시설 복구(64.1%)에 집중하였다.

레바논으로 유입된 대규모의 난민은 레바논 정부의 공공서비스와 사회복지제도에 심각한 사회문제를 초래하였다. 대도시 지역에는 병원, 서비스가 집중되어 시민들이 지원을 받을 수 있었으나, 농촌과 산악지역은 전문인력, 전염병과 희귀병 급증, 상수시설, 주거환경, 의약품 등이 부족하였다. 부족한 원인은 가격상승의 원인도 있었지만, 레바논 정부의 재정집행 비효율성에 기인한 측면도 컸다.

헤즈볼라는 주민의 구호와 복지에 관심을 갖고 주민복지정책을 시행하였다. 헤즈볼라는 이스라엘 침공으로 파괴된 기반시설 재건과 피해자에 대한 보상금으로 2억 8천만 달러를 사용하였다.[16)] 헤즈볼라는 세 가지 경로로 재건비용과 복지정책 재원을 확보하였다. 첫째는 연간 60~100만 달러에 달하는 이란의 원조와 레바논 시아파의 기부이다. 둘째는 베네수엘라, 파라과이, 아르헨티나, 브라질에 거주하는 레바논 시아파 연합의 지원이다. 셋째는 국제 암시장을 구축하여 중남미에서 무기, 마약, 담배 밀매를 통하여 자금을 마련하였다.[17)]

14) http://globalwindow.org.
15) UNIFIL 작전처; 레바논 평화유지단(2014), p.226~228.
16) 레바논 평화유지단(2014), p.123.

이상으로 UNIFIL, 동명부대, 레바논 정부 그리고 헤즈볼라의 재원에 대하여 알아보았다. 재원은 안정화작전이 성공적으로 진행되도록 보장하는 기능을 한다. 다행히 국제사회와 UNIFIL 등 다양한 기구에서 재원의 지원으로 레바논 사회는 점차 안정을 찾아가고 있고, 국민은 전쟁피해에서 벗어나 교육, 의료, 전기, 상·하수도 등에서 서비스를 받고 있다. 한편으로 레바논은 국제사회에서 지원하는 재원을 효율적으로 집행하기 위해서 감독과 이를 평가하는 감찰의 운용이 필요하다.

2) 계획 사전준비

레바논에서 분쟁을 예방하고 전쟁의 피해를 복구하기 위해 활동한 각 기관의 계획에 대해 알아보겠다. 우선 1978년 3월에 창설된 UNIFIL은 레바논 내전과 이스라엘의 침공을 예방하는 노력을 하였다. 그러나 이스라엘이 레바논을 1차 침공 후에 파병되었고, 이후에는 이스라엘군 철수감시를 위한 임무가 목적이었고 안정화 작전계획은 없었다. 안정화작전은 이스라엘이 레바논을 4차 침공 후 유엔안보리결의 제1701호에 따라 UNIFIL 규모가 증강되면서 안정화작전이 시작되었다. 1978년 유엔안보리결의 제425호에 명시된 이스라엘의 철수 감시에 이어 2006년에 추가된 새로운 주요임무(Mandate)는 인도적 지원, 레바논정부 지원 등 이었다.

〈표 4-9〉 유엔안보리결의 제1701호 추가 주요임무[18]

1. 적대행위 중단 여부 감시
2. 레바논군의 레바논 남부지역에서의 완전한 전개지원
3. 리카니강과 Blue line 사이 지역에서 불법무기류 거부
4. 레바논 정부와 군 요구 시 국경지역 경계유지
5. 지역주민 인도적 지원 및 피난민들의 안전복귀 지원
6. 작전지역 내 적대행위 금지
7. 유엔요원, 시설 및 장비 보호
8. 유엔요원 및 종사자들의 작전지역 내 이동 자유 보장
9. 급박한 신체위협에 대한 민간인 보호

UNIFIL은 임무를 수행하기 위하여 제1~5단계 작전단계를 설정하여 진행 중에 있다. 1

17) 레바논 평화유지단(2014), p.150.
18) 국방대학교, 『레바논사령부 참모장교 귀국보고서』(대전 : 국군인쇄창, 2014), p.78.

단계는 적대행위 중지, 2단계는 이스라엘군 철수, 3단계는 레바논군의 완전한 작전능력발휘 지원, 4단계는 안정화, 5단계는 UNIFIL 감축과 철수이다.[19] UNIFIL은 현재 제4단계인 안정화 단계에 있다고 평가하고 있다. 즉, 치안안정과 주민안전이 확보되어 국민들은 일상적인 생활을 하고 있다고 판단하고 있다.

한편, 한국군 동명부대는 2007년 7월 19일 최초로 350여 명 규모로 레바논에 파병되어 8월 31일부터 작전지역을 인수하고 2021년 현재까지 유엔의 임무를 성공적으로 수행하고 있다. 동명부대는 임무를 수행하기 전에 과거 자이툰부대의 민군작전 성공을 롤모델로 하여 "안정화작전을 통한 우호적 환경조성"에 중점을 두고 인도적지원사업, 레바논군 지원사업, 정기민군작전의 3가지 큰 틀에서 임무를 수행하고 있다.[20]

레바논 정부는 종파의 영향으로 피해지역의 전기, 교량, 학교 등 기반시설을 제대로 복구하지 못하였으나, 유엔 아랍연맹 그리고 UNIFIL의 중재로 안정화작전을 지엽적으로 시행하고 있다. 레바논 정부는 워낙 잦은 전쟁과 분쟁으로 인하여 복구비용을 자체적으로 확보하기가 어려워 대부분의 예산을 UNIFIL 예하 외국군으로부터 공여형식을 통하여 지원을 받고 있으며, 정부의 컨트롤타워 없이 부처별로 재건을 진행하고 있다. 예를 들면, 동명부대와 재건을 추진한 레바논 보건부는 의료와 수의 진료분야, 교통 및 공공사업부는 도로포장과 마을회관 리모델링, 에너지수자원부는 태양열에너지시스템, 교육부는 학교강당 리모델링과 컴퓨터 책걸상 발전기 지원, 국방부는 군 전자장비와 차량 등을 지원하였다.

대이스라엘 투쟁을 조직의 존재 이유이자 생명으로 하는 헤즈볼라는 시아파 지역에서 군사활동만 아니라 사회복지활동까지 추진하여 주민들로부터 호응을 받고 있다. 레바논의 남부지역은 헤즈볼라의 대이스라엘 투쟁의 거점이어서 이스라엘로부터 잦은 보복공격으로 그 어느 지역보다 피해가 심하여 레바논 정부조차 지원의 손길이 미치지 못하고 있다. 그러나 헤즈볼라는 이스라엘에 대하여 항전하면서 레바논 정부의 지원이 어려운 남부지역의 가난한 주민에게 학교, 병원, 보상 등의 사회지원 활동을 하고 있다.

이상으로 UNIFIL, 동명부대, 레바논 정부 그리고 헤즈볼라의 안정화계획에 대하여 알아보았다. UNIFIL은 최초에 안정화계획이 없이 임무를 수행하였지만, 2006년에 UNIFIL이 증강된 이후부터 인도적 지원과 피난민 지원 등 안정화계획에 의하여 임무를 성공적으로 수행하고 있다. 동명부대는 자이툰부대가 실시한 민군작전을 적용하여 임무를 수행하였다.

---

19) 국방대학교(2014), p.85.
20) 레바논 평화유지군(2014), p.226~227.

레바논 정부는 부족한 전문인력과 재원, 계층화된 정치구조로 인하여 종합적인 안정화계획이 없이 정부 부처별로 피해지역에 대한 재건활동을 하였다. 헤즈볼라는 주민 마음속으로 파고드는 복지정책을 실행하여 팔레스타인 주민의 지지를 받고 있다. 국가와 지역의 안정화는 경험 지식을 갖춘 전문인력, 기구와 조직, 재원 등 필요한 사안들이 사전에 계획되고 추진되어야 주민의 지지를 받을 수 있다. 계획의 사전준비는 치안 확립과 주민안정을 확보하는 중요한 전제조건이다.

3) 기구와 조직

레바논에서 성공적으로 치안을 확립하고 주민의 안전을 책임지고 있는 대표적인 기구와 조직은 UNIFIL이다. UNIFIL은 창설 후 이스라엘군의 철수 감시와 분쟁의 예방 임무를 수행하였으나 결과는 실패하였다. 이유는 PLO 무장단체의 대이스라엘 무장투쟁과 이스라엘의 레바논 침공을 막지 못했기 때문이다. 2006년 이스라엘의 레바논 침공으로 민간인 1,000여 명이 사망하면서 유엔은 UNIFIL을 증강하여 인도적 지원을 하였고, 레바논에서 이스라엘군 철수와 레바논 남부지역에서의 어떠한 군사행동도 금지하도록 하였다. UNIFIL의 조직은〈그림 4-1〉과 같이 지휘부, 사령관 직속 기구인 민사협조본부, 군인 위주로 편성된 군사참모부, 민간인 위주로 편성된 지원부서(민간행정부, 정무민사부, 연락단)로 편성되어 있다. 참모부 중 군수처는 편성되어 있지 않으나 민간행정부에서 군수, 시설, 수송, 재정 등 군수 기능과 예산 기능을 관장하고 있다.

〈그림 4-1〉 UNIFIL 기구도[21)]

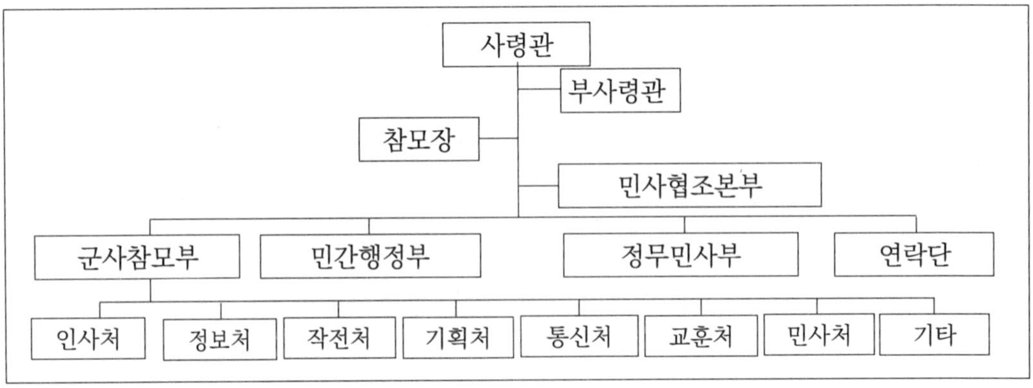

21) 국방대학교(2014), p.79.

사령관 직속 기구인 민사협조본부는 군인으로 편성되어 있으며 계획부서와 연락부서로 구분되어 있다. 민사협조본부의 임무는 재건 및 복구 소요 접수와 검토, 민사처에서 수립한 민사작전계획 실시, 현장실사, 재건계약 등을 담당하고, 사령부 예하의 동부여단과 서부여단의 민사협조본부를 지원 통제한다. 인사처와 민사처는 참모장이 통제하고 나머지 부서는 부참모장이 통제하고 있어서 민사처의 안정화작전 임무가 상당히 중요하게 추진되고 있음을 알 수 있다. 기반시설의 복구와 인도적 지원은 민사협조본부, 정무민사부, 민사처에서 담당하고 있다. 민사처의 임무는 민간부문과 연락 및 정보교환, 군사활동간 민간분야 지원, UNIFIL 업무를 달성하기 위한 적절한 환경조성이다. 인원편성은 전문인력에서 후술할 예정이다.

민간인 부서장이 지휘하는 민간행정부, 정무민사부, 연락단의 참모는 대령급이며, 대령 통제하에 과장 중령 2~3명, 실무장교(소령, 대위), 업무담당관(준위, 부사관)이 있다. 군사참모부는 39개국에서 파병된 군사 PKO 요원과 민간요원이 있고 UNIFIL 예하 부대를 통제한다.

한국군이 파병되어 임무를 수행 중인 동명부대의 참모부는 인사과, 정보과, 작전과, 군수과, 민군작전과, 공보과, 법무실로 되어 있다. 이중 민군작전과에서 재건복구와 인도적 지원을 하고 있으며 UNIFIL, 레바논 행정기관, 지역주민대표 등과 합동으로 지역협의체를 운영하여 연합 민군작전을 하고 있다. 인원편성은 전문인력에서 후술하겠다.

레바논 정부는 안정화작전을 주도하는 총괄기구가 편성되어 있지 않다. 레바논의 난민부가 UNIFIL의 민사협조본부처럼 재건 분야를 담당하고 있지만, 종파와 정파별로 복지정책과 더불어 시행하고 있다. 레바논 정부는 1989년 타이프협약을 근거로 헤즈볼라를 제외하고 레바논 내 모든 군사조직의 해체, 군사시설과 훈련장을 폐쇄하도록 하였다. 그러나 기독교 민병대, 수니 민병대, 시아 민병대, 팔레스타인 민병대들은 해체되지 않고 독자적으로 조직과 세력을 유지하고 있다. 레바논 내 팔레스타인과 연계된 세력은 파타, 하마스, 팔레스타인 이슬람 지하드 등이고, 알카에다 연대세력은 아스밧 알 안사르, 준드 알샴, 파타알 이슬람 등 이었다.[22)]

헤즈볼라는 이스라엘의 제4차 레바논 침공 시 이스라엘군을 격퇴하여 입지를 강화하는 계기를 마련하였다. 국제적으로 헤즈볼라의 무장활동이 제약을 받으면서 레바논 국내의 정치 분야로 활동영역을 확장하고 유권자인 주민을 위하여 학교, 병원, 직업훈련소 등을 운영

22) 레바논 평화유지군(2014), p.209.

하면서 점차 사회지원 활동을 체계화하였다. 또한, 재건사업과 피해자 보상 등 사회복지 분야에서 보훈시스템을 구축하였다.

한국군의 동명부대 작전지역 내에 이맘 싸드로 복지단체가 있다.[23] 이 단체는 아말당과 헤즈볼라가 연합하여 설립한 시아파 복지단체이며 40년의 역사를 가졌고 국제 NGO, 정부와 행정기관, 국제 주요기관(World Bank, UNICEF, WHO, ILO 등)으로부터 지원을 받아 어린이와 여성의 교육과 지역발전에 큰 도움을 주고 있다. 헤즈볼라는 주민의 마음속에 파고드는 시혜정책을 시행하고 있어서 레바논 내 국민으로부터 지지를 받고 있다. 헤즈볼라의 사회복지 조직은 〈그림 4-2〉와 같이 집행위원회 예하에 사회부, 이슬람 보건부, 교육부로 구성되어 있다.

〈그림 4-2〉 헤즈볼라 사회복지 조직[24]

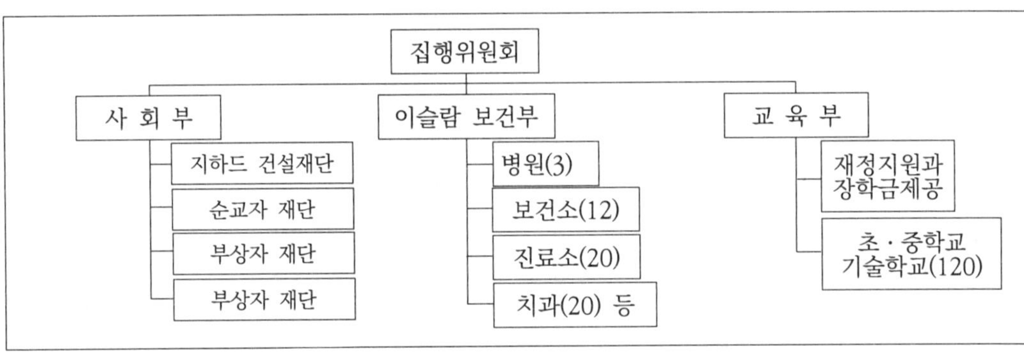

헤즈볼라는 네트워크를 중심으로 시민들을 지원하여 지지를 받고 있다. 레바논 사회는 전통적으로 종파별의 지원과 단결력이 중요한 역할을 하고 있다.

유엔은 UNFIFL을 운용하여 헤즈볼라와 이스라엘의 군사행동을 차단하고 감시하여 분쟁을 종결하는 임무를 성공적으로 수행하고 있다. 동명부대와 헤즈볼라도 민사협조본부, 집행위원회 등 안정화 조직을 운용하여 안정화작전을 전개하고 있다. 레바논 정부는 비록 안정화작전을 총괄하는 기구는 없지만 제한된 조직과 재원으로 재건과 복지정책을 시행하고 있다. 레바논 정국은 UNIFIL이 증강된 이후 현재까지 정치적으로 안정된 것으로 평가받고 있다. 정부의 중앙 조직에서부터 하부 조직까지 수행할 기구와 조직은 안정화작전의 중요한 요인이다.

23) 레바논 평화유지단(2014), p.128~129.
24) 레바논 평화유지군(2014), p.124.

4) 전문인력

안정화작전이 성공적으로 수행되기 위해서는 해당 지역의 언어를 구사하는 능력과 안정화작전을 경험한 전문인력이 필요하다. 레바논에서 안정화작전을 위한 전문인력은 UNIFIL의 민사협조본부, 정무민사부, 민군작전처 그리고 예하부대 인력이었다. 정무민사부(Deputy Head of Mission and Director of Political and Civil Affairs, DPCA)의 장 직급은 UNIFIL 사령관과 동급이며 민간인이다. 최소 15년 이상 정치, 외교, 민사, 분쟁 예방과 해결 분야에서 근무한 경험이 있어야 하고 영어와 프랑스어 구사 능력이 있어야 한다.[25]

그리고 기반시설 복구와 인도적 지원 임무를 하는 민군작전처와 서부여단과 동명부대의 전문인력은 〈표 4-10〉과 같다.

〈표 4-10〉 UNIFIL, 서부여단, 동명부대 전문인력 현황[26]

UNIFIL		서부여단	동명부대
민사협조본부(8명)	민군작전처(7명)	민군작전과(6명)	민군작전과(9명)
CIMIC장(소령) 지원장교 평가계획장교 2명 연락장교 민사장교 평가계획대원 연락대원	민군처장(COL) 부 처장(LT) 선임장교(LT) 기획장교(MAJ) 연락장교(CPT) 기획부사관(예비역) 현지민간인	민군과장(COL) 부 과장(MAJ) 기획장교(CPT) 기능전문(LT) 부사관기획(예비역) 현행작전장교(예비역)	민군작전과장 대외협력장교 민사장교 민사업무담당관 태권도교관 통역군무원 2명 병사 2명

각 부대는 안정화작전을 수행하는 전문인력이 편성되어 있다. 전문인력들은 기본적으로 영어회화가 가능하였고 엄격한 자격심사를 거쳐 선발되었다. 레바논은 전쟁으로 기간산업 전반이 붕괴되어 보건, 상·하수도, 전기, 통신, 토목 등 분야별로 재건을 담당할 전문인력의 소요가 필요하나 부족한 형편이다.

25) https://inspira.un.org 〉psc〉HRMS 〉u...
26) UNIFIL 작전처.

3 행위적 요인 분석

1) 갈등관리

레바논이 지정학적으로 국내·외적 분쟁과 전쟁을 겪고 있는 갈등의 원인은 가혹한 프랑스 식민통치의 잔재도 아니고 이념분쟁도 아니었다. 주요한 원인은 오랫동안 지중해 연안에 정착하면서 살아온 종파 간의 이해관계와 팔레스타인 난민이 유입되면서 이스라엘과의 생존권 차원에서 갈등이 촉발되었다.

레바논은 국민협약에 근거하여 국가체제를 구축하였지만, 독립 후부터 무슬림의 인구가 증가하였고 또한 변화된 종파별 인구비례에 따른 권력구조의 변화를 당시 기득권이었던 기독교 세력은 거부하였다. 무슬림 시민은 2등 국민이었고 무슬림 인구가 증가하여도 변함이 없어 갈등이 깊어졌다. 그리고 이스라엘 건국 후 쫓겨나 유입된 팔레스타인은 토착세력인 레바논 주민과 융화되지 않고 레바논 정부와 이스라엘을 상대로 생존권 차원의 투쟁을 하였고, 이러한 과정에서 내전과 전쟁을 겪었다. 이러한 갈등은 기존의 종파별 갈등으로 대립하는 양상을 뛰어넘었다.

국제사회와 레바논 정부의 노력에도 불구하고 갈등은 다음과 같은 원인으로 계속되고 있다. 첫째, 종파 간의 갈등으로 기독교와 이슬람교, 수니파와 시아파 간의 갈등이 계속되고 있다. 둘째, 군사적인 갈등으로 종파별 무장단체인 민병대는 레바논 정부군으로의 통합을 거부하고 종파 세력의 확산과 대이스라엘 투쟁을 지속하고 있다. 셋째, 반시리아-친시리아 성향의 레바논 국민 간 대립이다. 시리아군 약 4만 명이 30년간 레바논에 주둔하면서 내전 종료에 기여한 면도 있지만, 2005년에 철수할 때까지 레바논 내정에 깊숙이 간섭하여 레바논 정치에 부정적인 영향을 많이 끼쳤고 지금도 영향이 남아 있다. 그래서 유엔, 아랍 등 국제사회는 분쟁과 전쟁 해결을 위하여 카이로협정, 타이프협약, 중동평화협정, 오슬로협정, 유엔안보리결의 등 국제법과 UNIFIL 등 국제기구를 통하여 갈등을 해결하고 안정화하고 있다.

따라서 갈등을 해결하고 안정화작전을 성공적으로 수행하기 위해서는 다음과 같은 방법들이 강구되어야 한다. 첫째, 갈등의 원인을 식별해야 한다. 집단 간의 이해관계인지, 생존권의 문제인지, 세력확산을 위한 갈등인지를 파악해야 한다. 둘째, 갈등의 원인을 해결하고 안정화할 수 있는 갈등관리기법, 관련 법령, 조직, 전문가 등 갈등관리제도가 구비되어야 한다. 어느 일방이 주도적으로 추진하는 것 보다 여러 기관이 참여한 가운데 협의와 논의를 거쳐 합리적인 방안이 나오도록 하는 것이다. 셋째, 자국의 힘만으로 갈등을 관리할 능력이 초과 시에는 유엔 등 국제사회의 협조를 얻어 갈등관리를 하도록 한다. 갈등관리는 발생 가능한 이해충돌을 예방하고 해결하는 것으로 불필요한 사회적 시행착오와 소모를 줄이고 사회적 결속을 다지며 국가의 통합을 제고하는 것이다. 그러므로 갈등관리는 안정화작전을 수행하는데 있어 가장 중요한 요인이다.

2) 신속성

안정화작전이 신속하게 진행되면 주관하는 측에게 유리하게 작용하는 반면에 상대방에게는 이를 저지할 시간적 여유를 박탈함으로써 불리하게 작용한다. 레바논의 불합리한 정치체제(국민협약)는 대규모 팔레스타인의 레바논 유입, 팔레스타인 무장조직과 기독교 민병대간 내전 발생 그리고 이스라엘의 침공을 초래하였다. 레바논 정부는 좀 더 일찍 국가위기를 극복할 정책들을 강구하는 것이 올바른 방향이었다.

그러나 레바논 정부는 효과적인 대책들을 시행하지 못하였는데 이러한 원인은 다음과 같다. 첫째, 갈등의 원인이 되는 종파별 민병대를 신속하게 해체하는데 실패하였다. 1989년에 체결한 타이프협약에 의하여 레바논 정부는 헤즈볼라를 포함하여 모든 무장단체를 해체하였어야 했으나 정부의 통치력이 미약하여 해체하지 못하였다. 둘째, 30년간의 레바논 내 기독교 우위 정책으로 반정부시위가 격화되었을 때 레바논 정부는 기독교 우위 정책을 변경하는 대책을 검토했더라면 1차 내전을 예방할 수 있었다. 셋째, 레바논 정부의 정책을 시행하려면 법령, 예산 등이 뒷받침되어야 하는데 종파별 이해와 반목으로 원활하게 시행되지 않았고, 전쟁 피해복구도 대도시 위주로 진행되어 소도시 이하 지역의 주민들은 정부의 정책 지원을 받지 못하였고 지역발전의 불균형을 가져왔다. 넷째, 안정화작전을 추진할 레바논 정부의 재원이 부족하였다. 국제사회가 레바논의 기반시설복구 비용을 지원하고 있었음에도 불구하고 레바논 정부의 재정은 부족하여 적자가 발생하였다. 그래서 치안유지와 국민안전을 위한 다양한 정책을 시행할 수 없었다. 다행히 UNIFIL이 이스라엘과 분쟁이 자주 발생하는 레바논의 남부지역에 증강 배치되고 안정화작전을 전개하여 분쟁은 감소하였고 레바논의 정국은 안정화되어 갔다.

한국군 동명부대의 안정화작전 중 의료분야는 기동반을 운용하여 어린이, 부녀자, 노약자 등 거동이 불편한 약자들을 찾아가 진료하였고, 지원횟수와 시간도 연장하여 빠르게 치안질서를 확립하고 주민의 지지를 받았다. 동명부대 제1진의 의료지원계획, 지원횟수, 시간 현황은 〈표 4-11〉과 같다.

〈표 4-11〉 의료지원계획, 지원횟수, 시간연장 현황[27]

의료지원계획	지원횟수	시간연장	가축진료
지역 시장면담 진료대상/ 주요질병 의견 청취	주 2회→주 4회	4H→6H	가가호호 방문 가축진료 / 방역

헤즈볼라는 대이스라엘 투쟁으로 이스라엘의 침공을 초래하여 레바논의 기반시설 파괴와 민간인 사상자를 유발하는 등 안정화에 역행하면서 시아파 지역에서는 사회복지단체를 중심으로 피해지역을 복구하고 부상자를 치료하고 위로하는 등 자체의 노력으로 주민으로부터 지지를 받고 있어서 레바논 정부의 고민이다.

이상으로 레바논 정부, UNIFIL, 동명부대 그리고 헤즈볼라의 안정화작전 활동에서의 신속성에 대해 알아보았다. 분쟁과 전쟁 이후에는 국민들이 일상적인 생활을 할 수 있도록 정부는 치안질서를 유지하여 주민의 안전을 보장하여 주민의 지지를 받도록 하여야 한다. 이러한 성과를 달성하기 위해서는 현지주민에 다가가는 정부의 진정성 있는 정책의 시행과 효과가 나타나도록 하여야 한다. UNIFIL의 증강으로 레바논의 정세는 오랜 분쟁을 끝내고 안정되고 있다.

3) 능력의 구비

능력은 국가 또는 조직이 일을 감당해 내고 문제를 해결하는 힘을 말한다. 레바논은 국가의 통치력이 약하여 종파와 가문 위주의 체제가 사회를 유지하여 왔다. 정상적인 국가의 체제 근간인 국민협약은 이후 팔레스타인 대량 난민의 유입, 팔레스타인과 레바논인 간 내전, 헤즈볼라와 같은 무장단체의 대이스라엘 투쟁, 이스라엘의 레바논 침공, 인접국인 시리아의 내정간섭 등 국내·외적으로 발생하는 문제를 해결하지 못하였다. 특히 2차에 걸친 팔레스타인 난민 45만 명과 시리아 난민 100여만 명의 유입은 이들을 수용하고 인도적 지원을 하는 레바논 경제 능력을 초월하는 요인이었다.

그리고 레바논 상황을 악화시킨 요인은 헤즈볼라와 같은 무장조직의 활동이었다. 그래서 유엔 차원에서 다국적군으로 편성된 UNIFIL을 증강 배치하여 레바논 내에서 무장단체의 활동을 억제하고 치안의 안정과 주민들의 안전을 확보하여 정세를 안정시켰다. UNIFIL의 활동은 헤즈볼라의 대이스라엘 공격과 테러행위를 감소시켰고 헤즈볼라의 군사활동은 소극

27) 레바논 평화유지단, 『동명1진 파병성과 및 교훈』(대전 : 국군인쇄창, 2008), p.162~166.

적으로 바뀌었다. UNIFIL의 안정화작전 능력은 유엔의 임무를 성공적으로 달성하는데 기여하였다. 이와 같은 내용을 종합하면 〈표 4-12〉와 같이 정리할 수 있다.

〈표 4-12〉 레바논정부, UNIFIL, 헤즈볼라 능력 비교

구 분	외교력	통치력	작전능력	기구/조직	전문인력	예 산
레바논정부	△	△	△	△	△	△
UNIFIL	○	×	○	○	○	○
헤즈볼라	×	△	○	○	△	△

레바논 정부는 안정화작전을 주도적으로 수행할 능력을 구비하지 못하였다. 국가는 국내를 안정시키는 정책 시행과 치안유지로 시민의 안전을 확보하는 능력을 구비해야 한다. 외세에 의한 내접 간섭 시에는 외교정책을 추진하여 자국의 힘만으로 제한되면 유엔 등 국제사회의 지원을 받을 수 있다. 국가지도자는 주변국과 정상회담, 국내 정치지도자들과 회담으로 국내 정세를 안정시키는 정치역량을 발휘하여야 하면 안정화작전을 시행할 수 있는 계획, 기구와 조직, 전문인력, 예산 등을 준비, 시행하여 효과가 나타나도록 지원해야 한다. 지금까지 레바논전쟁에서 안정화작전 요인의 영향을 분석하였다. 분석한 결과는 〈표 4-13〉과 같다.

〈표 4-13〉 레바논전쟁 안정화작전 분석결과

구 분		분석 내용	식별된 요소	분석결과
정치 · 제도적 요인	국제사회 환경	· 벨푸어선언 후 유대인 이주 · 중동전쟁 후 난민 유입 · 국제사회 중재, 전쟁 해결	1.난민 등 국제사회 지원필요 2.주변국 개입차단, 국제사회 설득 추진	★ (핵심)
	정치체제	· 무슬림증가 불구 권력불변 · 외세지원하 헤즈볼라의 정치 · 군사분야 활동	3.국민의사에 따른 안정된 정치체제 구축 4. 외세 차단 국제사회 설득	□ (미미)
	법규 시행	· 정부통치 미약, 종파 강세 · 무장조직 국제 · 국내법무시 · 시리아의 내정간섭	5.민의에 의한 정부통제 강화 6.난민, 무장조직 관련법 정비 7.외세차단, 국제사회 설득	□ (미미)

경제 · 기능적 요인	계획 사전준비	· UNIFIL 증강 후 안정화 · 레바논정부 안정화 미준비 · 한국군 안정화계획 사전준비	8.정부 · 군 · 국제기구의 안정화작전계획 사전 준비	☆ (보통)
	기구와 조직	· UNIFIL 전담조직 운용 · 헤즈볼라 복지조직 운용	9.안정화작전을 위한 정부 · 군 · 민간 기구 운용 준비	☆ (보통)
	재원과 전문인력	· 레바논 전문인력 미비 · 지원 예산 비효율적 집행	10.안정화작전 전문인력양성 11.재원집행 감찰 조직 필요	☆ (보통)
행위적 요인	갈등관리	· 국가 통치력 미약 · 난민 유입, 내정간섭 · UNIFIL 갈등관리 성공	12.국민합의에 따른 정체구축 13.다양한 맞춤식 갈등관리 제도 추진	★ (핵심)
	신속성	· 무장조직 조기해체 미실시 · 농촌 · 산악지역 복구 지연 · UNIFIL 증강, 감시 강화	14.불법 무장조직 조기 식별, 정치 합의로 해체 추진	☆ (보통)
	능력의 구비	· 종파별 분쟁, 팔레스타인 무장활동, 정부통제력 미약 · 안정화작전 수행 미흡	15.주도적으로 작전수행 가능한 정부조직 등 구비 16.무장조직 외부지원 차단	☆ (보통)

위 〈표 4-13〉에서 식별된 요소들 중 중복된 부분을 살펴보면, 정치 · 제도적 요인 측면의 1번 · 2번 · 4번 · 7번과 행위적 요인의 16번 요소는 주변국의 개입차단과 난민수용에 대한 국제사회의 지원을 요청한다는 측면에서 일맥상통하다. 3번 · 5번과 행위적 요인의 12번 · 14번 요소는 국민합의에 의한 정치체제를 구축하여 제반 문제를 해결하는 측면에서 같은 내용이다. 6번과 경제 · 기능적 요인의 8번 · 9번 · 10번 그리고 행위적 요인의 13번 · 15번은 정부가 사전에 준비하고 대처할 수 있는 내용이다. 경제 · 기능적 요인의 11번은 투명한 예산집행을 위한 감찰기구 운용의 필요성이다.

식별된 요소를 조정하면, 정치 · 제도적 요인 3개, 경제 · 기능적 요인 2개, 행위적 요인 3개 등 총 8개의 요인이 식별되었고, 중복된 요인을 기준으로 최종 정리하면 4개이다.

결론적으로 안정화작전의 요인은 정치 · 제도적 요인 측면에서 첫째, 레바논 인구의 1/4를 초과한 난민을 수용하고 지원하는 정부의 단독 재원확보는 제한적이다. 따라서 국제사회와 연계하여 주변국의 개입차단과 난민수용을 위한 기구와 조직, 전문인력, 재원 등을 국제사회에 요청하는 외교력이 필요하다. 둘째, 국민적 합의에 따른 안정된 정치체제 유지와 국가통제 능력이 구축되어야 한다. 일방에게 유리한 정책이 추진되지 않고 전체 국민을 위한 정책을 시행하고 치안질서 확립에 역기능으로 작용하는 제도와 기구 등을 식별하고 문제점을 해결하는 통치력을 구비하여야 한다.

경제 · 기능적 요인 측면에서는 안정화작전에 필요한 작전계획, 관련 법령, 기구, 예산 등을 사전에 분야별로 준비하여야 한다.

행위적 요인 측면에서는 안정화작전 시 도움의 손길이 필요한 농촌 · 산악 등 취약지역까지 지원할 수 있는 충분한 재원을 마련해야 하며, 불필요한 지출을 감독하는 감찰기구를 운용해야 한다. 이상으로 레바논전쟁에 영향을 주었던 요인들을 분석하고 발전 요소들을 알아보았다.

제2절 이라크전쟁 안정화작전 분석

1 정치 · 제도적 요인 분석

1) 국제사회 환경

이라크의 후세인 대통령은 핵무기를 보유하기 위하여 프랑스와 접촉하였고, 이스라엘이 디모나(Dimona)에 건설한 지하원자로와 동일한 시설을 도입하였다. 오시라크(Osiraq)로 명명된 원자로 시설은 1979년 공사가 시작되었고, 주변국들은 핵무기를 개발한다고 판단하고 1980년 이란, 1981년 이스라엘이 완공 직전인 원자로를 완전히 파괴하였다.[28] 미국은 이라크의 쿠웨이트 침공을 계기로 우호적인 관계에서 적대적인 관계로 외교 관계를 전환하였다. 후세인은 1990년 8월 2일 쿠웨이트의 외채탕감 거부를 이유로 침공하였고 걸프전이 발생하였다.[29]

국제사회에서 위험한 존재로 인식된 후세인은 대량살상무기를 보유하거나 개발하고 있다는 의심을 받게 되었다. 9 · 11사태를 계기로 미국은 화학 및 생물무기 확보를 추구해 온 후세인정권을 최대 위협으로 간주하였다. 이에 이라크는 국제여론에 굴복하여 유엔무기사찰단(UNSCOM)을 수용, 1998년까지 250여 차례 현장조사를 받았고 미사일 48기와 화학무기원료 690톤을 폐기하였다.[30] 추가로 정치 · 군사적으로 민감한 후세인 대통령궁 등 의심지역에 대한 사찰 요구에 이라크는 거부하였고 유엔무기사찰단은 철수하고 말았다. 미국 부시 대통령은 2002년 9월 12일 유엔 연설에서 이라크에 대량살상무기 폐기, 테러지원 중단 등 5개 항을 요구하였으며, 유엔도 안전보장이사회결의 제1441호를 채택하는 등 이라크를 세계평화를 위협하는 무법정권으로 간주하였다.

---

28) 이근욱 『이라크전쟁, 부시의 침공에서 오바마의 철군까지』(서울 : 한울, 2011), p.46~47.
29) 이라크의 쿠웨이트 침공을 응징하기 위해 미국을 포함 34개 다국적군 68만 명이 지상전을 개시한 지 100시간 만인 1991년 2월 28일 쿠웨이트를 회복한 전쟁이다.
30) 국방부 군사편찬연구소, 『국군 이라크 자유작전 파병사 : 서희 · 제마 · 자이툰 · 다이만부대』(서울 : 국방부 군사편찬연구소, 2014), p.6.

미국은 2003년 3월 20일 전쟁을 개시하고 5월 1일 이라크 전역을 확보하고 이라크군과의 주요전투 종료를 선언하였지만 이후 적대세력[31]의 저항과 치안 상황의 악화로 많은 사상자가 발생하는 등 전쟁이 장기화되면서 21세기 전쟁에서 안정화작전의 중요성을 상기시켜 주었다. 미국은 이라크를 공격하기 전에 국제적인 명분을 쌓기 위하여 영국을 비롯한 한국 등 30개 국가로부터 지지를 받았다. 이라크전쟁에서 국제사회의 환경은 중요한 요인으로 작용하였다.

2) 정치체제

이라크의 인구는 2003년 당시 약 2,400만 명이었으며 주요 종족은 아랍족 79%, 쿠르드족 16%, 이란·투르크멘족 5%이고, 종교는 이슬람교 97%(수니파 35%, 시아파 65%), 기독교 3%이었다. 이라크는 13세기부터 제1차 세계대전 이전까지 오스만 제국, 이후에는 영국의 식민 통치하에 있다가 1932년 3월 3일 왕정으로 독립하였다. 그 후 1958년 7월 '자유장교단'이 쿠데타로 친서방의 왕정을 타도하고 공화정을 수립하였으며 1968년 군인 주도하의 바트당이 쿠데타로 정권을 장악하였다. 이라크는 당시 입헌공화국이었으나 1979년 후세인이 대통령에 취임하면서 군 최고사령관, 수상, 서기장을 겸직하는 1인 독재체제가 되었다.

1991년 이라크 의회가 다당제 법안을 통과시켰지만, 사실상 일당 독재 지배체제나 다름이 없었다. 사회주의 노선을 따르는 바트당 정권은 이슬람 율법인 샤리아(Sharia)에 따른 법률체계를 거부하고, 서구식 법률에 기초한 행정체계와 사법체계를 구축하였다. 그리고 바트당 기구와 국가의 행정기구가 거의 일원화되어 있고 지배계급과 밀접하게 연결된 정보기관들에 의하여 움직이는 감시국가였다.

31) 2003년 8월 말 바그다드 소재 유엔본부 자살폭탄으로 특별대표 Sergio de Mello를 포함한 124명의 사상자가 발생해 미국은 이때부터 적대세력 용어를 사용했다. 이라크 평화재건사단, 『'06 자이툰 파병 성과 및 교훈집』(대전 : 국군인쇄창, 2006), p.41.

〈그림 4-3〉 후세인 정권 국가 통치체제[32)]

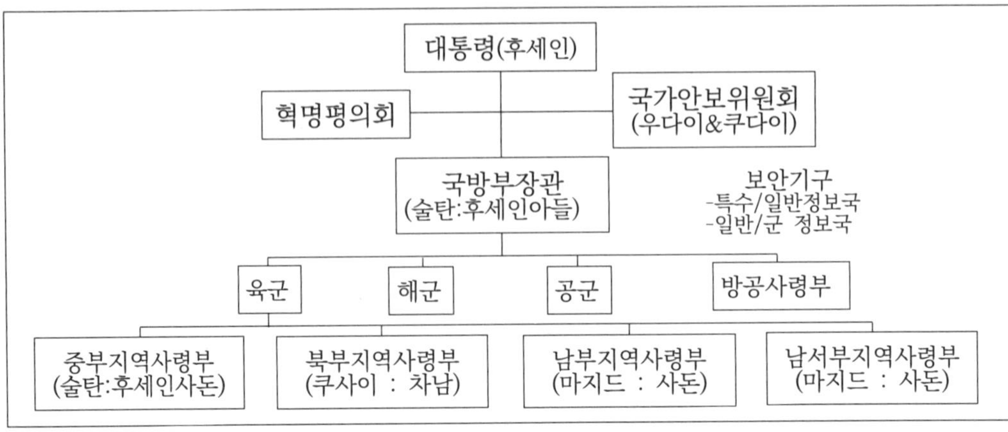

후세인정권은 소수인 수니파이었으며 그래서 다수인 시아파 세력과 정치적인 대립 관계에 있었고 그때마다 공포와 숙청으로 반대파를 제압하며 정권을 유지하였다. 그리고 이라크의 모든 정책 결정은 후세인 친·인척으로 구성된 혁명평의회와 후세인 장남과 차남이 관장하는 정치적 사찰기구인 국가안보위원회에서 대부분 이루어졌다. 정보기관들은 이라크 국민의 생활속에 깊숙이 침투하여 생활을 감시하고 통제하였으며 후세인에게 직접 보고되었다.

미군은 이라크군과의 주요전투 종료 후 집권당인 바트당과 군부대 등 통치기구들을 해체하였는데 해체된 바트당원과 이라크 군인들은 연합군에 저항하는 적대세력으로 활동하였다. 이라크 현지에서의 미군과 이라크 재건을 위해 설립된 군정과의 관계도는〈그림 4-4〉과 같다.

〈그림 4-4〉 미군과 군정 관계도[33)]

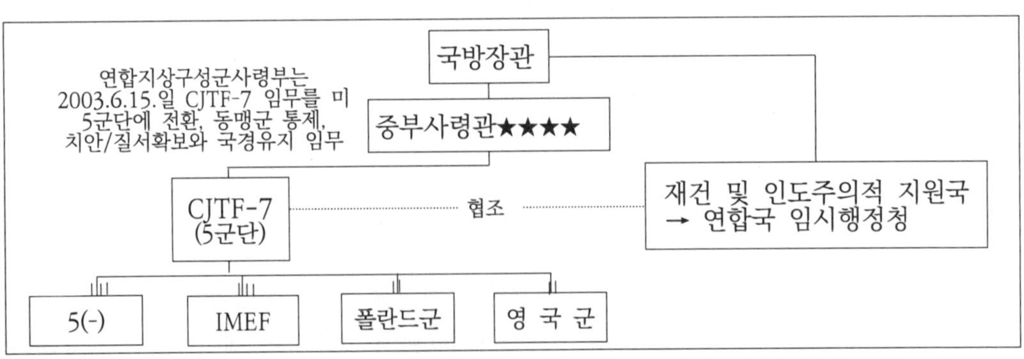

32) 합참, 『이라크전쟁 종합분석』(서울 : 경희인쇄정보, 2003), p.43.
33) 합참(2003), p.74.

2003년 1월 20일에 설립된 미국의 최초 임시통치기구인 '재건 및 인도주의적 지원국(Office of Reconstruction and Humanitarian Assistance, ORHA)'을 승계한 '연합군 임시행정청(Coalition Provisional Authority, CPA)'은 이라크 주권을 대표한 임시기구이었고, 2004년 6월 28일 이라크 통치 및 주권을 이라크 임시정부에 이양하고 임무를 종료하였다.

이라크는 2005년 4월 쿠르드족 탈라바니가 초대 대통령, 2006년 5월 시아파 말리키가 수상에 취임하여 내각을 구성하였다. 2005년 12월 15일 최초의 총선 결과 총 의석수 275개 중에서 과반의석을 차지한 정당은 없었으며 시아파 통일이라크연맹(UIA)이 128석(41.2%), 쿠르드민주애국(KDA)이 53석(21.7%) 순으로 정부조직에 진출하였다.

새로 출범한 이라크 정부에서 정권을 잡은 시아파는 그동안 억압받으며 살아온 것에 대한 보복 정치로 이라크 내 사회의 불안정을 조장하여도 경찰과 민병대는 시아파 조직원 체포보다 오히려 수니파를 억압하는데 앞세웠다.

특히 미군을 비롯한 연합군은 2006년부터 적대세력의 공격으로 많은 전상자가 발생하는 등 피해를 받았고, 시아파와 수니파 간의 종교분쟁으로 보복공격이 치열하여 치안이 불안정하였다. 이에 미국은 2007년 1월 미군의 증파로 이라크 안정화의 해법을 찾았고, 미군과 이라크 정부는 2010년 제2대 총선 결과 총 의석수 299[34] 중에서 시아파와 수니파의 연합인 이라크 국민운동(INM)은 종파의 정체성을 강조하지 않은 세속적인 정당으로 91석(24.72%)을 획득하여 다수당이 되었고, 말리키 수상의 시아파 법치연합(SLC)은 89석(24.22%)으로 제2의 정당 위치를 확보하였으며, 제1대 총선에서 등장했던 소수의 정당들은 영향력을 상실하였다.

시아파와 수니파는 오랜 협상을 통하여 종교분쟁을 자제하면서 2006년과 같은 종파 간의 무력충돌은 발생하지 않았고 이후 이라크는 정세가 안정되었다. 이라크의 정치체제는 전쟁에서 안정화작전에 중요한 요인으로 작용하였다.

3) 법규 시행

미국은 후세인정권을 붕괴시키기 위한 명분과 당위성을 의회로부터 승인받았고 부시 대통령과 행정부 고위관리들은 유엔을 비롯한 국제사회에서 호소하여 대이라크 제재를 위한

34) 손석현(2014), p.328; 이근욱(2011), p.314~315에 총 325석으로 되어 있다.

유엔안전보장이사회의 결의안을 이끌어내었다.

이라크전쟁 준비부터 종료까지 미국 주도하에 진행된 유엔, 의회 등 법규는 〈표 4-14〉와 같다.

〈표 4-14〉 미국 주도 국제법 / 국내법 현황[35]

시 기	미 국	유엔안보리결의
	의회, 대통령 국가안보지침, 행정부, CPA	
2002.8.1	법무부, 고문 합법 의견서	·
2002.10.11	의회, 이라크 무력사용결의안 채택	·
2002.11.8	·	제1441호, WMD비난
2003.1.20	제24호, ORHA 창설	·
2003.5.16	CPA 제1호[36], 바트당 해체	·
2003.5.22	·	제1483호, CPA추인
2003.5.23	CPA 제2호, 이라크군 해체	·
2003.9.3	CAP 제28호, 신이라크 민방위대 창설	·
2003.10.16	·	제1511호, 주권이양촉구
2004. 봄	특별연방법 제5조 제3161 제정, 인력 고용	·
2004.5.11	제36호, 비군사활동 국무부 권한	·
2004.6.8	·	제1546호, 다국적군 철수
2005.12	제44호, 국무부 재건 및 안정화조정관실 신설	·
2008.10.14	재건 및 안정화 민간관리시행령	·

미국은 국제사회와 미국 의회의 지지로 전쟁을 시작하였으나 전쟁 전부터 대의명분이 불명확하여 다음과 같이 비난을 받았다. 첫째, 미국의 상원과 하원이 대이라크 무력 사용권한 결의안을 찬성한 것이다. 이것은 유엔헌장 제2조 제3항의 "분쟁의 평화적 해결"과 제2조

35) 손석현(2014). 이근욱(2011).
36) CAP 명령 100개 중 제1호. www.iraqcoalition.org 〉regulations.

제4항의 "무력위협 또는 무력행사를 삼가야 한다"는 조항을 명백히 위반한 것이다. 또한, 프랑스, 러시아 등 유엔 상임이사국의 동의를 받지 못하고 부득불 미국 주도로 전쟁을 할 수 밖에 없었다. 둘째, 첩보와 정보를 획득하기 위해 특수한 경우 고문이 가능하다고 미국 법무부가 중앙정보국에 법률의견서[37]를 제공하여 고문행위가 미국법 집행과 기소대상에서 면제되는 바람에 사실상 합법화되었다. 2009년부터 쿠바 관타나모 해군기지와 이라크 아부그라이브 감옥에서 고문 행위가 언론을 통해 보도됨으로써 국제사회의 비난이 비등했고 미군철수의 단초가 되었다. 미국은 민간인과 포로를 보호하는 제네바협약과 고문방지조약을 무시하고 위반하였다. 테러를 예방하여 국가안보를 확보하기 위한 목적이 합리적인 것에 대해서는 의문의 여지가 없다. 그러나 유엔의 고문방지조약은 고문 행위를 정당화시킬 수 있는 예외적인 사유를 허용하지 않으며, 따라서 일체의 이탈이 허용되지 않음을 상기할 필요가 있다. 합리적인 목적이라 할지라도 인권침해를 대가로 하는 수단은 결코 정당화될 수 없음을 시사하고 있다.[38] 셋째, 연합군 임시행정청(CPA)은 이라크 지도자들과 미 군부가 반대함에도 불구하고 바트당과 이라크군을 해체함으로써 이들은 무기를 휴대한 채 저항세력에 합류하여 정세를 악화시키는 요인이 되었다.

이라크 정세가 안정되지 않자 부시 행정부는 비군사활동에 대한 권한을 최초 국방부에서 주이라크대사 및 국무부에 부여함으로써 이라크 재건 책임에 대한 혼란을 해결하고, 2008년 10월「재건 및 안정화 민간관리시행령(The Reconstruction and Stabilization Civilian Management Act of 2008, RSCMA)」을 제정하여 미비된 안정화작전 제도를 보완하였다. 이 시행령은 국무부에게 긴급구조 및 재건작전의 민간부문을 준비하는 책임을 부여하고, 미국 국제개발기구와 협조하여 재건 및 안정화작전을 시행하는 유관기관의 능력을 발전시키도록 하였다.[39]

연합군 임시행정청의 바트당과 이라크군 해체 및 포로 고문은 이라크 혼란의 주요 요인임을 상기하여 한국정부와 군은 안정화작전 시 국제법을 준수하고, 국내법은 정부부처 및 관련기구가 충분한 협의를 거쳐 시행하여야 한다.

37) 50쪽에 달하는 의견서는 2002년 8월 당시 법무차관보였던 유(John yoo)가 작성하고 법무차관 바이비(Jay Bybee)가 기본내용을 검토한 다음 승인했다. 의견서 원문은 http://dspace.wrk.org/doc/bitstream/2041/70964/00355_020801_001display.pdf에서 볼 수 있다. 이근욱(2011), p.168.

38) 이세련,「대리고문에 대한 국제법적 고찰-UN 고문금지협약을 중심으로-」, (서울 : 연세대학교 법학연구원, 2009), p.417.

39) https://www.law.cornell.edu 〉uscode 〉text.

2 경제 · 기능적 요인 분석

1) 재원

이라크전쟁은 유엔 승인 없이 미국이 주도하여 시작한 전쟁이어서 미국의 전쟁 재원은 대부분 미국과 이라크에서 나왔다. 전쟁 전에 미국은 이라크 전후복구를 위하여 "선 미 예산으로 긴급복구", "후 국제사회의 지원 및 이라크 석유판매 수입으로 재건사업을 본격 추진" 하는 2단계로 구상하였다.[40)]

전쟁이 임박하면서 대통령 경제정책보좌관이었던 린지는 2002년 9월 15일 "전쟁비용은 미국 GDP의 약 1~2%에 해당하는 1,000억~2,000억 달러"라고 언급하였고, 행정부가 거론한 전쟁비용은 400억 달러였다.[41)] 정부 관계자들은 전쟁비용과 재건비용을 추산했으며 이라크군과의 주요전투 종료 후 투입한 재원은 다음과 같다.

먼저, 재건 및 인도주의적 지원국(ORHA)은 집행할 예산이 없었다.[42)] ORHA가 임무를 종료하기 전인 2003년 4월 16일 부시 대통령은 이라크 구조 및 재건예산을 조성하기 위하여「정부법령 108-1」에 서명하여 24억 7,500만 달러가 의회에서 1차 '이라크 구조 및 재건기금(IRRF)'으로 승인되어 할당[43)]되었다.

1차 기금 중 70% 이상은 국제개발기구(USAID)에 할당되어 인도주의적 지원에 지출되었다.[44)] 국제개발기구의 지출 중점은 이라크의 인프라 구축과 경제개발 그리고 이라크 통치 지원이었다. 제1차 기금은 이라크의 기반시설이 전쟁 후에도 피해를 받지 않고 이라크의 석유 수입 대부분이 재건사업에 투입될 수 있다는 가정을 전제로 의회에서 승인되는 바람에 적게 할당되었다. 그러나 이라크전쟁 동안 발생한 약탈행위로 피해복구를 위한 1차 기금은 턱없이 부족한 금액이었다.

한편, 연합군 임시행정청은 초기 3개월간 기반시설과 경제분야 재건을 위하여 민간의 벨첼회사, 육군 공병단, 유엔 그리고 전략 및 국제문제연구소 등 4개 조직으로 재건비용을

40) 국방부 군사편찬연구소(2014), p.37.
41) James. Fallows, *Bushs' Lost year* (2004)
42) Thomas E. Ricks, *Fiasco : the American Military Adventure in Iraq*, New York : The Peguin Press, 2006, p.81.
43) 손석현(2014), p.207.
44) https://books.google.co.kr ›books.

조사한 결과 총 600억 달러로 추산되었다. 연합군 임시행정청이 집행한 예산과 집행 내역은 〈표 4-15〉와 같이 분류할 수 있다.

〈표 4-15〉 연합군 임시행정청 기금확보 / 집행 내역[45)]

구 분	예산 확보내역		금액(달러)	집행 내역
1	미 행정명령으로 동결된 미국 내 이라크 은행계좌		17억	·
2	이라크 공격 간 확보 자금		9억	이라크공무원 급료, CERP 활용
3	석유와 가스 판매자금으로 충당되는 이라크 개발기금		10억	이라크공무원 급료, 연금지급
4	이라크 구조 및 재건기금	1차	24.75억	복구, 재건 및 인도주의적 지원
		2차	184억	기본생활서비스 등 지출

2003년 11월 제2차로 할당된 이라크 구조 및 재건기금은 총 184억 달러이었고 그중 치안예산은 안보 및 법 집행에 32.4억, 사법 및 기반시설에 13.2억 등 45.6억 달러로 전체 예산의 24.7%를 차지하였다. 이때까지도 미 행정부와 의회는 이라크에서 폭력, 살인, 불법 사제폭탄(IED)으로 매일 수많은 사상자가 발생하고 있는 상황에도 불구하고 이러한 현실을 정확하게 인지하지 못하였다.

안정화작전을 성공시키기 위해서 가장 시급한 것이 치안의 확립이었다. 그래서 미 행정부와 의회는 안정화작전의 우선순위를 잘못 선정했다. 이라크 안정을 위한 안보 및 법 집행과 사법체계 확립을 제1순위로 선정했었어야 했다. 할당된 치안예산 45.6억 달러도 실제는 1억 달러만 민주주의와 법치(rule of law)와 관련된 분야에 집행되었다.[46)] 2004년~2012년까지 안전 및 법규 분야에 투입한 예산은 다음과 같다.

45) 손석현(2014), p.210.
46) The Special Inspector General for Iraq Reconstruction, Hard Lesson, us : createspace Indepenent Publishing Platform, 2006, p.203.

〈그림 4-5〉 안전 및 법규 예산지출 현황(2004~2012)[47]

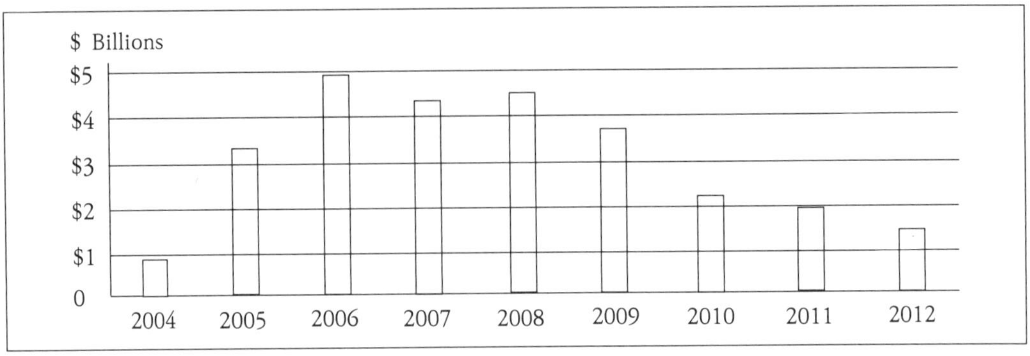

또한, 미국의 예산은 이라크 정부에 의하여 치안 통제가 가능하도록 2005년~2008년까지 이라크보안군의 육성에 집중 운용되었고, 2012년까지 안전 및 법규 예산인 27.31조$에서 이라크보안군에 약 72%인 19.57조$를 지출하였다.[48] 이후 석유생산과 판매로 재원을 마련한 이라크 정부는 2008년 말 2003년과 2004년 보다 많은 재건예산을 집행하여 국가 통치력을 구비하는데 노력하였다.

미국이 2003년부터 2012년 9월까지 의회가 승인하고 집행한 총 기금은 〈표 4-16〉과 같다.

〈표 4-16〉 이라크 재건 미국 기금(2003~2012.9.30. 기준)[49] 단위 : billions $

재건분야	의회승인(Appro...)	집행(Obligated)	지출(Expended)
주요기금			
이라크 구조/재건기금 IRRF-Ⅰ,Ⅱ	20,864	20,343	20,076
이라크보안군 육성기금 ISFF	20,194	19,569	18,762
경제지원기금 ESF	5,134	4,579	4,199
지휘관긴급대응자금 CERP	4,119	3,728	3,728
국제마약통제 및 법 강화 INCLE	1,313	1,155	989
소계	51,624	49,373	47,754

47) www.globalsecurity.org 〉library 〉report.
48) Stuart W. Bowen, *Learning from Iraq : Final Report from Special Inspector General for Iraq Reconstruction*, US council, 2013. p.92.
49) Stuart W. Bowen(2013), p.56.

타 지원 프로그램			
이주/피난지원, 긴급피난 ERMA	1,501	1,494	1,339
외국 군사재정 FMF	850	·	·
천연재해 치료기금 NRRRF	801	801	801
이라크 자유펀드	700	680	654
식품지원	395	395	395
국제재해지원 IDA, IDFA	272	261	261
자유펀드와 인권/자유펀드 HRDF	266	266	262
국제조직에 미국헌신 CIO	179	·	·
이라크 자유펀드 TFBSO	174	86	65
핵확산방지, 반테러, 반지뢰NADR	163	62	62
…	·	·	·
…	·	·	·
소계	5,638	4,323	4,093
재건 관련 작전비용	2,937	1,152	1,085
재건 감독	445	340	333
계	**60,644**	**55,187**	**53,265**

미국 의회는 이라크재건을 위하여 최소 60조 6,440억 달러를 승인하였고, 행정부는 최소 53조 2,650억달러를 지출하였다. 9년 동안 1일 1,500만 달러를 지출한 것이다. 의회는 재건 기금에서 85%를 5대 주요 기금에 사용하도록 승인하였고, 행정부는 약 90%를 5대 주요 재건에 지출했음을 알 수가 있다.

이라크전쟁 전에 정부 관계자들이 예측한 재건비용 17억 달러와 실제로 9년 동안 투입한 53조 2,650억 달러와 얼마나 큰 차이가 있는지 알 수 있다. 따라서 안정화작전에 대비하여 충분한 재원을 확보하는 것이 중요하다.

한편, 미국은 이라크재건을 위해 투입한 재원을 투명하게 집행하기 위하여〈표 4-17〉과 같이 다양한 연방 감독기구들을 운용하였다.

〈표 4-17〉 미국 연방감독기구 현황[50]

구 분	활동 기간	감독 내용
국제개발처	2004.3~2008.12	USAID의 10여 개 재건계약 건
정부회계사무소	2002.1~	예산 군 적법 집행 여부
이라크재건 특별검열단	2003~2008	계약, 부패, 예산준수, 자산 이양, 이라크보안군 육성 등 약 250건 이상 감사와 검열
국무부 검열단	2004~2008	이라크재건 / 계약 33건 감사
국방부 검열단	2004~2008	이라크재건 / 군사작전 46건 조사

위 연방감독기구 중에서 가장 두드러지게 활동한 기구는 이라크재건 특별검열단이었다. 이라크 구조 및 재건, 이라크보안군 육성, 지휘관긴급대응프로그램(CERP), 경제지원 분야에 대한 감사와 검열은 약 250건 이상 조사하여 370여 건의 범죄를 적발하였고, 18명 체포·기소, 13명 유죄판결, 5명 징역, 벌금·몰수·복구 그리고 1,700만 달러 이상의 배상을 부여했다.

무엇보다 중요한 것은 이라크재건 특별검열단이 조사보고서를 의회에 제출하여 행정부와 민간이 안정화작전 시 조치해야 할 사항과 미비점을 보완하고 법령과 군사 교범에 반영하고 국가 차원의 민·관·군 안정화작전 체계를 구축한 것이다.

2) 계획 사전준비

이라크전쟁에서 작전계획의 사전준비는 가장 핵심적인 분야이다. 왜냐하면, 전쟁의 전개가 출발부터 잘못된 방향으로 진행되도록 원인을 제공하였기 때문이다. 미국은 2001년부터 후세인 축출 후 예상되는 문제점과 새로운 문민정부를 수립하기 위한 전후계획(Post-War planning)[51] 연구를 진행하였다. 이때 가장 광범위한 연구를 진행한 기관은 국방부, 국무부 그리고 국가안전보장회의(NSC)이다. 그중에서도 부시 대통령은 국방부에 전쟁계획과 이라크 재건 권한을 부여하였다. 대통령 국가안보지침(NSPD) 제24호에 따라

50) 최철환 역(2013), p.441~450. 내용 정리.
51) 전후계획(Post-War planning)은 이라크에서 주요전투가 종료된 이후의 계획을 의미하며, 실질적으로 바그다드가 함락되고 부시 대통령이 주요전투 종료를 선언한 2003년 5월 1일 이후를 지칭한다. 손석현(2014), p.67.

국방부장관 도널드 럼스펠드(Donald Rumsfeld)는 '재건 및 인도주의적 지원국'을 조직하여 전후복구와 재건을 위한 프로젝트를 추진하였다. 그러나 이 기구는 이라크 내 종파 분쟁과 전후 복구능력 부족으로 임무가 2004년 5월부터 국무부로 전환되었다.

국방부는 이라크전쟁 준비단계에서 전쟁계획과 전후계획을 망라한 완벽한 계획을 작성하기 위하여 정부 부처의 정책들을 종합하고 부서 간의 협의체를 구성하여 전쟁준비를 하였다. 그러나 준비단계에서 국방부장관의 배타적인 자세와 부서 간 협의의 핵심을 바로잡지 못하여 이라크전역 계획 중 제Ⅳ단계「작전의 전환 계획」을 개념 수준으로 작성하였고, 제Ⅳ단계를 구체화하지 않은 상태에서 전쟁을 개시하였다. 이러한 원인은 첫째, 국무부가 2001년부터 새로운 이라크에 어떠한 제도와 정책들이 필요할 것인가를 연구한「이라크 프로젝트의 미래」[52]에 포함된 내용 중 폭력, 전기문제, 식수 부족, 종파 분쟁 등의 제한사항을 국방부가 제Ⅳ단계 작전계획에 제대로 반영하지 않았다.

둘째, 2002년 8월부터 국가안전보장회의의 주도로 합참, 국무부 정치·군사담당국, 국방부 정책부 장관실, 부통령실 그리고 중앙정보부 대표들로 구성된 실무자 회의에서 매주 3회 이라크 전후계획에 대한 전략지침 합의에 도달하기 위하여 노력하였지만, 모든 기관이 참여하지 않았고 부서의 대표가 계속 바뀌고 전쟁의 전반적인 내용을 협의하다 보니 전후계획보다는 오히려 초기의 주요전투단계에 많은 시간을 보냈다. 그래서 전쟁계획과 전후계획의 완벽한 계획을 완성하기 보다는 서로 괴리를 남겨놓은 채 매우 이완된 상태가 되고 말았다.[53]

셋째, 국방부는 아프가니스탄에서 쉽게 승리한 것처럼 이라크전쟁도 6~8주 정도에 끝나게 될 것이라고 낙관하고 전후계획인 제Ⅳ단계를 미완의 상태로 남겨놓았다. 미국 중부사령부는 이라크 전역을 4단계로 구분하였다. 제Ⅰ단계는 억제 및 개입, 제Ⅱ단계는 주도권 장악, 제Ⅲ단계는 결정적 작전, 제Ⅳ단계는 작전의 전환이었다. 이 중에서 제Ⅳ단계가 법과 질서 확립, 경제재건과 민간정부 수립 그리고 병력 철수에 중점을 둔 전후계획이었으며 이 내용이 안정화작전의 계획이었다.

당시 미군은 안정 및 지원작전, 전후작전, 제Ⅳ단계 작전이라는 용어들을 혼용하여 사용

---

52) 17개의 실무단 중 14개의 실무단이 토의를 진행하고, 이를 토대로 팀별로 보고서를 작성했다. 13권의 2,000페이지에 이르는 방대한 보고서는 전쟁 이전 미 정부에 의해 수행된 가장 엄격한 단일 평가서이다. 전문가들은 보복행위, 약탈과 탈취행위 등을 예측했으나 조직화되고 무장된 적대세력의 출현은 예측하지 못했다. 손석현(2014), p.71. 최종보고서는 http://www.gwu.edu /~nsarchiv/NSAEBB198/index.htm에서 찾을 수 있다. 2003년 2월 21일 개최된 회의에서 우연한 기회로 알려졌다. Rajiv chandrasekaran, Imperial Life in the Emerald city : Inside Iraq's Green Zone, New York : Alfred A. Knopf, 2007, p.36~37.

53) 손석현(2014), p.72.

하고 안정화작전 용어는 사용하지 않고 있었다. 이러한 관행은 제Ⅳ단계 작전이 주요 공격전투와 방어전투가 끝난 후에만 실시 되고, 공격 · 방어 · 제Ⅳ단계 작전이 동시에 전개되는 것이 아니라 순서대로 진행된다는 고착된 전통적인 사고방식 때문이었다. 따라서 제Ⅳ단계 작전이 다른 작전에 비해 더 쉽고 계획이나 준비도 덜 필요하다는 인식이 있었고, 이러한 인식이 전쟁계획과 실행에 많은 영향을 주었다.[54] 그리고 전쟁의 전략은 신속한 바그다드 점령과 후세인정권의 붕괴이었고 국무부, 재건기구, 이라크 국외망명자, 신이라크정부 그리고 국제단체들이 제Ⅳ단계 작전을 주도할 것으로 기대하였다.[55]

이라크전쟁의 전쟁전략은 지휘관의 지휘체계 변경에 따라 3단계로 구분한다. 1단계는 2003년 여름부터 1년간 미국 산체스 중장이 제7연합합동기동부대(Combined Joint Task Force, CJTF-7)를 지휘했던 기간으로, 단기 속결전 결과만으로 이라크의 저항을 과소평가하였다. 저항세력에 대한 감시 순찰이나 주민과의 접촉 없이 일방적인 대규모 소탕작전을 하는 가혹한 재래식 전술을 사용하여 미군은 이라크 주민과 적대적인 관계로 악화되었다. 2단계는 미군이 다국적군사령부(Multi National Froce-Iraq, MNF-I)를 창설하면서 케이시 대장이 전쟁을 수행한 기간이다. 미군은 이라크 민주 정부 수립과 이라크보안군 창설에 주력하면서 종파분열에 대처하기 위하여 노력하였지만, 내전으로 발전되었다. 3단계는 페트리어스 대장이 수니파와 시아파 그리고 알카에다 등 적대세력을 소탕하고 바그다드를 안정화하기 위한 '증파전략'을 시행한 기간이다. 미군은 증파병력을 바그다드에 집중 배치하여 '소탕, 장악, 구축'의 전투방법으로 주민안전을 최우선하여 전쟁을 종결할 수 있었다. 미군의 지휘관계 변경에 따른 전쟁전략은 다음과 같다.

〈표 4-18〉 지휘관계 변경에 따른 전쟁전략

• 토미 프랭크스 미국 중부사령관 Ⅰ~Ⅳ단계 지휘 * Ⅳ단계 계획 미구체화	• 산체스 제7연합기동부대장 - 재래식 전투 * Ⅳ단계 계획 미구체화	• 케이시 다국적군사령관 - 전 영역 대반란 작전 * Ⅳ단계 계획 미구체화	• 페트리어스 대장 - 미군 증파 * Ⅳ단계 계획 구체화
2003~2003.4	2003.5~2004.4	2004.5~2006.12	2007~2010

54) 2008년 미군 FM3-0에는 이러한 혼동된 개념이 삭제되었고, 지금은 안정 및 지원작전을 주둔국 정부의 지원 또는 점령의 일환으로 안전하고 안정된 치안환경을 조성하기 위한 군사적 임무로 국한한다. 손석현(2014), p.74.

55) Dr. Donald P. Wright & colonel Timothy R. Reese, *On Point II*, combat studies Institute, 2004, p.140.

이라크전쟁에 참가한 미군의 지상구성군사령부, 5군단 및 예하의 사단들도 안정화작전에 참여하지 않는 것으로 생각하였다. 지상구성군사령부는 전쟁 직전까지 제Ⅳ단계의 골격만 갖고 있었고, 국무부 또는 재건기구가 제Ⅳ단계 작전의 모든 것을 수행할 것이라는 중부사령부의 가정을 접수한 상태였으며, 사단 · 여단 지휘관들도 자신들의 역할이 무엇인지 확실히 모르는 상태에서 전쟁에 참가하였다.

결과적으로 전쟁을 계획한 국방부와 전쟁을 주도한 중부사령부 그리고 참전한 예하 부대들은 제Ⅳ단계의 구체적인 작전계획 없이 이라크전쟁을 시작하였다. 공격을 위한 미군의 전역계획은 1998년 최초로 기획된 것을 기초로 완성하였다.

〈표 4-19〉 미군 부대별 전역 명칭

작성 주체	전역계획 명칭	주요내용
중부사령부	개념계획 1003(최초)	1998년 수립, 6개월 공격 준비, 병력 40만 명 소요
	개념계획 1003V(수정)	2003.1월 완성, 병력 21만 명
연합지상구성군사령부 (CFLCC)	COBRA Ⅱ (최종 침공계획)	바그다드 공격/후세인 정권붕괴, 미군 14.2만 등 총 16.8만 명, 제Ⅳ단계 미구체화
	ECLIPSEⅡ (제Ⅳ단계 작전계획)	전쟁개시 날(3.20)에 계획완성, 후세인 축출후 작계 공포(4.12), 치안안정 전제하 제Ⅳ단계 수립
제7연합합동기동부대 → 제5군단	·	2004.5.1.부 개칭 국가기간시설 재건 임무
부시 대통령 (다국적군사령부)	The New Way Forward (새로운 전진)	2007.1.10. 2만 명 증파 발표, 공격 · 방어 · 안정화작전 동시수행

이라크 공격계획인 COBRA Ⅱ는 전통적인 전쟁수행방법인 강력한 공격작전의 Ⅰ~Ⅲ단계를 적용하여 후세인정권과 이라크군을 격퇴하는 것이 핵심이었고, 제Ⅳ단계 작전계획은 전술한 바와 같이 소홀히 하였다. 그 후 미군의 지상구성군사령부는 이라크전역 수행과정을 정밀하게 분석하면서 제Ⅳ단계 작전이 훨씬 복잡하다는 것을 인식하고 타 작전과는 별도로 제Ⅳ단계 계획을 작성하였다. 그리고 이라크를 침공하는 당일 뒤늦게 제Ⅳ단계 작전계

획을 완성했다. 육군의 주공이던 제5군단장 월레스 중장은 변경된 작전계획을 다음과 같이 술회했다. "제Ⅳ단계 안정 및 지원작전으로 전환시키는 정식명령을 내린 적이 없다".[56] 그래서 제5군단 장병들은 안정화작전 교육과 훈련을 한 번도 해보지 못하고 작전을 해야만 했다.

주공인 제3사단이 바그다드에 진입한 지 1주일이 지난 4월 12일 지상구성군사령부는 제Ⅳ단계 작전계획인 ECLIPSE Ⅱ를 공포하였다. 여기에는 COBRA Ⅱ보다 가정, 임무진술서, 목표가 구체적으로 기술되었고, 목표는 이라크군 항복, 법과 질서유지, 이라크 무기제거, 테러리스트와 전범 구금, NGO 및 타 기관과 협력 등이 포함되었다.[57] 그런데 이 계획은 이라크 경찰과 군 병력이 치안을 어느 정도 유지할 것이라는 가정하에 수립된 것이었다. 미국이 이라크를 안정화시킬 수 있었던 전략은 '새로운 전진(The New Way Forward)'을 통해 미군 2만 명을 증파하여 병력을 바그다드 위주로 배치하였기 때문이다. 한편 초기의 이라크 임시통치기구인 미국의 재건 및 인도주의적 지원국은 인력과 예산이 열악한 가운데에서도 안정화를 달성하기 위하여 〈표 4-20〉과 같이 목표를 설정하고 추진하였다.

〈표 4-20〉 재건 및 인도주의적 지원국 목표[58]

1. 안보 및 치안	7. 식량구매
2. 전국 공무원들에게 급료 지급	8. 식량분배문제 해결
3. 경찰 재건 및 훈련	9. 전국 도시 및 지방위원회 발족
4. 기능발휘수준으로의 행정부기능 복구	10. 지방정부 지원하는 정부지원팀 전개 및 통합
5. 바그다드에서 기본서비스 복구	11. 콜레라와 이질 등 전염질병 예방
6. 연료 위기상황 발생 방지	

설정된 목표는 상당히 광범위하고 완수하는데 많은 장애물이 존재하였다. 그리고 유엔안전보장이사회에서 추인받은 연합군 임시행정청은 재건 및 인도주의적 지원국과 교체되면서 국제적인 재건기구이며 동시에 미국의 기관으로 이라크 안정화를 위하여 활동했으나 재건 및 인도주의적 지원국과 마찬가지로 내·외적인 요인에 의하여 정상적으로 활동하지 않았다.

56) 손석현(2014), p.165.
57) 손석현(2014), p.81.
58) 손석현(2014), p.131~132.

〈표 4-21〉 연합군 임시행정청 기본목표[59]

1. 치안(Security) : 안전하고 안정된 환경을 구축
2. 통치(Governance) : 투명하고 포괄적인 민주 통치로의 전환이 가능하도록 준비
3. 경제(Economy) : 경제성장을 위한 조건 조성
4. 기본서비스(Essential services) : 가용한 수준으로 기본서비스 회복

연합군 임시행정청의 임무 수행은 미흡하였다. 이유는 첫째, 이라크 바트당원과 군대의 해체로 이라크 관료와 군인들이 사라지는 바람에 이라크재건을 위한 기술 관료의 보충이 어려웠고 이라크보안군의 재건자금이 과다 소요되었다. 둘째, 2003년 안정화작전에 대한 논리가 정립되지 않아 이라크재건 접근방식에 대한 합의가 없었고, 자금 지원 및 자원을 신속히 조달할 구조도 갖추지 못했다. 셋째, 안정화작전을 추진하는 관련 기구 즉, 국방부와 국무부의 입장을 통합할 기회를 상실하였고 작전을 성급하게 추진하는 바람에 부적절한 계획, 취약한 감독 그리고 이라크 정부의 안정화 계획의 부재 등 어려움이 있었다. 넷째, 이라크 내 치안이 확보되지 않았고 재건 분야와 규모는 너무 방대하여 모두 대응할 수 없어서 임시방편으로 재건 접근방식을 취할 수 밖에 없었다. 연합군 임시행정청은 이라크 임시정부에 통치 권한을 이양한 후 해체되었고, 대통령 국가안보지침에 의해 이라크 재건이라는 비군사활동 권한은 국무부와 주이라크 미대사에게 전환되었다.

미국 국방부는 제Ⅳ단계 계획을 경시한 가운데 전쟁을 개시하여 재래식 무기로 무장한 이라크 적대세력에게 고전하였다. 그 후 미국은 주민의 안전이 최우선이라는 핵심을 파악하고, 미군의 증파를 통하여 겨우 이라크를 안정화시킬 수 있었다. 미국은 이라크전쟁을 통해 이전까지 치른 전쟁계획과는 다른 차원의 계획이 필요하다는 인식을 하고, 이러한 인식을 바탕으로 신교리를 반영한 야전교범「대반란전」을 발간하여 이라크전쟁 기간에 적용하였다. 기획단계에서부터 제Ⅳ단계까지 민·관·군 의견을 수용하여 임무수행이 가능하도록 계획이 반영되어야 한다.

3) 기구와 조직

미국이 안정화작전을 추진한 기구와 조직은 국방부와 국무부이다. 국방부는 전쟁 전부터 이라크 재건 권한을 대통령으로부터 부여받아 수행했다. 안정화작전은 군에서는 지상구성

59) Nora Bensahel, Olga Oliker, Keith Crane, Richard R. Brennan, Jr.,Heather S. Gregg, Thomas Sullivan, Andrew Rathmell, After Saddam : Prewar Plannig and the Occupation of Iraq, 2008, p.104.

군사령부 · 이라크보안군, 민간기구에서는 재건 및 인도주의적 지원국(연합군 임시행정청)이 수행하였다. 미군의 지휘구조는 〈그림 4-6〉과 같다.

〈그림 4-6〉 미군 지휘구조[60]

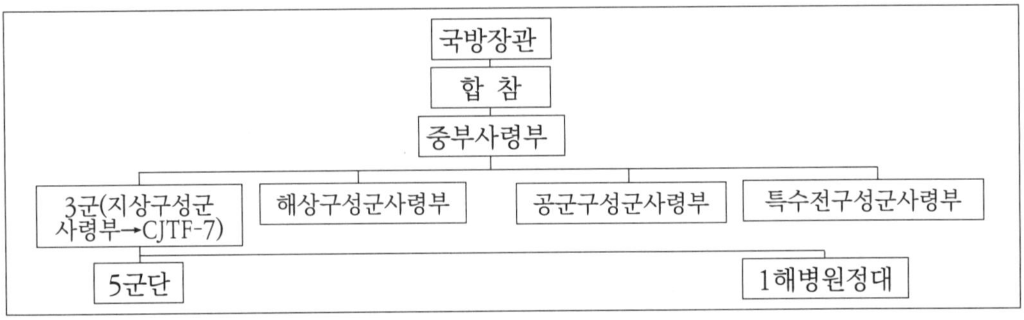

2004년 5월 이라크 내 미군의 비군사활동 권한은 국무부로 전환되었다. 국무부는 주이라크대사에게 다국적군사령부와 협조하여 재건과 안정화작전을 하는 한편 '재건 및 안정화 조정관실(The office of the Coordinator for Reconstruction and Stabilization, S/CRS)'을 신설하여 안정화작전을 주도하였다.[61]

재건 및 인도주의적 지원국(ORHA)은 2003년 1월 창설되어 재건처, 인도지원처, 민간행정처, 작전지원처 등 4개로 구성되었다.[62] 이 중 인도지원처는 식수 및 공중위생, 건강, 지뢰 제거, 식품, 인권, 대피소, 난민 등 7개 조직으로 편성되었다. ORHA 책임자인 제이 가너(Jay Garner) 국장은 기존의 이라크군을 활용하여 전후 이라크 내 인프라를 재건하려고 하였으나 연합군 임시행정청으로 교체되면서 임무가 종료되었다.

---

60) Michael R. Gordon and Bernard E. Trainor, *Cobra II : The Inside story of the Invasion and occupation of Iraq,* New York : Vintage Books, 2007.; 김영성,「미국과 이라크 간 전쟁에 관한 연구」(서울 : 고려대학교 대학원, 2007), p.314.

61) 이 기구는 2004년 여름 직원 68명으로 창설되었고, 초대 조정관은 Carlos Passual이다. http://www.state.gov/(제2대 조정관이었던 Herbst가 2006년 여름부터 2010.9.22.까지 재직 후 퇴직소감에서 밝힌 내용이다). 미 안정화작전 관련 부서는 국방부 정책차관실의 안정화작전능력 부차관보실, 합참J5(전략기획/정책)의 범세계 전략제휴/안정 작전처, 육군본부 G3/5의 안정작전처(개념 · 교리 · 실험과, 안전부문과, 재건과, 민군통합과)이다. (출처 : U.S. DOD, DOD, JCS, DAMO SSO.)

62) 한국정부에서는 미국의 요청으로 당시 정용칠 외교통상부 정보상황실장과 이욱헌 한국국제협력단 연수사업부장 등 정부 인력 2명을 5월 9일 바그다드의 ORHA 현지로 파견하였다. 정 실장은 이라크 행정부처 기능 정상화 업무담당 고문관으로, 이 부장은 이라크 내 인도적 지원업무의 조정 · 지원업무를 담당하고 있는 Baghdad Forum의 일원으로 활동하였다. 당시 ORHA에는 4.21 현재 이라크 전후 복구 및 임시정부수립 준비작업을 진행 중에 있으며 영국, 호주, 일본, 덴마크 등 여타 동맹국 정부 직원들이 파견되어 활동하고 있었다.(2003.5.7. 외교통상부 중동과 발표자료)

〈그림 4-7〉 재건 및 인도주의적 지원국(ORHA) 기구도[63]

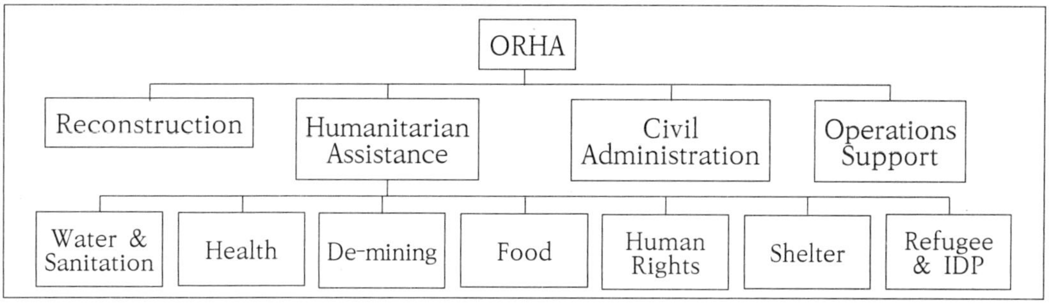

ORHA는 약 4개월 동안 이라크 지도자들과 정부구성 추진, 의견교환 등 정보교환 수준에서 활동하였고, 또한 제7연합합동기동부대(CJTF - 7)의 예하 사단급까지 ORHA 조직의 통신체계와 인력을 구축하는 성과를 나타내기 시작했을 때 갑작스럽게 조직 전체가 교체되어 많은 성과를 나타낼 수 없었다. 연합군 임시행정청은 ORHA의 인력과 조직을 인수·보강하여 〈그림 4-8〉과 같이 11개국으로 편성했다.

〈그림 4-8〉 연합군 임시행정청(CPA) 기구도[64]

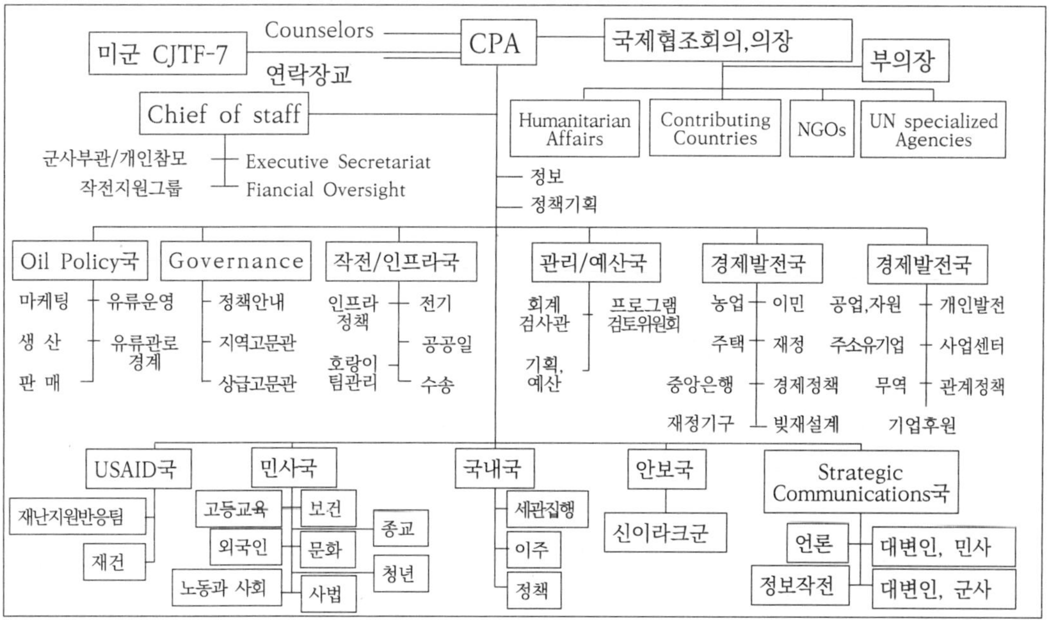

---

63) Taylor-ismor.com.

64) https://books.google.co.kr 〉books.dtic.mil.

연합군 임시행정청은 바드다드를 중앙으로 하고, 북부의 아르빌, 중부의 알힐랄, 남부의 바스라 등에 지부를 각각 운용하였는데, 각 지부의 편성은 연합군 임시행정청 본부와 동일하였다. 연합군 임시행정청의 지부 현황은 〈그림 4-9〉와 같다.

〈그림 4-9〉 CPA 지부 현황[65]

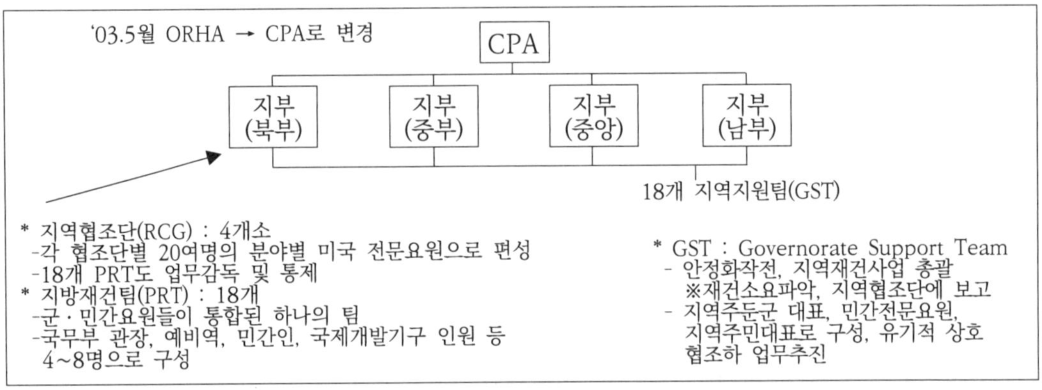

지역협조단(RCG)은 이라크 18개 자치주에서 활동하고 있는 지역지원팀(GST)과 지방재건팀(PRT)을 감독하고 통제하여 안정화작전을 하였다. CPA는 잠정적으로 연합군 군사지원 및 훈련단을 운용하여 신이라크 육군을 창설하였고, 연합군 경찰지원훈련팀을 운용하여 이라크보안군을 육성하였다. 그러나 교육시설과 훈련이 열악하였고 교관은 부족하여 연합군과 인접 요르단으로부터 지원을 받았다. 특히 2003년 후반기에 적대세력이 증가하여 치안유지가 거의 불가능할 때 최초에 배출된 이라크군 병력은 계획상에는 3개 사단 27개 대대이었으나, 실제로는 3개 대대 밖에 안되었다.[66]

배출된 신이라크군의 장비와 군복 및 전투화는 질이 아주 낮았고, 비정규전 훈련도 받지 않은 상태에서 미군과 함께 전투에 참여하였다. 경찰지원훈련팀도 훈련자금과 인력 부족으로 바그다드 외부로 영향력을 확대하기 어려웠다.[67] 그래서 미군 지휘관들은 주둔지역의 치안을 유지하기 위해 2003년 7월부터 이라크 민방위대를 양성하기 시작하였고, 9월 3일 신이라크 육군 및 경찰과 구분되는 이라크 민방위대를 창설하였다. 이라크 민방위대는 최초 6개 대대에서 2004년 4월에 45개 대대 36,000여 명으로 확충되었다.

65) 합참(2003), p.74.
66) 손석현(2014), p.192~193.; Catherine Dale, Operation Iraq Freedom : Strategies, Approaches, Results and Issues for Congress, US Congressional Research Service, 2008, p.80.
67) 손석현(2014), p.193~196.

그동안 미군 지휘부는 연합군 임시행정청이 신이라크군과 경찰을 육성할 역량이 부족하다고 판단하여 군이 담당하기를 부시 행정부에 건의하였다. 그 결과 NSPD 제36호에 따라 이라크보안군 및 경찰의 편성, 훈련, 장비확보 등 임무가 미군 중부사령부로 부여되었다. 중부사령부는 다국적군사령부 예하의 치안전환사령부를 창설하여 이전까지 이원화되었던 육군과 경찰의 훈련을 일원화하고, 저항세력 격퇴를 핵심임무로 하는 '이라크보안군(Iraq Security Forces, ISF)'으로 개명하였다.[68] 이후 이라크보안군은 급격하게 성장하여 이라크 육군은 최초 3개 사단에서 10개 사단으로 증가하였고, 경찰은 특수경찰기동대가 창설되어 준군사부대 임무, 기계화 경찰은 봉쇄 및 탐색작전 임무, 공공질서유지대대는 전통적인 경찰 기능을 수행하였다. 이렇게 성장한 이라크보안군은 2004년 작전에 투입되었는데 실제로는 재앙 수준이었다.

이라크보안군의 대다수 장병들은 전투 의지와 전투능력이 없었다. 초소를 버리고 적대세력을 오히려 도와주었으며, 심지어 육군 2대대는 전투참여를 거부하기까지 하였다. 이러한 시행착오를 거쳐 2008년 10월 31일 현재 국방부, 내무부, 총리실 등 세 기관에서 관장하는 이라크보안군은 총 609,000여 명이 되었다.[69] 이라크보안군에 대한 평가는 상반된 의견이 있으나 어느 정도 주도적이고 독립적인 작전을 성공적으로 수행했다고 평가할 수 있다. 다만 이라크보안군 내에 잔존하는 수니파와 시아파 간의 분쟁을 극복하는 것이 문제점이었다.

한편, 국무부는 주이라크 미국대사에게 다국적군사령부와 협조하여 안정화작전을 추진하도록 하였다. 2005년 6월 칼릴자드 대사가 이라크 대사로 부임 후 2005년 11월 11일부터 이라크 최북단 모술에서 처음으로 군과 민간요원이 통합되어 하나의 팀인 '지방재건팀(Provincial Reconstruction Team, PRT)'을 운용하였다. 지방재건팀의 임무는 치안과 법질서를 증진하고, 정치 및 경제개발을 고양하며, 주민들의 기초요구를 충족시키는데 필수적인 지방행정을 제공하는 능력을 개발함으로써 이라크 지방정부를 지원하는 것이었다. 지방재건팀은 이라크 각 주 1개씩 총 18개를 운용하였다.

안정화작전을 위한 미국과 이라크 신정부의 기구와 조직운용은 이라크가 점차 안정화하는데 기여하였다. 따라서 정부와 군 그리고 민간차원의 전문기구와 조직은 중요한 요인이다.

---

68) 손석현(2014), p.197.
69) 손석현(2014), p.304.

4) 전문인력

이라크전쟁 후 이라크 안정화를 위해 투입된 전문인력은 국방부 소속의 제7연합합동기동부대의 민군작전처, 민군작전본부(CMOC), 예비군으로 편성된 민사부대, 이라크보안군 자문팀, 재건 및 인도주의적 지원국(ORHA)이었고, 국무부 통제하 운용된 연합군 임시행정청, 지역협조단, 지방재건팀과 연방 감독기관의 인력이었다. 이러한 기관들의 인력에 대하여 알아보면, 먼저 제7연합합동기동부대의 민군작전처는 80여 명으로 운용되었고, ORHA 및 CPA와 협조하면서 전반적인 안정화작전 소요종합과 계획수립 그리고 예하부대의 임무를 조정 · 통제하였다.[70]

소령이 본부장인 민군작전본부(Civil-Military Operations Center, CMOC)는 10명 내외로 구성되어 연합군, 비정부기구 및 이라크 지원기구와 협력 관계를 구축하였다.[71] 제7연합합동기동부대 예속부대인 각 사단의 예하 여단에는 민사부대가 편성되어 임무를 수행하였다. 제352민사사령부를 중심으로 제354민사여단 등 4개 민사여단 9개 민사대대 총 1,700여 명의 요원들이 인도적 지원 활동을 하였다.[72]

치안전환사령부는 이라크보안군 육성을 위하여 자문팀을 운용하였다. 이라크보안군의 저조한 훈련수준과 전투능력을 향상하기 위해 2003년 11월부터 2004년 11월까지 자문 요원은 최초 350여 명에서 1,200여 명으로 증가하였다. 자문 요원의 대다수는 상설 훈련부대이며 예비군으로 편성된 육군 제98사단에서 차출하였다. 미군의 여단별 자문팀은 〈표 4-22〉와 같이 편성되었다.

〈표 4-22〉 자문팀 편성 현황(2004)[73]

직 위	계 급	병과 / 주특기
팀장	중령	전투
참모 자문요원(4)	소령(2), 대위(2)	전투
부사관 팀 자문요원	중사~상사	전투
부사관 참모 자문요원(2)	하사~중사	전투
부사관 참모 자문요원(2)	하사~중사	주특기 무관

70) 국방대학교, 『MNF-I 참모 · 협조요원 귀국보고서』(서울 : 국방대학교, 2006); 국방대학교, 『이라크 파병요원 귀국보고서』(서울 : 국방대학교, 2006), p.28~29.
71) 합참(2003), p.147.
72) 합참(2003), p.142.
73) 손석현(2014), p.200.

자문팀은 이라크부대의 군수 · 통신 · 의무와 화력지원분야의 핵심기능을 지원하였다. 자문팀은 임무를 성공적으로 수행하였으나 다음의 재건기구 인력들은 전문인력이라고 할 수 없다.

재건 및 인도주의적 지원국 책임자인 제이 가너(Jay Garner)는 임무개시 후 6주 동안 167명이 4월 21일 바그다드에 도착했으나 바그다드 전화전환시스템이 불통되어 이라크인과도 통화가 불가하였고, 북부 지역의 아르빌과 남부의 바스라지역의 주요 지역담당 요원들과도 소통이 안되었다. 그래서 미군부대에 긴급요청하여 비화 인터넷통신망(Secret Internet Protocal Router Network, SIPRNET)을 연결하였으나 통신 병목현상이 발생하는 등 원활한 통신소통이 제한되었다.[74)]

재건 및 인도주의적 지원국은 인력을 계속 충원하였고 결국은 최초 판단했던 350명보다 약 8배 많은 2,500여 명이 충원되었다.[75)] 후에 가너 국장은 "우리에게는 책상, 사무실, 전화를 포함하여 갖추어진 것이 없었다. 아랍어를 구사하는 직원도, 지역전문가도, 군사 계획 요원도 없었다."고 하여 사실상 이라크 재건준비가 되어 있지 않았음을 알 수 있다.

부시 대통령의 특사이었던 연합군 임시행정청 책임자인 브레머 행정관(Paul BREMER)은 외교와 개인기업 분야에서는 경험이 있었지만, 평화유지나 비상작전 또는 전후 재건의 경험은 없었다.

브레머 행정관은 민군합동작전에 관여한 적도 없었고, 국제개발 경험도 없었으며, 중동근무 경험도 없는 것은 물론 아랍어를 구사하는 것도 아니었다.[76)] 브레머 행정관은 기존의 ORHA 부서들을 교체하면서 약 600여 명의 인원을 수용하였으나 급증하는 이라크의 안정화 프로그램에 소요되는 인력은 한참 모자랐다. 특히 계약사무소 직원의 충원은 지독하게도 되지 않았다. 그리고 조직 창설 지연, 참모의 짧은 교대주기, 인력들의 분산 입국 등 통치기구로서의 조직과 인원들은 적시에 필요한 능력을 구비하지 못했다.[77)]

충원된 직원들은 대부분 자신이 맡고 있는 분야에 대한 경험이 없었다. 예를 들어 테니스 선수 출신이 이라크 안보문제를 다루고, 이라크 주식시장 문제는 정치학을 전공한 24세의 공화당원이었다. 그리고 이라크 아부그레이브 감옥의 포로 심문 및 정보분석을 담당할 적

---

74) The Special Inspector General for Iraq Reconstruction, *Hard Lessons*, US : Create Space Independent Publishing Platform, 2013, p.58~59.
75) 최철환 역, 『이라크 재건의 뼈아픈 교훈』(서울 : 국방부 군사편찬연구소, 2013), p.78.
76) 최철환 역(2013), p.105~106.
77) 손석현(2014), p.137.

절한 인원이 배치되지 않았다.[78] 연합군 임시행정청은 2003년 4월부터 근무했던 인원은 해체 시까지 직원 1,196명 중 7명 밖에 없었다. ORHA와 CPA의 인력은 비전문가들이 개인의 경력을 쌓기 위해 지원하고 충원되었음을 알 수 있다.

다음은 지방재건팀(PRT)의 전문인력이다. 아프가니스탄에서 지방 안정화 임무에 성공한 칼릴자드 미국 대사는 이라크로 부임 후 아프가니스탄 안정화에 기여했던 지방재건팀(Provincial Reconstruction Team, PRT)을 2005년 11월 이라크 북부의 모술에서 처음 운용한 후 4년간 각 주 1개씩 18개를 운용하였다. 국가별로는 미국 7개, 영국 · 이탈리아 · 한국이 각 1개 그리고 이라크가 8개를 운용하였다. PRT는 지방정부 통치와 경제면에서 지방정부를 가르치고 멘토링을 하기 위한 조직이었다. 운용의 의미는 군과 민간인들이 단순한 파트너십을 가지고 독립적으로 일하는 것보다 군 · 민 요원들이 '하나의 통합된 팀'으로 일하는 공식적인 조직을 운영하는 것이었다.

PRT 인원은 군 · 민 공조체제를 하기 위해 국방부와 국무부는 물론 미국 · 이라크 정부, 다국적군사령부 그리고 주이라크대사관 직원이 포함되어 임무를 수행했다.

〈그림 4-10〉 지방재건팀(PRT) 기구도[79]

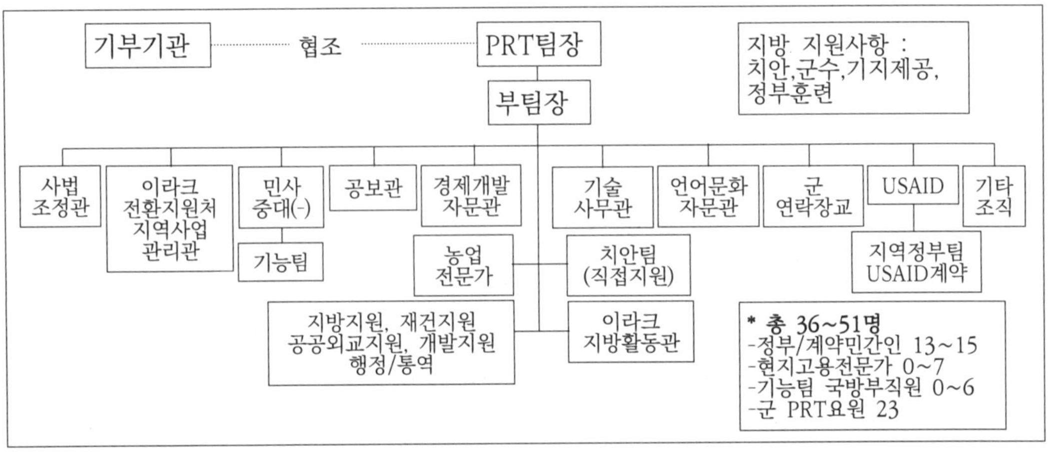

PRT의 팀장은 외교 경험이 풍부한 국무부 요원이 대내 · 외 협력을 강화하였고, 현역 군인인 부팀장은 팀장을 군사적으로 보좌하고 미군과 협조체제를 구축하였다. PRT 조직은

78) 이근욱(2011), p.171.

79) Mains, Col. Steven, *PRT Playbook : Tactics, Techniques and Procedures*, Fort Leavenworth, 2006, p.66.; http://usacac.army.mil 〉files 〉publications.

팀장, 부팀장, 사법조정관, 지역사업관리관, 민사팀, 공보관, 경제개발자문관, 농업전문가, 기술사무관, 언어문화자문관, 지방활동관, 치안팀, 연락장교, USAID, 지방지원, 재건지원, 공공외교지원, 개발지원, 행정 및 통역 등 전문 분야별로 총 36~51명으로 편성되어 임무를 수행하였다.

이라크재건 특별참모부(SIGIR) 보고서에 의하면, 2006년 PRT 인원 중 수의사가 농업프로그램을 개발하고 항공정비관리자가 공동팀장이었으며, 해군잠수함장 · 초음파 기술자 · 보병훈련부사관을 포함한 인원들이 지방행정관 자문위원인 것을 발견하였고, 9개 지방재건팀과 4개 사무실의 임무 수행을 평가한 결과 4개소는 일반적으로 가능, 4개소는 다소 가능, 3개소는 능력 부족, 2개소는 전반적으로 능력이 부족했다.[80]

임무 수행 결여의 결과는 PRT 조직의 인원 미보충, 예산 부족, 경계 미제공 등 임무 수행을 제한하는 요인들이 상존하였기 때문이었으며, 미국 국무부는 문제를 해결하기 위하여 국방부와 협조하여 경계제공, 시설 · 장비 지원 그리고 PRT 운용자금의 집행 등에 관한 양해각서(MOA)를 체결하였다. 양해각서는 지역재건팀과 지방지원팀(Provincial Support Teams, PSTs) 그리고 embedded PRTs를 포함하여 모든 PRT를 지원하는 내용이었다.[81] ePRT(embedded Provincial Reconstruction Team)는 아프가니스탄에서 볼 수 없었던 조직으로 2007년 미군 증파 이후 시행되었다. ePRT는 현행작전을 하는 미군의 여단 · 연대가 이라크보안군에 의하여 치안을 유지하고 저항세력 격퇴, 경제개발, 지방정부능력 육성, 기타 시설을 재건하는 것을 직접 지원하는 조직이었다. ePRT 편성은 아래와 같다.

〈그림 4-11〉 지방재건팀(ePRT) 기구도[82]

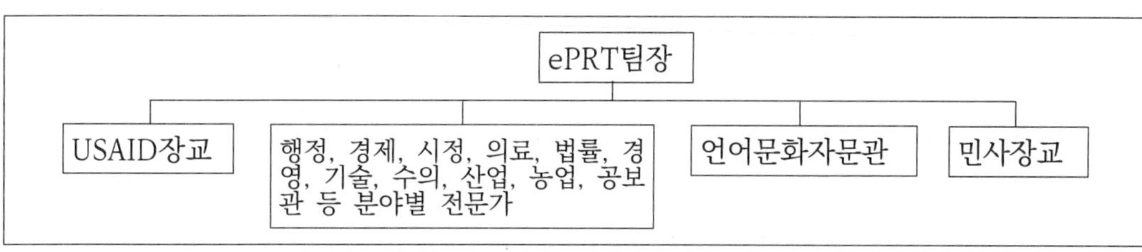

ePRT는 2007년 말부터 2009년 말까지 최대 15개 팀이 활동하였다. 팀원은 예비역, 민간인, 국제개발처에서 충원된 4~8명으로 편성되어 정치, 경제, 문화 분야 등에서 여단 · 연

80) 최철환 역(2013), p.323.
81) Mains, Col. Steven(2006), p.74.
82) Mains, Col. Steven(2006), p.70.

대급 지휘관과 함께 유기적으로 안정화작전을 추진하였다.

미국의 PRT 프로그램은 이라크의 중앙과 지방정부의 행정 · 기반시설 · 치안이 안정된 가운데 점차 전쟁의 피해를 극복하고 재건하는데 일조하는 것으로 그 현황은 2007년 말 기준으로 30개까지 확대되었고 2011년 중반까지 활동하였다. 2005년부터 2011년까지 이라크에서 활동한 PRT의 현황은 〈표 4-23〉과 같다.

〈표 4-23〉 PRT 설치 현황(2005~2011)[83]

구 분	2005 말	2006 말	2007 말	2008 말	2009 말	2010 말	2011 중반
PRT	4	5	10	14	15	15	1
ePRT	·	·	15	11	6	·	·
PST	·	·	7	4	·	·	·

3 행위적 요인분석

1) 갈등관리

이라크전쟁에서 갈등의 원인과 갈등관리는 다양하였다. 먼저 갈등의 원인은 첫째, 미국과 이라크의 국가 간의 갈등이다. 미국은 이라크가 테러조직을 비호하고 핵시설과 무기를 개발하며 대량살상무기 등을 이용하여 세계평화를 위협한다고 판단하였다. 둘째, 이라크전쟁을 주도한 미국 국방부와 정부 부처 간의 갈등이다. 럼스펠드 국방부장관은 국무부가 전후 예상되는 문제점들을 제공하였음에도 불구하고 이라크전역(Iraq Campaign) 계획에 제대로 반영하지 않아 약탈과 폭동이 발생하였을 때 안정화작전을 제대로 시행할 수 없었다. 셋째, 연합군 임시행정청의 독단적이고 전격적인 바트당원과 이라크군 해체로 근본적인 원인을 제공하였다.

미군은 이라크인의 조직적이고 산발적인 저항을 저지할 병력이 부족하였다. 그래서 미군은 2004년 이슬람 수니파와 팔루자 지역에서, 시아파와 나자푸 지역에서 전투하였으며, 전

83) Stuart W. Bowen, *Learning from Iraq : Final Report from Special Inspector General for Iraq Reconstruction*, US council, 2013, p.44.

쟁의 양상은 '미국↔수니파', '미국↔시아파', '수니파↔시아파'라는 삼면전쟁으로 상호 간에 적대세력의 대상이 확대되었다. 2006년에 활동한 적대세력의 현황은 〈표 4-24〉와 같다.

〈표 4-24〉 적대세력 현황(2006)[84)]

구 분	T & FF (Terrists & Foreign Fighters)	SDM(Saddamists)	IZR(Iraq Rejectionists)
주요조직	· AQI 이라크알카에다 · AS 안사르 알 순나 · MA 무자헤딘군 · IAI 이라크 이슬람군 · SAJ 사라야 알 지하드 · AA 아부 아이만 등	· Green Battalion · JM 제이쉬 무하마드 · 페다인 민병대 · 복귀당 · Alkar 알카르 · Baath Party 구바트당	· JAM 마흐디군 · 1920 혁명여단 · GoI(Gangs of Iraq) · AoG(Army of Guardian) · SN(Sheibani Network) · 바드르군

적대세력이 활동했던 주요지역은 이른바 수니 삼각지대이었다.[85)] 넷째, 수니파와 시아파 간의 오랜 종파 분쟁과 신정부 권력을 차지하기 위한 권력투쟁이었다.

이와 같이 다양한 갈등의 양상이 있었음에도 불구하고 미군은 저항세력 격퇴와 안정화작전을 병행하면서 그동안의 전통적인 전투수행방법에서 탈피하여 새로운 전술을 도입하고 이라크를 안정화하였다. 미군이 성공한 갈등관리는 다음과 같다.

첫째, 주민의 참여적 의사결정방법을 활용하였다. 전쟁 초기 제101공정사단은 모술의 니네와(Ninewa) 지역에서 주민 안전이 최우선이라는 목표를 가지고 소외된 수니파 주민들을 정치발전 과정에 끌어들여 소통하면서 정보를 수집하고 안정화했다. 또한, 2006년 6월 안바르(Anbar) 지역의 수니파 부족장 50여 명이 주민들에게 미군을 도와 알카에다에 저항하도록 자발적으로 촉구하는 '안바르 각성운동(Anbar Awakening)'이 일어나 미국과 협력하여 치안을 확보하고 안정화하였다.

둘째, 미군은 갈등의 요인을 분석하여 주민과 저항세력을 분리시키는 작전을 시행하였다. 2004년 가을 2차 팔루자(Fallujah) 전투에서 미군 해병대 새 틀러 중장은 전투 개시 전에 주민들에게 전단 살포, 라디오 방송, 구두 전달 등으로 도시지역을 떠나도록 독려한 후에 저항세력을 격퇴하고 도시를 정상화하였다. 또한, 제3기갑수색연대장 맥마스터는 2005년

84) 이라크 평화재건사단(2006), p.42.
85) 수니 삼각지대는 바그다드를 포함해 안바르, 살라딘, 디얄라, 니느와 등 5개 지역이다. 그중 공격이 가장 집중되었던 3개 지역은 바그다드, 안바르, 살라딘 지역이었다. 이근욱(2011), p.239.

7월 탈 아파르(Tal Afar) 지역에서 화력 위주의 작전보다 '소탕(Clear), 장악(Hold), 구축(Build)'이라는 3단계 작전을 개시하여 적대세력을 소탕하고 치안을 확보하였다.

셋째, 미국은 2007년 2월부터 6월까지 미군 2만 명을 증파하여 도시를 안정화하였다. 증파 병력은 대부분 바그다드에 집중 배치된 가운데 소탕, 장악, 구축의 3단계 전술로 주민의 안전을 확보하였다. 주민안전을 위해 미군은 바그다드 내로 유입하거나 도주를 차단하기 위해 3m 높이의 콘크리트 장벽을 총 30km 설치, 검문소 27개 설치, 교통통제소 8개 운용, 차량출입구 1개 운용, 도보출입구는 3개를 개방하였다. 미군은 통행금지시간을 설정하고, 출입하는 주민의 지문과 홍채정보를 이용하여 적대세력을 식별하고 통제하는 폐쇄적 공동체(Gated Communities)를 운용하였다.[86] 미군이 확보한 지역은 점차 이라크보안군에게 인계하고, 미군은 점차 도시 외곽으로 확대 전환하여 이라크 전역으로 적용하였다. 미군의 작전결과는 대성공이었다. 알카에다 조직은 도시지역에서 은거지를 상실한 채 축출되었다.

넷째, '협상'을 통하여 휴전 합의를 체결하였다. 적대세력의 규모는 적게는 10명, 많게는 800명 정도 병력을 보유한 채 전국에 산재했는데 미군은 2008년 말까지 이들과 협상을 하여 총 778개의 무장조직과 독립적인 휴전 합의를 하였다.[87]

2) 신속성

'미국은 후세인정권을 축출한 후 아프가니스탄에서 했던 것처럼 6개월 내 문민정부를 수립하고 이라크의 주권과 권력을 이양하려고 하였다. 그러나 주요전투 종료 후 1년이 경과한 2004년 6월 28일 되어서야 이라크의 임시정부가 출범하였고, 2005년 5월 3일에 과도정부가 수립되는 등 미국의 최초 의도대로 정치일정이 순조롭게 진행되지 않았다.

이렇게 지연된 원인은 첫째, 미군의 이라크 공격계획(COBRA Ⅱ)에 제Ⅳ단계 작전계획이 구체화되지 않은 채 하달되어 40일 만에 후세인정권을 붕괴시켰으나 이라크 초기 혼란을 차단할 안정화작전 준비가 되어 있지 않아 전쟁이 장기화되었다. 둘째, 후세인이 2003년 12월 30일 체포될 때까지 은거하면서 미군에 저항하도록 적대세력에게 선전 선동하여 이라크 저항을 불러왔다. 셋째, 이라크재건을 위한 구조 및 재건기금(IRRF)의 요청이 너무 늦었고 소규모이어서 재건의 효과가 미약하였다. 이라크 공격 후 1개월이 지난 4월 16일

86) 손석현(2014), p.280, 282.
87) Thomas E. Ricks, *The Gamble*, New York : Penguin Press HC, 2009, p.215.

부시 대통령은 의회에 재건기금 승인을 요청했는데 악화될 상황을 판단하지 못하고 24억 7,500만 달러를 요청하였고 이마저도 재건 및 인도주의적 지원국은 써보지도 못했다. 넷째, 연합군 임시행정청은 바트당원과 이라크군을 해산하는 바람에 재건을 위한 공무원들의 국가정보를 활용하지 못했다. 그래서 인력을 처음부터 새로 선발하고 교육을 하는 등 안정화작전은 늦을 수 밖에 없었다. 다섯째, 이라크 임시정부는 종파 간의 무장단체에 대한 해산명령을 방임하여 이라크 안정화에 역행하였다. 시아파 사드르 민병대, 바드르 민병대, 수니파 이라크의 아들 등 무장단체가 활동해도 해체명령을 발령하지 않았다. 여섯째, 미국 국무부의 안정화작전을 위한 조직과 전문인력들이 너무 늦게 활동하였다. 미국의 민사여단과 대대들이 민사작전을 하였지만 인도적 지원과 재건 규모, 예산 면에서 제한적이었다. 지방재건팀은 2005년 11월 지역지원팀는 2007년 말 활동을 개시하였다.

위와 같이 다양한 요인들이 안정화작전의 지연을 초래하였는데 이 중에서 가장 중요한 요인은 사전에 제Ⅳ단계 작전계획이 구체적으로 작성되지 못한 것이었다.

3) 능력의 구비

미국은 압도적인 군사력으로 이라크군을 조기에 격멸하고 후세인정권을 붕괴시켰으나 이후 발생한 종파간 분쟁, 살상, 약탈, 테러 등 사회 갈등과 혼란을 통제할 능력을 갖추지 못하였다. 이러한 원인은 첫째, 중부사령부 제Ⅳ단계 작전계획이 예하의 연합지상구성군사령부(CFLCC) - 5군단 - 각 사단급까지 개념 수준으로만 작성되었고 구체적으로 작성되지 않아서 안정화작전 준비가 되어 있지 않았다. 둘째, 초기 재건 및 인도주의적 지원국의 인력들은 아랍어를 구사하는 직원도 없었고, 임무를 수행할 책상, 예산, 통신 등의 준비가 되어 있지 않았다. 셋째, 연합군 임시행정청도 임무를 수행할 준비가 되어 있지 않았다. 소요인력의 1/3은 충원되지 않았고 충원된 인력도 비전문가가 많았으며 평균 90일 정도 근무하고 떠났다. 넷째, 이라크보안군은 호국정신의 군인정신과 국가안보의 사명감이 부족하였고 종파별 집단이기주의에 따라 행동하였다.

미국이 이와 같은 어려움을 극복하고 혼란한 이라크 상황을 안정화할 수 있었던 요인은 다음과 같다. 첫째, 재건 및 안정화 조정관실을 신설하고 정부 차원의 컨트롤타워 체계를 구축하여 전반적인 안정화작전을 조정·통제할 수 있었기 때문이었다.

둘째, 전통적인 화력 위주의 작전으로는 이라크전쟁에서 승리하기 어렵다는 현실을 깨닫고 과거부터 적용해 온 작전형태를 분석하고, 새로운 전투수행방법을 정립하여 시행하였다.

이 방법은 제3기갑수색연대와 제1전투여단의 '소탕, 장악, 구축'의 3단계 작전형태이었다. 3단계 작전개념은 이후에 미군 교리에 반영되어 2006년 말 대반란전 야전교범으로 출간되어 활용되고 있다.

셋째, 이라크에서의 비군사적인 활동은 국무부와 주이라크 미국대사가 책임을 지고, 이라크보안군 육성책임은 미군 중부사령부에게 부여하여 다국적군사령부 예하 치안전환사령부가 훈련과 장비지원의 책임을 갖고 체계적으로 훈련하였다. 재앙 수준이었던 이라크보안군의 전투준비태세를 향상시키기 위하여 전환태세평가체계를 개발하고 미흡한 부대는 일정한 수준에 도달할 때까지 훈련을 강화하였다. 이라크보안군의 전환태세평가수준과 측정결과는 〈표 4-25〉와 같다.

〈표 4-25〉 전환태세평가수준과 측정결과(2005.7)[88]

수 준	수행능력 정도	평가결과
Level 1	대반란작전을 계획, 수행 그리고 지속할 수 있는 부대	1개부대
Level 2	이라크보안군 또는 동맹국 지원으로 대반란작전 계획, 수행 그리고 지속할 수 있는 부대	24개부대
Level 3	동맹부대와 연합해 부분적으로 대반란작전 할 수 있는 부대	·
Level 4	아직 훈련중이나 대반란작전을 수행하지 못하는 부대	·

미군의 전환태세 평가항목은 병 개인, 지휘 및 통제, 군수 지속성, 훈련, 장비, 리더십, 수행능력 등 7개 요소이었다. 평가결과 이라크보안군 대부분의 부대는 독립작전을 수행할 수 있는 Level 1 수준이 아니었다. 그래서 치안을 유지할 수 있는 질적 수준을 높이기 위하여 노력하였고, 그 결과 2008년 6월 바스라 지역과 사드르시티 지역에서의 전투에서 독립작전을 성공적으로 수행하고 치안을 유지할 수 있는 능력이 입증되었다.

넷째, 미군은 이라크 주민의 의식성향과 문화 차이를 이해하기 위해 교육훈련체계를 새로이 구축하였다. 미군의 사고방식과 행동은 중동의 문화와 차이가 있어 전쟁 전부터 환영받지 못했다. 그래서 다국적군사령관은 중동의 문화를 이해하기 위하여 바그다드 북부의 캠프 타지(Taji)에 '대반란작전 아카데미'를 설립하고 이라크로 부임하는 모든 장병은 5일

88) https://books.google.co.kr 〉books(Stabilizing Iraq : Factors Impending the Development of Capable, Appendix 2).

동안 대반란전 교육을 받게 하였고,[89] 2007년 미군 교육사령부는 지휘관들에게 지역 주민들의 사회문화적인 정보(문화적 상황, 역사, 종족분포, 지역 관심사항, 언어 등)를 제공하는 'Human Terrain System, HTS' 프로그램을 지원하여 군사정보 뿐만 아니라 인간정보를 토대로 효과적인 작전을 수행하도록 지원하였다.

다섯째, 미국은 이라크 지방행정체제와 기반시설을 복구하여 지방정부가 행정력을 발휘할 수 있도록 재건기구들을 운용하였다. 미국은 2005년 11월부터 2011년 중반까지 이라크의 18개 주 전체에 대하여 PRT, ePRT, PST를 운용함으로써 적대세력의 방해와 생명의 위험에도 불구하고 2007년부터 이라크 정세를 안정화할 수 있었다. 미국이 이라크에서 안정화작전을 할 수 있었던 능력은 창의적인 전투수행방법 개발, 군사·비군사 책임 부서 이원화, 사회문화정보 교육, 재건기구들이 있었기 때문이며, 이러한 능력을 구비 할 수 있어서 이라크 안정화가 가능하였다.

이라크전쟁에서 미국은 과거 베트남전쟁에서 미흡했던 사회문화정보 교육과 재건기구들의 활동을 분석하고 발전시켜 안정화작전을 추진하였다.

지금까지 이라크전쟁에서 정치·제도적 요인, 경제·기능적 요인, 행위적 요인들이 안정화작전에 미친 영향을 분석하였다. 제반 요인들을 분석한 결과는〈표 4-26〉과 같다.〈표 4-26〉에서 정치·제도적 측면의 2번·3번 요소는 자유민주주의체제 하에서 이루어지는 정치 행위이고 4번·5번 요소는 국제법과 국내법을 검토하여 안정화작전이 가능한 법령 정비를 한다는 측면에서 같은 맥락이다. 6번과 경제·기능적 요인 측면의 7번·8번·11번 그리고 행위적 요인 측면의 15번·20번 요소는 국가 차원의 컨트롤타워에서 할 수 있는 사항이다. 경제·기능적 요인 측면의 9번과 행위적 요인 측면의 21번 요소는 안정화작전에 필요한 부대의 교육·훈련 측면에서 동일한 내용이다. 10번과 행위적 요인 측면의 18번·19번 요소는 정부 차원에서 결정하여 다루어져야 할 요인으로 볼 수 있다. 12번과 행위적 요인 측면의 22번은 민·관·군 인력이 함께 파견되어 안정화작전을 할 수 있는 능력을 구비할 수 있다. 또한, 13번·14번과 행위적 요인의 16번·17번 요소는 안정화작전의 사전준비 면에서 같은 내용이다. 따라서 식별된 요소를 조정하면, 정치·제도적 요인 측면 4개, 경제·기능적 요인 측면 5개, 행위적 요인 측면 5개 등 14개의 요인이 식별되었고, 최종 정리하면 8개 요인이다.

89) 이근욱(2011), p.414.

〈표 4-26〉 이라크전쟁 안정화작전 분석결과

구 분		분석 내용	식별된 요소	분석결과
정치·제도적 요인	국제사회 환경	·후세인 국제사회 지지실패 ·미국 국제사회 지지없이 전쟁	1.국제사회 협력과 지지 획득 추진	☆ (보통)
	정치체제	·후세인 독재정권 유지 ·총선후 시아파 권력장악, 수니파 탄압	2.주요정파 참가, 합의에 의한 국가체제 확립 3.자유민주주의 정당정치보장	☆ (보통)
	법규 시행	·유엔 미승인하 이라크침공 ·미 고문합법 의견 및 무력 사용결의안 국제법 위반 ·안정화 관련 미비법 제정	4.국제법과 연계 합법적으로 진입방법 연구 추진 5.안정화 관련 국내법 정비 6.민·관·군 재건체제 구축	□ (미미)
경제·기능적 요인	계획 사전준비	·국방부, 군 안정화작전계획 미구체화, 개념수준 작성 ·CPA 해체정책으로 혼란초래 ·창의적인 전투수행방법 개발	7.정부차원 안정화작전계획 수립 8.정부 전략과 연계된 민·관·군 안정화정책 추진 9.창의적인 준비(교리,훈련등)	★ (핵심)
	기구와 조직	·이라크보안군 육성 한계 ·재건권한을 국무부로 전환 ·정부내 안정화기구 신설	10.적대세력해체, 안정화기구 창설 추진 11.안정화작전 총괄부서 편성	☆ (보통)
	재원과 전문인력	·ORHA와 CPA 비전문성 ·감찰기구 운용, 부패적발 ·전쟁개시 후 재건기금지원	12.전문인력 육성·관리 필요 13.제대별 감찰기구 운용추진 14.사전 충분한 재원확보	☆ (보통)
행위적 요인	갈등관리	·국방부 타 정부부처 배척 ·제Ⅳ단계 작전계획 미흡, 초기혼란 해결 실패 ·CPA정책 실수로 갈등유발	15.정부 안정화작전 총괄부서 필요, 종합계획 수립 16.발생가능한 유형 고려 갈등관리제도 개발 필요	★ (핵심)
	신속성	·계획·기구·예산 지원 지연 ·불법 무장조직 해산미발령으로 안정화작전 방해 ·후세인체포 지연, 갈등증대	17.최초 계획에 법령, 기구, 예산, 전문가 등 구체화 18.불법 무장조직 조기 해체 19.저항세력 1표적 신속제거	☆ (보통)
	능력의 구비	·ORHA, CPA 능력 미구비 ·안정화작전 교육훈련 미실시 ·군사, 비군사분야 권한분리	20.정부내 컨트롤타워에서 안정화작전 지휘·통제 추진 21.안정화작전 교육훈련 추진 22.민간기구 능력구비 필요	☆ (보통)

결론적으로 안정화작전의 요인은 첫째, 국제사회의 지지와 협력을 얻도록 치밀한 외교력이 필요하다. 후세인은 장거리 미사일을 폐기하는 등 노력을 했음에도 불구하고 국제사회에서 불법정권으로 인식되었고, 미국은 유엔의 승인이 없었지만 국제사회의 지지를 받았다. 둘째, 정치체제는 자유민주주의체제 하에서 다양한 계층이 참여한 가운데 국민적 합의에

따라 수립되어야 한다. 후세인정권을 축출 후 권력을 장악한 시아파는 국가조직을 이용하여 수니파 주민을 학살하는 등 인권을 침해하는 행위가 심각하였다. 셋째, 보편타당한 인류애에 바탕을 두고 안정화작전을 할 수 있도록 국내법을 정비하고, 국제법에 의하여 안정화작전이 가능하도록 대책이 강구되어야 한다. 미국의 이라크 침공은 유엔헌장을, 포로 학대는 제네바협약을 위반하였다. 넷째, 전쟁 수행과 재건의 임무를 처음에 국방부에 부여했으나, 국방부는 준비단계에서부터 타 부처에 배타적이었고, 결정적으로 제Ⅳ단계 작전계획을 소홀히 하여 대비를 하지 못했다. 이러한 문제를 해결하기 위하여 미국은 전반적으로 안정화작전을 관장할 컨트롤타워인 재건 및 안정화조정관실을 국무부에 설치하여 군사작전은 국방부, 이라크 재건은 국무부로 권한과 책임을 이원화함으로써 이라크를 안정화하였다. 다섯째, 군은 안정화작전과 관련된 임무필수과제를 교육과 훈련으로 숙달하여 작전 수행능력을 구비하여야 한다. 즉 민사부대, 안정화사단, 헌병, 경찰, 민간기구들은 교육과 훈련을 통하여 안정화작전을 할 수 있는 능력을 키워야 한다. 이를 위해 간부들은 전술토의, 대반란전 교범 및 전사 탐독 그리고 현지의 사회문화 정보 등을 숙지하고, 부대는 전투장비와 물자를 100% 가동상태로 유지하고 전환태세평가를 통하여 Level 1에 도달해야 한다. 여섯째, 불법조직 해체, 조직 창설, 주요인물 체포 등 민감한 사안은 정부 차원의 결정이 필요하다. 바트당원과 이라크군을 전격적으로 해산하여 얻은 교훈처럼 적대세력이라고 계획없이 해체하면 일자리가 없어진 인력들은 적대세력에게 의탁하여 갈등의 원인이 될 수 있다. 일곱째, 해외파병을 통하여 민·관·군 안정화작전 능력을 제고한다. 미군은 주요전투 후 예상치 못한 상황에 대하여 충분한 준비를 하지 못하는 바람에 이후에 고전하였다. 따라서 미군 사례를 타산지석으로 삼아 다양한 전쟁과 분쟁의 환경에서 민·관·군 전문인력들이 안정화작전 경험과 수행 절차를 숙달하고 후에 이러한 인력들의 경험을 활용하여야 한다. 여덟째, 안정화작전을 위한 작전계획, 기구와 조직, 예산, 갈등관리제도 등은 사전에 준비되어야 한다. 미군은 제Ⅳ단계 계획 소홀, 조직과 인력 불충분, 예산지원 지연 등 전쟁준비 미흡으로 주요전투 종료 후 살상, 혼란이 발생하였을 때 이를 초기에 안정화하는데 실패하였다. 이 중에서 특히 다양한 갈등양상에 따른 갈등관리제도를 개발하여야 한다. 주민 간 살상, 종교분쟁, 자원약탈, 외부세력 유입, 무장세력 활동 등 다양한 갈등요인들이 안정화작전 간에 활동한다. 갈등을 원만하게 해소할 수 있도록 정부는 관련 법령 정비, 전문기구와 조직 설치, 전문인력들이 준비되어 있어야 한다. 미국은 이라크전쟁에서 주민들의 참여적 의사결정 유도, 협상, 갈등원인 분석, 증파, 재건조직 운용 등 다양한 방법으로 갈등을 해소하려고 노력하였다.

제5장

안정화작전 방안

제1절 국제사회 여건조성

1 국제법 근거

북한은 2016년 9월에 제5차 핵실험, SLBM(Submarine Launched Ballistic Missile, 잠수함 발사 탄도유도탄)과 미사일 등을 거침없이 발사하여 시험하였다. 북한의 도발로 유엔안전보장이사회는 결의 제2321호를 통하여 과거 4회의 핵실험에 대한 대북제재를 더 강화하였다.[1] 그래서 북한은 국제사회에서 운송, 대외교역, 군사용 연료수입, 자원수출, 금융, 인권 등에서 제재를 받아 사면초가에 있다.

국제법은 국제사회의 보편적인 법규범이고 가장 보편적인 것이 조약이다. 조약은 문서에 의하여 합의된 내용으로 조약의 종류는 협정, 협약, 의정서, 선언서, 규정, 규약, 헌장, 각서가 있으며, 선언, 의결, 권고는 해당되지 않는다.

조약은 국제법의 주체 간에 맺어진 합의이며 조약을 체결한 당사국만 구속한다. 조약은 국가 간의 체결이 보통이지만 국제기구에 가입하고 조약을 체결하기도 한다. 남·북한은 국제정치학적으로 국제법이 차지하는 비중이 상당히 크다. 그 이유는 첫째, 남·북한의 6·25전쟁과 관련된 것이다. 전쟁 후 남북이 미국·중국과 맺은 협정에 의해 한반도 질서가 이루어지고 있다. 둘째, 북한이 핵실험과 미사일을 계속 발사하여 유엔안보리의 제재를 받는 등 한반도에 국제법이 지속적으로 적용되고 있다. 셋째, 한반도가 강대국 간 힘의 균형이 이루어지고 있는 지정학적 위치이어서 어느 일방에 의하여 압도적으로 우세하도록 일방적인 외교정책을 수립하고 추진하는 것이 제한된다. 이러한 이유로 한국정부가 주도적으로 한반도 상황을 유리하게 조성하는 것이 상당히 어렵다.

한편, 「유엔 헌장 제2조 3항」[2]에 의하면 분쟁의 평화적 해결을 규정하고 있다. 즉 국제재판, 중재, 협정, 평화유지군 등 평화적인 방법으로 분쟁을 해결하도록 하고 있다. 또한, 제2조 4항은 "모든 회원국은 · · · 어떠한 기타 방식으로도 무력의 위협이나 무력행사를

1) 유엔안전보장이사회 결의 1718호(2006), 1874호(2009), 2094호(2013), 2270호(2016).
2) 모든 회원국은 그들의 국제분쟁을 국제평화와 안전 그리고 정의를 위태롭게 하지 아니하는 방식으로 평화적 수단에 의하여 해결한다.

삼간다"고 규정하고 있어서 타국에 대한 무력사용을 금지하는 '유엔헌장의 심장'이다. 분쟁의 평화적 해결과 무력사용 금지원칙은 국제평화를 규정하는 핵심내용으로 북한지역에 어떠한 타국의 군사개입은 없도록 해야 한다. 그런데 1961년 7월 6일 「조 · 중상호원조조약」이 체결되어서 "북한이나 중국은 일방이 무력침공을 당하거나 개전상태에 놓이면 지체없이 군사원조" 하게 규정되어 있다.

한국은 민족의 동질성 회복을 위하여 북한지역에 개입하여야 하나 현실적으로 많은 국제법적 제약이 존재하고 있다. 북한의 공식적인 요청으로 개입하지 않는 한 명분이 미약한 국제정세이다. 한국은 국제사회의 제약조건을 극복하고 합법적인 국제법에 근거하여 북한지역에 개입하도록 한다. 이러한 방법은 다음과 같다.

첫째, 북한지역으로 개입할 수 있는 새로운「6자회담 조약」을 체결한다. 독일통일에서 식별된 발전방안으로서 한국정부는 동 · 서독의「2+4회담」처럼 한반도 통일에 대한 주변국의 동의와 국제협력을 도출해내는 외교활동으로 새로운 6자회담 조약을 체결하고 개입하는 방법이다. 둘째, 남 · 북한 간에「특정한 상황발생 시 군 지원 협정」을 체결한다. 군부대는 가칭 '한반도 재난복구군'으로 명명하고 상호 파병하는 방법이다. 북한 군부가 강력히 반대하리라 생각하지만, 충분히 시도할 만하다. 압록강 · 두만강 홍수, 겨울 폭설, 메르스 · 사스 · 신종플루 · 코로나와 같은 중증급성 바이러스 발생 시 공병 · 의무 · 통신 등으로 편성된 남 · 북한 재난복구군이 파병되어 합동으로 지역복구와 주민의 안전을 도모함으로써 남북 간의 신뢰 분위기를 조성하는 계기를 마련할 수 있다. 셋째, 북한 내부의 불안정으로 체제붕괴 시 '평화유지군'으로 참가한다. 이때 유엔의 평화유지군으로 중국과 러시아도 자국민의 보호, 국경통제 등과 관련한 역할을 할 것으로 본다. 그래서 한국군도 유엔군의 일원으로 북한에 진입한다. 넷째, 중국이 북한과 체결한「조 · 중 상호원조조약」을 파기하도록 한국정부가 중국과 북한에 요구한다. 이 내용은 제3절 정책 분야에서 후술한다.

2 국제법 외 북한지역 개입조건

한 국가가 타국으로의 군사개입은 원칙적으로 유엔헌장 제2조 4항에서 금지하고 있다. 그러나 '예외없는 법률은 없다'는 말처럼 군사개입의 금지 규정에도 예외는 있다. 국제사회는 특정한 상황에서 다음과 같이 예외적으로 군사개입을 인정하고 있다. 첫째, 피개입국(북한)의 요청이다. 국가의 자유의사를 존중하는 것이 국제법의 원칙이므로 피개입국(북한)이 타국의 군사개입을 요청하는 경우 이것은 합법적인 개입으로 인정하고 있다. 요청에 의한 개입은 자국의 힘만으로는 위기상황을 해결할 수 없을 때 외국에 지원을 요청하여 이루어진다.

북한은 유엔안보리결의 제2321호에 의하여 경제 · 군사교류 제재를 받아 경제 상황이 악화되었고 주민의 충성심이 약해졌다. 그래서 현 김정은 체제 또는 현 체제를 대체하는 정권이 체제의 붕괴를 벗어나기 위해 한국정부에 개입 요청 시 한국정부는 개입을 검토할 수 있다. 한국정부는 1990년대부터 북한과 수차례 남 · 북한 동시 발전을 위한 선언을 하였다. 1991년 12월 13일 남북합의서에서 한국은 "대량살상무기와 공격능력을 제거하고 인도적으로 해결할 문제에 대한 대책을 강구"[3] 라고 명시하였고, 1992년 1월 20일 남북한 총리가 선언한「한반도의 비핵화에 관한 선언」에서 "핵무기의 시험, 제조… 사용을 하지 아니한다"고 하였으며, 2007년 10월 4일 노무현 대통령과 김정일 국방위원장의「남북관계 발전과 평화번영을 위한 선언」7항에서 "남과 북은 인도주의 협력사업을 적극 추진해 나가기로 하였다… 동포애와 인도주의, 상부상조의 원칙에… "라고 선언한 바 있다. 따라서 한국정부는 남북 간 수차례의 선언을 바탕으로 WMD 제거와 인도주의적 지원을 위하여 북한에 진입하여 안정화작전을 전개할 수 있다.

둘째, 자위권(Self - defense)에 의한 개입이다. 이는 국가가 외부의 현존하는 침해나 급박한 위협을 제거하기 위하여 일정한 범위에서 무력을 행사하는 것을 의미한다.[4] 우리 역사에 있어서 세종대왕 시기의 이종무 장군이 3남 지방을 약탈하던 왜구를 소탕하기 위해 대마도를 정벌한 것처럼 국가가 행사할 수 있는 권리이며, 국제사회에서 역사적으로 성립되어 국제관습법으로 인정받아 왔다.

자위권은「유엔헌장 제51조」에 "헌장의 어떠한 규정도 유엔 회원국에 대해 무력공격이 발생한 경우(If an armed attack occurs) 안전보장이사회가 국제평화와 안전을 유지하기 위하여 필요한 조치를 취할 때까지 고유한 개별적 또는 집단적 자위의 고유권한(Inherent Right)을 제한하지 않는다…"고 규정[5] 함으로써 자위권에 의한 무력행사를 허용하고 있다.

---

3) 남북 사이의 화해와 불가침 및 교류 · 협력에 관한 합의서 제12조, 제18조.

4) Ian Brownlie, *International law and the Use of Force by States*, Oxford : clarendon, 1963, p.252.

5) 합참, 『정전교전규칙해설서』, 125 - 8쪽. 자위권에는 개인 · 부대 · 국가 · 집단적 자위권이 있다. 이중 집단적 자위권은 동맹국 등 다른 국가의 국가적 이익 즉, 국민, 재산, 영토 등을 방어하기 위한 자위권으로 일본이 추진하고 있다. 국제정치학에서는 선제적(Preemptive) 자위권, 예방적(Preventive) 자위권, 예

그래서 북한군의 남침 가능성이 높고 급박하여 다른 수단을 선택할 여지와 숙고할 여유가 없어서 영변 핵시설, 미사일 기지, 이동식 미사일 발사대 등을 타격하는 선제적 자위권(1837년 미국 Caroline호에 대한 영국군 급습), 남침징후가 임박하지 않더라도 핵시설, 풍계리 핵실험장, 동창리 미사일 시험장 등 현실화되기 전에 중대한 위협요인을 미리 제거하는 방어적 차원에서 예방적 자위권(1981년 이스라엘의 이라크 Osirak 원자력 파괴)를 행사하여 북한에 진입할 수 있다.

셋째, 인도주의적 차원의 개입이다. 인도주의적인 문제와 관련하여 국제사회는 이를 국내문제로 보지 않고 국제문제로 보고 있다. 1988년 후세인의 독가스 살포로 쿠르드족 약 5,000명 살상, IS의 이라크 야지디족 500여 명 처형 등에 대하여 중동국가까지 인권유린에 대해서 IS를 격멸하기 위해 연합하여 국제사회의 외교 · 군사 · 경제분야 제재에 동참하였다. 국가는 자국민 뿐만 아니라 자국 내 외국인도 보호해야 하고, 재외국민도 보호해야 하는 의무가 있다. 따라서 특정국에 인권탄압이 발생하거나 예정인 경우 이를 해결하기 위하여 유엔은 군사개입을 예외적으로 인정하고 있다. 특히 북한에서 식량부족으로 대규모 약탈과 폭동, 대량인명살상 발생 시 같은 민족으로서 국제사회 지지하에 반드시 개입해야 한다.

이상으로 국제법 외 북한지역에 개입할 수 있는 조건에 대해 알아보았다. 평상시 개입할 수 있는 조건은 북한의 요청과 인도적 개입이고, 유사시에는 북한의 요청 또는 자위권에 의한 개입 등이 해당된다.

3 국제협력

국제정치 환경변화에 따라 국제사회에서 체제와 전쟁의 양상이 달라질 수 있기 때문에 국제협력은 매우 중요하다. 베트남전쟁 시 제3세계 비동맹 국가들의 지원, 독일통일 시 승전 4개국의 찬성, 레바논전쟁 시 중동 국가들의 지원, 이라크전쟁 시 국제사회의 지지에서 식별된 발전방안이다. 북한지역은 미 · 중 · 러 · 일 등 주변국의 이해가 교차하는 지역이다. 이 국가들은 북한지역이 어느 일방으로 주도권이 완전히 넘어가지 않도록 하면서 기회 포착 시 진입하려고 엿보고 있다. 한국정부가 국제사회와 협력을 강화하는 방안은 다음과 같

상적(Anticipatory) 자위권이 있다. 국제법에는 유엔헌장 제51조 외에도 1948년 소련에 대응하기 위한 영국, 프랑스, 벨기에, 룩셈부르크, 네델란드 등 5국 조약 제5조, 1949년 NATO 제3조가 있다.

은 것이 될 수 있다.

첫째, 한국의 안정화작전에 대한 국제사회의 공감대 형성과 협력을 유도하는 치밀한 외교력이 있어야 한다. 동북아시아의 불안 요인인 북핵, 화학무기, 미사일 등 대량살상무기를 한국정부가 확실히 폐기한다고 대외적으로 공표하고, 주변국과 경제협력 증진 및 경제적 이익증대 등이 인접국의 국익에 부합된다는 실리적인 접근으로 병행하여야 한다. 중국과의 황금평 · 위화도 경제특구, 러시아와 나진 · 하산 물류사업, 유러시아 철도연결 등 변방의 경제특구사업은 주변국과 국제협력이 가져올 수 있는 시너지 효과임을 강조하는 선경후정(先經後政) 전략으로 추진한다.

둘째, 한미동맹을 기반으로 다자주의적 협력외교를 강화한다. 독일통일 시 미국은 처음부터 전폭적으로 지지하였고 이는 독일통일을 반대한 소련 · 영국 · 프랑스 · 이탈리아 등을 설득하는데 크게 기여하였다. 이러한 측면에서 한미동맹을 굳건히 한 가운데 한 · 중, 한 · 러, 한 · 일, 한 · 아세안 정상회담을 개최하고 유엔에서 한반도의 주체는 한국정부이며 한반도 전역에 대한 통치권, 완전한 자주성 등 한국의 당위성을 주장하여 국제사회로부터 지지를 확보하는 외교활동을 강화해야 한다.

셋째, 국가 간의 전통적인 외교 관계를 보완하는 정부와 민간 차원의 공공적인 통일외교 강화 활동이다. 공공외교란 외국 국민들과의 직접적인 소통을 통하여 자국의 역사, 전통, 문화, 예술, 가치, 정책, 비젼 등에 대한 공감대를 확보함으로써 외교 관계를 증진시키고 국가 이미지와 국가 브랜드를 높여 국제사회에서 자국의 영향력을 높이는 외교활동이다. 최근 한류 열풍이 아시아를 넘어 중동, 유럽, 남아메리카 지역으로 확산되고 있다. K-POP, 음식, 드라마, 영화 등 한국 고유문화와 예술 활동으로 당사국 정부뿐만 아니라 그 나라 국민의 마음도 얻도록 한다.

넷째, 안정화작전은 한국정부가 주도적으로 추진하고, 국제사회는 지원하는 형태로 이루어져야 한다. 6 · 25전쟁 시 한국정부는 북한지역에 정부 정책을 시행하려 하였으나 유엔(미군)의 요구로 한국정부는 오히려 지원한 사례가 있다. 따라서 한반도의 특수성과 동일한 문화, 언어, 역사를 공유하는 한국이 주도적으로 작전을 해야 한다는 논리를 주장하여야 한다. 과거 6 · 25 때와 같은 역사를 되풀이 할 수 없다는 한국민과 정부의 절실한 요청에 대하여 유엔과 국제사회가 공감하도록 추진하여 나간다면 한국정부 주도로 안정화작전이 성공할 수 있다.

제2절 북한지역 환경조성

1 정치 · 경제적 요인

남 · 북한은 1948년 자유민주주의 국가와 공산주의 국가를 수립 후 대립해 왔다. 그동안 한국은 근대화, 산업화, 민주화 시대를 겪으며 세계 10위권 경제강국으로 성장하였으나, 북한은 한반도 공산화를 목표로 여전히 변함없이 선군정치로 일관하고 있다. 국가 수립 후 70년이 경과한 북한의 정치, 경제, 사회, 문화 제도는 한국군이 안정화작전을 하는데 제한요소로 작용할 것이다. 한국정부와 한국군이 정치분야에서 극복하고 추진할 요인은 다음과 같다.

첫째, 레바논전쟁 분쟁의 원인 중 하나인 국민협약에 따른 종파별 권력배분, 이라크전쟁 후 재건과정에서 수니파 배제에 따른 정치체제 구조에서 식별된 발전방안으로 북한 공산주의 체제의 제도를 지우고 주민의 생명과 재산을 보장하는 자유민주주의 체제를 정착한다. 과거 6 · 25전쟁 시 한국군이 북한에 진입하였을 때 환영을 받았다. 그러나 점령군 행세를 하면서 값비싼 물건을 착복하고 화폐와 건물 등을 무단 사용하였으며, 반공 인사들은 좌익 인사들을 보복하는 등 비인도적인 행위로 점차 민심이 이반하여 결과적으로 남한의 점령정책이 실패한 바 있다. 따라서 정부와 군은 불필요한 인명손실을 차단하고 조기에 치안을 확립하고 주민의 안전이 보장되어 자유민주주의 체제가 정착되도록 하여야 한다.

둘째, 베트남전쟁과 레바논전쟁 시 식별된 발전방안으로 적대세력에 의한 저항이 발생하였을 시 작전 초기에 신속히 무력화하여 치안을 확립한다. 적대세력은 정치와 군사 분야에서 조직을 체계화하여 도심지와 산악지역에 은거하면서 국가 중요시설 습격 및 파괴, 주요 병참선 차단, 우익인사 테러 등을 한다. 안정화작전부대는 우호적인 주민과 연계하여 적대세력과 무장집단의 조직적인 저항을 작전 초기에 파악하고 무력화하여야 한다.

셋째, 한국군은 안정화작전 시 우익세력이 좌익인사에 대한 보복행위를 예방하고 차단하여야 한다. 그동안 북한에서 생활하면서 피해를 받아온 우익세력은 한국군이 북한지역에 진출 시 협조하면서 한편으로는 좌익에 대한 보복행위를 할 것이다. 따라서 정부와 군은 보복행위가 발생하지 않도록 민 · 관 · 군 협조체제를 구축하고, 임시자치조직과 치안기구를 설립하여 치안을 유지하여야 한다.

넷째, 한국정부는 북한이탈주민이 주변국으로 대량으로 유입되어 외교적 갈등이 발생 시 북한이탈주민을 전원 수용하고 외교갈등을 해소한다. 레바논으로 유입된 난민이 레바논 내 주민들과 분쟁으로 사회갈등이 발생한 것처럼 북한 주민이 육상·해상으로 탈출하여 난민 발생 시 중국·러시아는 국경을 통제하고, 자국민 보호와 인도적 지원 명목으로 북한에 PKO를 파병하는 등 정치·외교적인 마찰이 발생할 것이다. 따라서 탈북민의 난민 발생 시 정부는 정상회담, 조약체결 등 방법으로 외교 갈등을 해소한다.

한편, 2019년 북한의 인구는 2,525만 명으로 남한 5,171만 명의 절반 수준이고 북한의 국민 총소득(GNI)은 35조6000억원으로 남한(1935조7000억원)의 54분의 1, 1인당 국민 총소득(GNI)는 141만원으로 남한 3,744만원의 27분의 1 수준에 불과하다.[6] 북한의 경제는 전시가 아님에도 불구하고 유례없을 정도로 매우 어려운 상황에 처해 있고, 특히 유엔과 국제사회의 제재로 더욱 어렵게 되었다. 안정화작전 시 경제 분야에서의 제한사항을 극복할 요인은 다음과 같다.

첫째, 한국정부는 주민의 인도적 지원 요청과 안전에 최우선을 두고 지원한다. 북한은 만성적인 식량난, 생필품·의약품 부족 등 거의 모든 분야에서 결핍한 상태이며, 국가통제 하에 주던 배급은 1990년대에 중단되었다. 이러한 원인으로 안정화작전 시 생활필수품과 판매시설 약탈, 폭동이 발생할 가능성이 있고 주민불안이 증가할 것이다. 따라서 안정화작전 시 식량, 구호품 등을 우선 지원하여 주민의 안전을 확보하여야 한다.

둘째, 안정화작전에 소요되는 재원이 과다하게 소요되어 비용 마련을 위한 대책을 강구하여야 한다. 북한지역의 낙후된 전기, 상·하수도, 도로, 병원, 발전소, 통신망 등을 보수·신축하는 비용이 필요하다. 따라서 정부는 재원을 마련하기 위하여 통일나눔펀드, 국가예산 조정, 해외북한자산 동결, 작전 간 획득한 북한자산 그리고 유엔 및 민간지원기금 등을 종합적인 청사진에 따라 집행하여야 한다. 안정화작전 시 파괴되거나 낙후된 사회기반시설들을 복구하지 않고 방치 시 북한 주민들은 한국정부와 한국군에 불신을 가질 것이며 치안이 불안해질 것이다.

셋째, 북한이 외국과 체결한 양허권을 보호하고 안정화작전부대의 장병을 교육하여야 한다. 서독이 동독의 국제조약과 협약을 승계한 후 유지 또는 폐지에 대하여 재검토하였듯이 한국정부는 북한이 체결하였던 조약과 협정을 전면적으로 재검토하여야 한다. 북한은 외국 정부 또는 기업에 대하여 천연자원 개발권, 철도·도로·항만 등의 인프라에 대한 사용권

6) 통계청, 2020 북한의 주요통계지표.

등 여러 양허권을 부여하였다. 이집트 통신회사와 '고려링크'[7], 중국과는 양강도 혜산 25년간 동광 개발, 함북 무산 50년간 철광석 개발, 10년간 나진항 사용 등 그리고 러시아와 아무르주 벌목공 임업협정, 공업 · 농업 · 어업 분야에서 북한 노동자를 극동지역에서 활용한 것 등이 그 예이다. 북한이 외국과 맺은 양허권을 약탈, 방화, 무단반출 등 투자보호협정을 침해하였을 시 「비엔나 협약 제13조」등 국제법에 의해 외교 문제가 될 수 있으므로 연 1회 실시하는 장병 「전쟁법」교육 시 9개 내용에 포함하여 교육하여야 한다.[8]

2 사회 · 심리적 요인

미군은 베트남전쟁과 이라크전쟁에서 현지 문화에 대한 교육과 이해 부족으로 많은 전상자가 발생하였고 전쟁이 장기간 지속되었다. 한국군이 북한지역에서 안정화작전을 위한 환경을 조성하는데 다음과 같은 제한요인을 극복하여야 한다.

첫째, 장기간에 걸쳐 통제되었던 북한체제의 붕괴로 치안 공백과 악화가 예상됨으로 치안을 확립하여 주민의 안전을 도모한다. 그동안 시스템적으로 이루어지던 주민 감시, 상명하복 명령체계, 사회질서를 유지하던 경찰과 사법체계가 붕괴되어 주민에 의한 약탈, 방화 등 범법행위가 발생할 것이다. 안정화작전부대는 사회혼란과 치안의 불안을 해소하기 위해 작전 초기에 치안확립에 중점을 두어야 한다.

둘째, 북한체제하에서 정치 경제 사회적으로 불이익을 당했던 북한의 사회계층 중 적대계층(복잡계층), 즉 북송 주민, 탈북자, 북송재일교포, 희생자 유가족이 친공산세력에 대한 보복행위가 발생하지 않도록 예방하고 차단한다. 동서고금을 막론하고 정치체제가 바뀌면 그동안 소외되고 억압받은 세력은 테러, 폭행, 인명살상, 재산강탈 등의 불법행위를 자행하였다. 불법행위는 안정화작전에 방해요인으로 작용하므로 안정화작전부대는 주민들의 행태를 면밀히 관찰하고 갈등이 발생하지 않도록 예방하고 화해 조정한다.

셋째, 북한주민 생활 속에 깊숙이 배어있는 생활습관, 언어, 관습 등은 한국군의 안정화

7) 2008.12.15, 이집트 오라스콘 텔레콤과 25:75 비율로 투자. 정보사령부(2014), p.403.
8) 군인의 지위 및 복무에 관한 기본법 시행령 제22조와 전쟁법 준수를 위한 훈령 제8조에 있는 전쟁법 내용은 1.전쟁법의 개념과 필요성 2.전쟁법의 기본원칙 3.교전규칙 4.전쟁법상 공격목표 선정의 원칙 5.무력행사의 방법에 관한 사항 6.상병자 및 민간인 보호에 관한 사항 7.포로의 대우에 관한 일반원칙 8.무력충돌 시 문화재 보호에 관한 사항 9.전쟁법 위반행위의 처벌 등이다.

작전에 장애요인으로 대두할 수 있으므로 한국군은 장교, 부사관, 병사까지 학교기관과 각급 부대에서 북한의 언어, 문화, 습관 등을 교육하고 안정화작전 시 활용하여야 한다. 남북한 주민은 70년 이상 분단되어 오면서 사용하는 언어, 예절, 관습, 종교, 사상 등에서 상이하다. 따라서 안정화작전을 성공적으로 완수하기 위해서는 북한의 사회문화정보를 군에서 교육하고 숙달하여야 한다.

3 군사 · 전장환경 요인

2018년 12월 현재 북한군의 상비병력은 육군 110만여 명, 해군 6만여 명, 공군 11만여 명, 전략군 1만여 명 등 총 128만여 명으로 이는 한국군 59.9만여 명의 2.1배 규모이다. 예비전력은 한국군 예비군보다 2배가 넘는 762만여 명을 보유하고 있다.[9] 그리고 북한을 움직이는 조직은 인민무력부, 국가안전보위부, 인민보안부이다. 이 3대 조직의 하부조직은 주민의 생활상에 깊숙이 연계되어 있어 지휘계통이 확립되어 있으면 분명한 목적을 갖고 한국군에 저항요인으로 나타날 것이다. 또한, 북한의 준군사조직도 게릴라식으로 한국군에 저항할 것이다. 북한의 준군사조직과 임무는 〈표 5-1〉과 같다.

〈표 5-1〉 북한 준군사조직과 임무[10]

단체명	대 상	인 원	임 무
노동적위대	· 군사조직 미편성 · 17세 이상 남녀	572만명	· 민방위/직장주요시설 경계 · 지역방어 / 대공방어
교도대	· 정규군/준군사부대 미편성 · 17세 이상 남녀	62만명	· 대학교/직장 · 지역 등 편성 · 당 통제하 인민무력부 직접지휘 / 유사시 동원
준군사부대	· 사회안전부, 속도전돌격대 · 군수동원총국, 호위사령부	42만명	정규군 근무와 동일
붉은청년근위대	14세~16세	94만명	하급간부 보완 수비대

9) 국방부, 『2018 국방백서』(대전 : 국군인쇄창, 2018), p.244.; 군사안보지원사령부,「2020 북한 · 통일분야 업무발전 연구논문집」(서울 : 군사안보지원사령부, 2020), p.30.
10) 정보사령부, 『북한지리정보 I 종합편』(서울 : 정보사령부, 2014), p.804.

한편, 북한의 주민통제조직은 당 외곽 근로단체인 노동당, 민주여성동맹, 농업근로자동맹, 직업총동맹, 김일성사회주의청년동맹, 소년단 등이 있고, 당 통제조직은 당원 31명 이상인 초급당을 비롯하여 분초급당, 부문당, 당 세포가 있다. 그리고 사회 · 주민 감시조직은 주민동태 조직(비밀정보원, 5호담당제, 인민반, 법무생활지도회 등)과 사찰기관(국가안전보위부, 인민보안부, 보위사령부, 상무조 등)이 있다. 따라서 군사분야에서 한국군이 안정화작전을 위한 환경을 조성하고 제한사항을 극복할 요인은 다음과 같다.

첫째, 한국정부는 안정화작전 시 북한군 군사 · 비군사 병력과 조직들을 강제로 해체하지 않고 이를 향후에 북한지역 재건 시 활용하는 대책을 강구하여야 한다. 군사 및 비군사조직의 병력을 대안이 없이 해체하면 이라크처럼 적대세력에 합류하여 한국군의 활동을 방해할 것이다. 정부는 북한군의 군사 · 비군사 병력을 재사회화 및 전문인력으로 수용하는 대책을 수립하여야 한다.

둘째, 한국군은 북한의 군사 및 준군사조직과 주민통제조직이 연계하지 않도록 지휘체계를 무력화하는데 중점을 두고, 핵 및 대량살상무기, 병기창, 무기고 등을 확보하지 못하도록 하여야 한다. 적대세력이 핵 및 대량살상무기를 확보 시 정부와 한국군의 안정화작전 계획은 커다란 차질에 봉착한다. 따라서 한국군은 군사 · 준군사조직 및 주민통제조직을 무력화하는 작전을 진행한다.

전장환경 요인은 지형, 기후, 계절, 습도, 주민 등 다양한 요인이 존재한다. 그중에서 지형, 기후, 주민이 안정화작전에 커다란 영향을 준다. 전장에서 한국군이 안정화작전을 위한 환경을 조성하고 제한사항을 극복할 요인은 다음과 같다.

첫째, 한국군은 안정화작전에 불리하게 작용하는 북한지역의 험준한 산악지형을 극복하여야 한다. 산악지형은 베트남전쟁 시 불리한 자연환경을 극복한 사례에서 식별된 발전방안이다. 호찌민은 군사력 면에서 미군을 비롯한 자유진영의 군사력에 크게 열세했으나, 천연 자연환경을 이용하여 외세를 격퇴하고 승리를 하였듯이 한국군도 험준한 산악지형을 극복하고 안정화작전 임무를 수행하여야 한다.

북한은 70%가 산악과 고지대로 형성되어 있고, 평균 해발고도가 1,500m~2,000m이다. 대동강과 청천강을 제외한 대다수의 소하천은 건기에 도섭이 가능하나 우기에는 수량이 급격히 증가하여 도섭이 제한된다. 산악은 아군의 병력과 무기 그리고 물자 · 환자 수송에 제한을 주나, 적대 세력에게는 은거지를 제공함으로써 안정화작전 소요가 증가하고 주민의 안전과 자원의 효과적인 운용에 제한을 초래한다.

둘째, 한국군은 계절별 기후의 제한사항을 극복하고 인도주의적 지원을 추진하여야 한다. 북한지역은 12월~2월에는 춥고 건조하여 저체온증과 동상에 걸리기 쉬워 난방, 의료 등 인도적 지원 소요가 증가할 것이고, 6월~9월 여름에는 우기, 홍수, 고온다습한 기후로 음식이 쉽게 부패하고 식수와 음식물로 인한 질병이 확산되어 위생 및 급수원의 청결과 질병 예방 활동이 요구된다. 6·25전쟁 시 미군은 동계작전 준비를 소홀히 하여 장진호전투에서 고전한 전례가 있다. 한국정부와 군은 북한의 고지대와 계절의 특성을 파악하고 안정화작전 시 장병과 북한 주민들에 대한 인도주의적 지원이 정상적으로 진행되도록 하여야 한다.

셋째, 한국정부와 한국군은 북한 주민의 갈등이 발생 시 이를 해결할 수 있는 갈등관리제도를 구축하여야 한다. 북한의 주민은 안정화작전에 있어서 가장 중요한 요인이다. 앞에서 연구한 베트남·레바논·이라크전쟁과 독일통일에서 주민에 의한 다양한 갈등요인을 어떻게 극복하고 관리하느냐가 국가 안정화의 성공과 실패를 결정한 핵심요인이었다. 따라서 한국정부와 군은 북한 주민의 생활여건, 사상과 활동, 정치성향, 교육 및 문화 등을 분석하고 갈등 해소를 준비하여야 한다. 북한지역에서 안정화작전 시 주민에 의한 이념갈등과 공공갈등 등 사회갈등이 표출될 것이다. 이 중에서 공공갈등(Public conflict)은 "정부나 공공기관이 정부의 정책이나 공공사업을 추진하는 과정에서 발생하는 이해관계 및 가치관의 충돌과 대립상태"를 의미한다.

북한은 1967년 4월부터 1970년 6월까지 주민의 성분에 따라 핵심계층, 동요계층(기본계층), 적대계층(복잡계층) 등 주민 모두를 3계층 51개 부류로 구분하여 인도의 카스트 제도처럼 계층구조의 기본 틀을 완성하였다. 그후 정치·경제적인 사유로 탈북, 행방불명, 도주 등 각종 일탈이 발생한 1990년대 중반 이후 주민의 성분을 3계층 45개 부류로 재분류하여 주민을 관리·통제하고 있다.[11] 이 계층 중에서 그동안 북한 정권으로부터 혜택을 받아온 핵심계층과 일부 동요계층은 기득권 유지를 위하여 적대세력과 연계한 가운데 안정화작전에 저항하여 이념갈등과 공공갈등을 유발하리라 생각한다. 따라서 정부와 군은 북한주민의 갈등을 해소할 수 있는 법령 정비, 조직과 기구 운용, 전문가 편성 등이 필요하다.

11) 통일부(2015), p.288~289; 정보사령부(2014), p.803.

제3절 안정화작전 방안

1 정책분야

한국정부의 통일정책은 정부수립 후부터 현재까지 정치적인 면에서 접근하고 있어서 동·서독이 경제교류와 인적교류를 우선 시행한 것과 차이가 있다. 서독의 통일정책과 한국의 통일정책을 비교하면 다음과 같다. 서독은 정부수립 후 '힘에 의한 우위정책'(1단계) → 서독의 '동방정책'(2단계) → 동·서독 간 '교류·협력'(3단계) → 비정치분야 '조약체결'(4단계) → '통일과정 구체화'(5단계)로 추진하였고, 한국은 제1공화국부터 제5공화국까지 체제우위를 위한 '힘에 의한 우위정책'(1단계)을 추진하였다. 데탕트 시대를 맞이하여 제6공화국 시 북방외교정책(2단계)을 추진하여 오랫동안 단절되었던 외교관계를 회복하였다. 헝가리(1989.2), 러시아(1990.9.30.), 중국(1992.8.24.)과 국교를 수립하고 교류하여 한반도 해빙기를 조성하였다. 김대중·노무현정부 이후에는 한국의 대통령이 북한을 방문하여 정상회담을 하였고, 체육·문화·관광 분야에서 민간 차원의 교류·협력의 장(3단계)을 마련하고 있다. 한국과 북한이 교류·협력의 기간을 조성해 나가는 과정에서 북한의 천안함 폭침, 연평도 포격도발, 제4·5차 핵실험과 같은 냉전기도 맞이하였지만, 한번 터진 교류·협력의 물꼬는 계속 흐를 것이다.

남·북한은 교류를 통하여 민족공동체 의식을 형성해 가면서 정치·경제·체육·문화적인 측면에서 접촉을 확대해 나가고 있다. 이러한 관점에서 한국정부는 다음과 같은 사항을 발전시켜야 한다. 첫 번째, 정치 군사적인 면에서 국가지도자는 남북통일을 반대하는 주변국의 의견을 찬성으로 전환하는 외교적 리더십을 발휘하여 북한지역에서 안정화작전이 이루어지도록 한다. 베트남 호찌민은 죽을 때까지 국가주석이었지만 족벌이나 파벌과 거리를 두고 오직 독립과 통일을 위해 헌신함으로써 남북 베트남 국민 모두로부터 존경을 받았다. 콜 서독 총리는 통일을 반대한 소련, 영국, 프랑스, 폴란드, 이탈리아 정상들과 개인적인 친화력을 이용하기도 하고 수차례 정상회담을 추진하여 마침내 통일 지지를 이끌어내고 통일을 달성하였다.

두 번째, 한국은 북한과 비군사분야에서 다양한 협약을 체결하고 교류활동을 활발히 하여 북한의 개혁개방, 북한 주민의 민주화의식 함양 및 한민족 공동체를 확산하는 계기를 마련하여야 한다. 동 · 서독은 분단 직후부터 경제교류를 시작하였고, 1972년「국가기본조약」을 체결한 것을 계기로 분야별 교류와 협력의 접촉면을 확대하였다. 동 · 서독은 1986년 5월 6일에「문화협정」을 체결하여 서로 프로젝트 20개를 추진하였고, 1987년 9월 8일「학문 · 학술협정」을 체결하여 프로젝트 27개를 추진하면서 통일을 준비하였다.

동독 시민들은 공산체제의 허구성과 후진성을 깨닫고 공산당 퇴진과 자유, 개혁개방을 요구하며 서독으로의 흡수통일을 주장하였다. 한국정부는 비군사적인 분야에서 남북이 교류할 수 있는 협정을 체결하여 개혁개방과 민주화를 유도하고 북한 주민들이 사고의 틀을 깨고 자유와 민주화 의식을 함양하도록 통일을 추진하여야 한다. 북한 주민에게 다양한 외부 정보를 전달하기 위해서 한국정부는 중국 러시아를 통하여 자유 사상과 민주화를 전파할 수 있다.[12] 북한과의 교류에서 한국의 민관군 각계각층은 서로 협정을 체결하여 교류하는 한편 남북 정부는 공동으로 외교정책을 펼쳐 국제사회로부터 신뢰를 쌓고 남 · 북한 주민들도 서로 신뢰할 수 있는 교류가 추진되어야 한다. 남 · 북한은 신뢰를 바탕으로 중단된 이산가족상봉 재추진, 6 · 25 전사자 유해발굴사업 공동 추진, 일본의 독도침탈 동시 규탄, 중국 선박의 동 · 서해안 무단 침입 등에서 동시 규탄하는 목소리를 내도록 한다.

세 번째, 정부의 안정화계획은 각계각층의 다양한 연구결과를 반영하고, 가정은 검증한 후 설정한다. 이라크전쟁 시 미군의 제Ⅳ단계(전후계획) 계획의 미흡에서 식별된 발전방안으로서 한국정부의 안정화계획은 직면하게 될 악조건과 제한사항을 모두 포함하여야 한다. 이라크전쟁 시 미국 국방부는 국무부가 작성하여 제출한「이라크 프로젝트의 미래」보고서에 전후 재건과정에서 직면하게 될 제한사항을 제공하였음에도 "미군과 연합군은 해방자로 환영받을 것이다", "전국의 기반시설은 크게 손상되지 않고 남아있을 것이다."라는 가정을 유리하게 반영하였고 가정을 검증하지 않은 치명적인 문제점에 봉착한 실패 전례가 있다.

이에 한국정부의 통일부, 국방부와 군은 자유화계획 상에서 제반 가정과 조건들을 최대한 불리하게 판단하여 제한사항을 극복할 수 있도록 수립하여야 한다. 안정화계획의 최상위 문서는「대통령훈령 제00호」에 의하여 작성된「충무0000 자유화계획」이 있고, 계획의 시행 주무부서는 통일부이다. 국방부도 정부의 자유화계획을 지원하는「00사태 계획」이 있으

12) 국영에서 운영하는 한민족방송으로 주변국 생활상, 탈북민 정착상태, 북한체제의 실상을 전달할 수 있고 한반도 동 · 서해안의 북단, 중국 동북부 또는 러시아 아무르주에서 북한 주민을 대상으로 할 수 있다.

며, 합참은 이를 지원하는 「민군작전계획」이 있다. 그런데 안정화작전을 추진하는 상·하급 부서 간의 문서체계는 갖추었지만 내용 면에서 보완이 필요하다.

군사작전지원, 민간인 안전, 필수공공서비스 복구, 경제 및 사회기반시설 복구지원, 정부통치 위한 기구 및 인원 편성 등이 정부 내 각 부·처·청별 안정화계획에 구체적으로 반영되어 있어야 하는데 현재는 대략적인 내용과 인원만 편성되어 있는 실정이다. 그러므로 정부의 부·처·청 안정화계획은 북한 현지에서 실질적으로 적용이 가능한 계획이 되도록 하여야 하며, 추가로 국방부·합참·군부대에서 요구하는 소요들이 그 계획에 반영되어야 한다. 반영된 정부의 부·처·청 안정화계획은 국가위기관리 연습(UFG 등) 시 검증을 통하여 그 실효성을 확인하고 수정 보완하여 실질적인 계획이 되어야 한다.

그리고 안정화계획 수립에 있어서 '가정' 설정 시 제일 먼저 수립할 것은 "북한 주민들은 한국군에 비우호적으로 나타날 것이다."이다. 북한 주민의 50% 이상은 지도자인 김정은을 지지한다고 한다. 그래서 한국정부의 자유화계획과 군 의 안정화계획에 "북한 주민은 한국군을 환영할 것이다"로 지레 짐작하여 낙관적으로 가정을 설정하면 안된다. 정부와 군은 가정 설정 시 과거에 있던 내용을 그대로 하거나 상급부대 가정 내용을 Ctrl+C Ctrl+V 하면 안된다. 또한, 정부와 군 의 업무담당자 또는 같은 부류의 사람들의 의견으로만 가정을 설정하지 말고 정치, 경제, 사회, 문화, 군사, 교육, 통신, 전기, 사법 등 각 분야 전문가들이 참가하여 가정을 설정하는 것이 바람직하다. 분야별 전문가들의 의견을 반영한다면 북한의 핵 및 WMD 처리, 주민 호응도, 중·러·일 개입 상황, 국가 및 사회기반시설 파괴·약탈, 총기와 무기류 처리 등 직면하는 문제들을 극복할 수 있을 것이다. 이라크전쟁 시 미군이 겪은 전철을 되풀이해서는 않는다.

네 번째, 북한지역에서 안정화작전에 대한 한·미 견해차를 해소한다. 한국정부는 북한지역의 성격을 다음과 같이 규정하고 있다. 헌법 제3조(영토) 조항에서 "대한민국의 영토는 한반도와 그 부속도서로 한다"에 근거하여 북한지역은 대한민국의 영토이고 수복할 지역이며, 북한은 국가가 아닌 통일을 지향하는 과정에서 잠정적으로 형성된 특수관계[13]인 반국가단체가 일시 점령한 지역으로 규정하고 있다. 그래서 북한지역은 한반도 내부이며 동시에 통일문제로 보고 있다. 그러나 미국을 비롯한 중국 러시아 일본은 북한을 국제법상 주권국가로 보고 있고 특히 미국은 한국이 안정화작전을 위하여 북한지역에 개입 시 유엔과 미군의 통제를 받아야 한다는 견해를 갖고 있어서 한국정부의 입장과 다르다. 또한, 일본의

13) 남북관계 발전에 관한 법률 제3조 제1항.

관방장관도 "전시에 한반도 작전통제권은 한국군에게 없어 미국과 협조 시 일본 자위대의 한반도 진입은 가능하다."[14]고 언급하였다. 따라서 한국정부는 미국과 북한지역의 안정화작전에 대한 견해차를 해소하여야 한다. 북한지역에 대한 한 · 미 견해차는 〈표 5-2〉와 같다.

〈표 5-2〉 북한지역 한 · 미 견해차

구 분	한국 정부	유엔(미국 정부)
관련 근거	헌 법	국제법
북한지역 성격	미수복지역	점령지역
작전 주체	한국군	유엔군(미군)
통치권	한국정부	미군 점령 후 한국정부 이양

다섯 번째, 한국정부는 전 · 평시에 중국과 러시아가 북한지역으로 개입하려는 의도를 차단하는 북방정책을 수립한다. 중국은 6 · 25전쟁 후 북한과 혈맹관계를 맺어 1961년「조 · 중 상호원조조약」을 체결하고, "북한이나 중국은 일방이 무력침공을 당하거나 개전 상태에 놓이면 지체없이 군사원조한다."고 명시하고 있다. 중국의 한반도 시각은 순망치한(脣亡齒寒) 관계로 보고 있으며, 특히 북한지역을 전략적으로 중요한 지정학적 보호막으로 삼고 있다. 중국은 미국의 아시아 · 태평양지역 재진출, 미 · 일 군사동맹 강화, 일본의 군사 재무장 등을 주요 국가위협요인으로 판단하고 북한지역을 중국의 영향력 아래 두려는 것이 전략 기조이다. 따라서 북한지역에서 분쟁 또는 북한체제 불안정 시 중국은 제일 먼저 자국민 보호 또는 조 · 중 상호원조조약의 명목으로 북한에 개입할 것이다. 그래서 한국정부는 중국에 다음과 같이 요구하도록 한다. 첫째는 북한과 체결한 「조 · 중 상호원조조약」을 파기하고 더 이상 군사적으로 개입하지 않는다. 둘째는 중국이 국제사회에 내세우는 "하나의 중국(One China)" 정책을 역으로 이용하여 "하나의 한국"을 인정하고 지원한다. 셋째는 한국 주도의 남북통일을 지지한다.

러시아는 6 · 25전쟁 시 배후에서 북한을 지원한 후 1961년 7월 북한과 「조 · 소 우호협력 및 상호원조조약」을 체결하였다. 그 후 노태우 대통령의 북방외교정책을 계승한 김영삼 대통령은 1994년 6월 러시아 옐친 대통령과 정상회담 시 북한과 맺은 조약의 폐기를 강력히 요청[15]하였다. 이에 러시아는 1995년 9월 7일 북한에 조약을 연장하지 않는다고 통보

14) 조선일보, 2015.9.21.
15) 유 욱(2011), p.123.

하였고, 1996년 9월 조약이 폐기되어 군사자동 개입은 없어졌지만, 북한과 여전히 친밀한 외교 관계를 유지하고 있다.

러시아는 한반도에 대한 영향력을 회복하고 지정학적인 전략적 가치를 최대한 높이고 이를 활용하려는 현실주의적 국제정치를 보이고 있다. 이러한 요인으로 러시아는 한반도의 지정학적 특수성과 핵 및 대량살상무기가 미국, 한국으로 가지 않도록 북한지역에 개입하려고 한다. 그래서 한국 정치지도자는 한반도 주변국과 정상회담을 지속 추진하여 주변국이 북한지역에 개입하지 않도록 분명한 목소리를 내고, 한·미동맹을 폐기하려는 어떠한 시도도 하지 말 것을 요구한다.

여섯 번째, 한국정부는 안정화작전 지원을 위한 재원을 마련하여야 한다. 군사 또는 비군사적인 원인으로 도로, 전기, 병원, 상·하수도 시설 등이 파괴될 것이다. 사회기반시설들이 온전한 상태로 있어 안정화작전 효과 극대화에 기여하는 것이 최상이지만, 사용 불능 상태라면 사회기반시설을 복구하고 인도적 지원을 위해서는 천문학적인 비용이 소요된다.

통일비용 산출에 있어서 다양한 방법들이 사용되고 있는데, 크게 두 가지 유형으로 구분할 수 있다.16) 첫째는 통일 이후 북한 주민의 소득이 남한 주민 1인당 GDP(Gross Domestic Product, 국내총생산)의 일정수준 또는 동일수준에 이르도록 하는데 필요한 재정지출 또는 총 투자액을 측정하는 방식이다. 이것은 남·북한 주민의 삶의 이질성 해소를 통일과정에서 가장 중요한 요소로 본 것으로서, 이를 위하여 소득 수준 격차가 어느 정도는 해소되어야 한다고 본 것이다. 이 방식의 통일비용 산출은 다음과 같다. 2014년 기준으로 1인당 GDP가 북한 주민은 138.8만원이고, 남한은 2,968만원 상황에서 북한 주민의 1인당 GDP를 남한 주민 1인당 GDP의 1/10 수준인 300만원까지 상향시키는데 소요되는 비용을 추정하는 것이다. 단순하게 계산하면 북한 주민의 목표소득과 현재 소득과의 격차에 북한 인구수를 곱하면 통일비용이 나온다. 목표소득 방식은 가장 광범위하게 사용되는 방식으로서 이 방식을 적용한 통일비용은 연구자마다 그리고 목표소득의 수준에 따라 폭넓게 나타나는데, 적게는 연간 약 100억 달러, 많게는 연간 약 3,550억 달러를 보이고 있다.

둘째는 통일에 수반되는 각종 비용 항목들을 열거하고 각 항목에 소요비용을 합산하는 '항목별 합산 방식'이다. 항목으로는 실업자 생계보조금, 저소득층 생계보조금, 의료 및 교육 보장비, 직업훈련비, 지방정부 보조금, 각종 경제적 투자비용, 지역경제 활성화 지원비용 등이 있는데, 실제로는 독일의 통일비용 지출 선례를 원용하는 경우가 일반적이다. 항목

16) 위성백,「통일비용 및 재원조달 방안구축」(서울 : 국방대학교, 2016), p.9~11 정리.

별 합산 방식은 정부에서 예산편성을 하는데 참고자료가 될 수 있는 의미가 있겠으나, 통일 시 통일정부의 시나리오에 따라 수정될 수 있으며, 모든 항목들을 나열하는 것은 매우 어렵다는 한계가 있다. 그래서 많은 연구들이 GDP의 일정비율을 제시하고 있는데, GDP의 일정 비율로 통일비용을 제시하는 사례에서도 통일비용의 범위는 남한 GDP의 1%에서 12%까지 다양하다.

GDP의 일정 비율로 통일비용을 제시하는 경우에는 연구시점에 따른 환율 변동 등에 따른 화폐가치의 변화를 걱정하지 않고 통일비용을 산출할 수 있어 간단하며, 통일비용의 규모를 설정하기에 용이하여 국민의 부담 정도를 쉽게 측정할 수 있다. 예를 들어 2013년도 한국의 명목 GDP는 1,428.3조원(약 1조 3,043억 달러, 1$=1,095원)인데, 통일비용이 GDP의 1%라고 할 경우 약 14.3조원(약 130억$)이며, GDP의 10%인 경우 약 143조원(약 1,304억$)이 될 것이다. 이러한 부담을 남한 인구 5천만 명으로 보고, 1인당 부담 정도는 GDP의 1%(14.3조원)인 경우 1인당 연간 28만 6천원(월 2만 4천원)이고, GDP의 10%(143조원)인 경우 1인당 연간 286만원(월 24만원) 정도이다. 어떤 방식으로 통일비용을 추계하더라도 그 규모는 연구에 따라 다양하다.

지금까지 연구된 통일비용의 규모에 관한 산출 사례들은 산출 기간을 5~50년으로 잡고 대체로 2,000억$에서 2조$까지 다양하게 보이고 있다. 다음〈표 5-3〉은 기존 수십 개의 통일비용 연구 중에서 대표적인 몇 개를 나열하여 비교하였으며, 이 중에서 유형별로 특색있는 연구결과들을 기술하였다. 통일비용 산출 시 어떠한 방법을 사용하든 지금까지의 통일비용 추계 결과들은 국민에게 부담을 주는 정도의 상당한 규모로 나타났다. 이 막대한 비용을 어떻게 조달할 것인가가 중요한 과제이다.

〈표 5-3〉 통일비용 산출 사례[17)]

연구자	연 도	추정 비용	계산 근거
이상만	1993	10년간 2,000억$	독일과 비교 / 정부지출
박태규	1997	2,579~4,030억$ (1990년 불변가격 기준)	항목별 누계/위기관리비용 +소득 균등화 경제사업비
골드만삭스	2000	10년간 8,300~2조5,400억$ 10년간 1조700~3조5,500억$	목표소득 방식

17) 위성백(2016), p.13.

조세연구원	2009	10년간 GDP의 7~12%	50~60년내 북한 GDP를 200% 이상 증대
현대경제연구원	2010	1,570억$(10년) 4,710억$(15년) 7,065억$(18년)	북한 1인당 목표소득 3천$, 7천$, 1만$ 도달시 소요비용 및 소요기간
염명배/유일호	2010	30년간 3,000조원	독일 사례를 한국으로 환산
한국재정학회	2011	10년간(단기, 중기, 장기) - 371.5~1,253.4조원 - 7,396~2,757.2조원 - 765.4~3,042.6조원	항목별 합산 방식
KDI	2012	376조원(점진적) 3,609조원(급진적)	점진, 급진방식으로 분류
영국 이코노미스트	2016	1조 달러(약 1,170조원)	2015년 GDP의 3/4수준

정부와 국민은 재원을 마련하기 위한 다양한 기금마련 확보방안을 강구한다. 이러한 맥락에서 재원 준비는 〈표 5-4〉와 같이 국내 부문과 국제 부문으로 구분하여 추진할 수 있고 국내 부문은 다시 정부와 민간으로 나눌 수 있다.

〈표 5-4〉 국내 및 국제 부문 재원마련 방법[18]

국내부문		국제부문	
정 부	민 간	유엔산하 / 기타	민간지원
· 남북협력기금 · 채권/복권발행 · 세금 인상 · 해외소재 북한자산 · 북한자산 매각	· 민간부담금 · 통일나눔펀드 · 적십자,기업,단체 · 정부재정 건실화 · 북한 무기류 매각	· 국제노동기구 · 국제난민기구 · 유엔아동기금 · 세계보건기구 · AIIB	· 우방국 적십자사 · 아동보호기금 · 유럽난민구호기관 · YMCA, 카톨릭회 · 기업체 및 개인

먼저, 정부부문에서 재원을 마련하는 가장 바람직한 것은 남북협력기금, 채권 및 복권발행, 세금인상, 북한자산 정확한 평가에 기초한 북한정권 자산과 무기 · 장비 매각, 해외소재 및 북한내 자산, 정부 · 지방자치단체 재정건실화(복지 및 국방예산 축소, 개별예산동결, 인

18) 국제부문은 6 · 25전쟁 시 지원했던 기구와 단체 일부다. 국방부, 『2014 국방백서』(2014), p.285.

력감축) 등이 있을 수 있다. 이중 남북협력기금은 이미 법적 기반이 갖추어져 있고 해마다 조성해 오고 있다.

민간에서는 민간부담금, 북한 기반시설 직접건설 그리고 통일나눔펀드[19] 등이 있다. 재원마련 방법 중에서 북한의 주민이 남쪽으로 이동하지 않도록 하여야 한다. 이들이 차후에 내는 세금과 기타 공과금은 한국이 북한지역에 투입하고자 할 때의 부족한 재원이다. 이 재원을 북한 현지에 직접 납부하는 것이 국가 차원에서 북한으로 재원을 이전하는 것보다 훨씬 자연스럽고 장래성이 있다.

그리고 예산을 집행할 때에는 목적에 부합하게 집행되었는지 감찰하는 감찰기구를 운용해야 한다. 정부 각 부처, 총리실, 한국은행 등 기관과 주무 기관은 감찰기구를 운용하여 예산 비리, 허위계약, 초과집행 등을 감찰해야 한다. 베트남·독일·이라크전쟁에서 예산 비리 사례를 보았듯이 감찰기구들을 운용하여야 한다.

일곱 번째, 한국정부는 기존의 북한 행정체제를 개편하고 한국정부의 조직과 지방행정기관을 구성하여 남북한의 완전한 내·외적인 사회적 통합을 한다. 일반적으로 통합이란 "분단으로 인한 이질적인 국가체제를 하나의 체제로 결합하는 것으로 지리적으로 통일된 국가가 단일 정부를 수립하는 것은 물론 법, 행정, 경제, 문화 등을 단일한 체제로 갖추는 것"을 의미한다. 북한은 계획경제체제, 공산당에 종속된 관료제와 사법체제를 갖추고 있다. 안정화작전 기간에 한국정부는 북한의 행정체제를 자유민주주의 행정체제로 전환하여야 한다. 이러한 행정통합의 내용은 단일한 정부조직과 행정기관, 지방행정체제 그리고 한국식 공무원제도의 구축이다. 1990년 10월 3일 동독의 행정체제가 서독의 행정체제로 통합되었듯이 자유민주주의와 지방자치를 근간으로 하는 민주주의 행정으로 전환을 하여야 한다. 한국정부는 전환을 위하여 평양에 한국정부의 부처별 외청을 설치하고 현 3개시(평양직할시, 나선·남포특별시), 9개도[20]는 분단 이전의 5개 행정구역으로 환원하는 것을 검토하고, 읍·면·동 행정구역까지 한국 공무원을 파견하여 행정의 공백이 발생하지 않도록 해야 한다. 통일 전 서독은 자매결연을 맺은 동독의 지방자치단체에 서독 공무원 3만 명을 파견하여 동독 주민의 불편을 해소하였다. 행정통합의 준비는 기타 통합에 대한 조정자와 지원자로서 역할도 함께 수행한다. 즉 한국정부가 경제·사회·문화 통합을 진행해 나가는 과정에서 나타나는 문제와 혼란 등을 해결하고 조정하는 한편 통합이 더욱 원활하고 효율적으로 이루어

19) 2015년 7월 7일에 시작된 통일나눔펀드는 국민들의 자발적인 성원으로 조성된 것으로 1년 만에 166만 5,548명이 참여하여 총 2,231억 8,426만원이 조성되었다.
20) 정보사령부(2014), p.16.

지도록 지원하는 것을 의미한다. 이와 같은 의미에서 한국정부의 북한지역 행정통합 과정을 도식하면 〈그림 5-1〉과 같다.

〈그림 5-1〉 북한지역 행정통합 과정

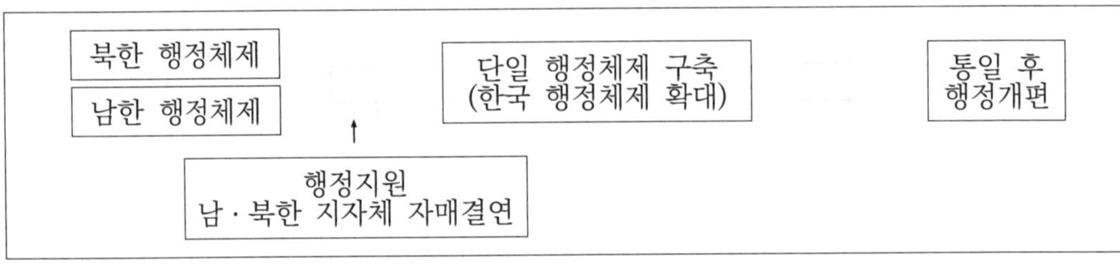

여덟 번째, 한국정부는 안정화작전을 위한 정부 차원의 컨트롤타워와 예하 조직을 창설하고 운용할 수 있도록 하여야 한다. 독일통일과 레바논·이라크전쟁에서 식별된 발전방안으로 현재 정부에 안정화작전 컨트롤타워는 없다. 통일부가 대북 관계에서 창구 역할을 하고 있고 자유화계획의 주무부서이다. 그런데 유사시에도 통일부가 자유화계획에 포함되어 있는 안정화계획과 재건계획까지 책임을 가지고 추진하는 것은 조금 생각해 볼 문제라 생각한다.

안정화작전 지역에서 임무를 수행하는 국방부는 정부 부처 내 위상이 같은 통일부와 안정화작전에 관하여 의견충돌이 생길 소지가 있다. 그래서 문제를 예방하기 위하여 통일부장관 직위를 부총리[21]로 겸직 또는 승격하거나, 아니면 총리실에서 컨트롤타워 역할을 하여 안정화작전을 효율적으로 추진하여야 한다.

이라크전쟁 시 미국 부시 대통령은 최초에 이라크의 안정화와 재건의 임무를 국방부에 부여하였으나 그 역할을 제대로 수행하지 못하여 후에 그 임무를 국무부로 전환하였고, 국무부는 총괄기구인 재건 및 안정화 조정관실을 신설하였다. 한편, 서독은 통일 이전까지 내독관계부에서 동독을 전담하였는데 통일이 되면서 해체되었고 그 임무는 내무부로 이관되면서 동독지역의 재건 및 안정화를 위한 총괄기구 없이 재건이 시작되었다. 재건과정에서는 비전문가인 정치인들의 영향과 부정확한 장래의 예측으로 과다한 예산이 투입되어 적자를 유발하였다. 재건 및 안정화 주무부서는 총괄기구 없이 경제부 → 총리실 → 교통건설주택부 그리고 다시 내무부 순으로 조정되었다. 주무부서는 정권이 바뀌거나 정권의 이해관

21) 정부조직법 제12조에 따르면 부총리는 기획재정부장관과 교육부장관이 겸임하도록 하고 있다. 이와 같이 부총리제를 설치하는 것은 정부의 주요정책과 중점사업을 효율적으로 강력히 추진하기 위해서이다.

계에 따라 변경되었고 직급은 마지막에 차관으로 하향 조정되었다. 그러므로 한국정부는 안정화작전 주무부서의 혼란을 방지하기 위하여 컨트롤타워 창설이나 기구를 지정하고 예하 조직을 준비하여 정부의 자유화계획을 뒷받침하도록 하여야 한다.

아홉 번째, 한국정부는 북한에서 안정화작전을 할 수 있는 한국군의 해외파병 활동을 법제화하여 민 · 관 · 군의 안정화작전 능력을 함양한다. 한국군의 해외파병은 유엔의 정신과 한국민의 민족정신에도 부합될 뿐만 아니라 국제사회에서 한국의 국격을 높이고 안정화작전의 전문인력을 양성하는 기회도 될 뿐만 아니라 한반도 통일시 이를 활용할 수 있다. 국군의 해외파병에 대한 국민의 의견수렴에서 대한민국 성인의 74.1%가 이를 찬성하였다.[22] 현재 한국군은「국군의 해외파병업무 국방부 훈령」에 따라 장병들을 해외에 파병하고 있으며 파병을 위한 상비부대를 운영하고 있다. 국방부 훈령은 법적인 구속력이 약하다. 국내의 파병전담부대인 국제평화지원단은 1,000명 규모로 파병준비태세를 유지하고 있다. 한국군 파병은 세계 13개국에 1,100여 명이 개인 및 부대 단위로 파병되어 국제평화유지와 국방교류협력 임무를 수행하고 있다.

레바논 동명부대와 남수단 한빛부대는 국내법과 효력이 같은 국제법인 유엔의「PKO 법」에 의하여 보장받고 있으나, 다국적군으로 파병되어 평화유지활동을 하고 있는 아덴만의 청해부대와 국방협력 파병활동을 하는 UAE 아크부대의 해외파병에 대한 법적 근거는 미비한 상황이다. 그래서 미비된 한국군 해외파병을 위한 법적인 근거가 마련되어야 한다. 정부는 가칭「국군의 해외파병활동에 관한 법률」을 제정하여 유엔의 PKO 법 외에 한국군의 파병활동에 대한 법률적인 근거를 마련함으로써 군(예비군), 경찰, 민간인력을 전문가 육성 차원에서 안정적으로 파병할 수 있고 경험한 전문인력을 축적할 수 있다.

열 번째, 한국정부는 한반도 종합균형발전 차원의 계획을 수립하고 추진한다. 서독은 동독지역에 대한 종합적인 재건계획 없이 베를린장벽이 붕괴된 후 1년 만에 서둘러 통일을 달성하였다. 그래서 서독은 통일과정에서 많은 시행착오가 있었고 막대한 재정적자가 발생하였으며 여전히 동독의 소득은 서독의 소득과 격차가 크다. 서독은 통독 후 동독지역 인프라 재건을 위하여 핵심과제 11개를 선정하여 추진하였다. 핵심과제 11개는 소유권 정립 및 토지주택의 사유화, 주택개발 및 주거 지원, 도시정비, 농촌정비, 교통인프라 개발, 통일수도, 산업입지 개발, 수자원, 환경개선, 접경지역, 관련 제도 통합이었다.[23] 한국정부는 자

22) 국방일보, 2016.11.14.
23) 통일부, 『독일통일총서 4』(2013), p.31.

유화계획 수립 시 통독의 인프라 재건과제를 참고하고 서독의 실수를 교훈삼아 한반도 종합균형발전 차원의 안정화작전과 인프라 재건계획을 수립하여 추진하도록 한다.

열한 번째, 한국정부는 평시 국민들에게 통일 교육을 전반적으로 확산하고 통일의식을 함양하도록 한다. 남북한의 분단이 70년 이상 장기화되면서 많은 국민들은 분단의 고통과 폐해에 대해 무감각해지거나 통일문제에 대해 무관심을 보이기도 한다. 또한, 적지 않은 국민들이 통일에 대한 기대보다는 통일과정에서 예상되는 경제적 부담과 사회 혼란 등을 우려하면서 심지어 통일에 대해 회의감을 가지기도 한다.[24] 그래서 통일 교육 확산과 통일의식을 강화할 필요가 있다. 통일은 국가적인 문제일 뿐만 아니라 국민 개개인도 책임이 있다는 점을 교육할 필요가 있다. 통일의 중요성을 잊고 개인의 이익만 쫓는다면 통일은 요원하다. 국민 모두 통일 전문가가 될 필요는 없지만, 통일에 대한 의지와 태도를 가져야 한다.

한국정부의 통일정책은 자유민주주의와 시장경제체제를 지향해야 한다. 과거 IMF (International Monetary Fund, 국제통화기금)[25] 금융위기 시 국민들의 자발적인 '금 모으기 운동'처럼 통일을 위해 국민의 적극적인 참여와 협조가 필요하며 국민의 소명이라고 느끼도록 하여야 한다. 정부의 통일의식 제고는 통일비용 부담을 앞세우기 보다는 통일의 긍정적인 혜택을 바라보는데서 나온다. 통일의 효과는 비용을 상쇄하고도 남을 생산성 향상과 국토 공간의 효율적 이용, 남북 간 경제적 보완 등 다양하다. 또한, 통일은 경제적 이익을 넘어 평화와 자유, 인권 그리고 남북한이 함께 누리는 번영의 가치가 함축되어 있다. 통일의식 제고를 위하여 일차적으로 통일 교육의 확산이 필요하다. 통일 교육의 확산을 위해 정부와 민간에서 장기적이고 효과적인 통일 교육이 중요하다.

통일부는 대학 사회에 통일논의를 활성화하여 대학생들의 통일의식을 높이기 위해 2016년부터 '통일교육 선도대학'을 지정해 운영하고 있다. 2016년 서울대, 숭실대, 아주대, 충남대, 경남대, 광주교대가 선정되었고 2019년에는 강원대, 한동대, 인제대가 추가되었다. 서울대는 2016년 4월부터 2019년 말까지 4년간 '서울대 통일교육사업계획서'에 따라 36억원을 투입하여 통일 교육을 강화하기로 하였다.[26]

---

24) 통일부 통일교육원, 『2016 통일문제 이해』(서울 : 상현D&P, 2016), p.14. 통일이 불필요하다고 생각하는 이유는 통일비용이 가장 큰 비중을 차지하였고, 사회적 혼란, 정치군사적 혼란, 북한 주민의 대량 남한 이주 순으로 나타났다.

25) 1930년대에 나타난 경쟁적인 화폐 평가절하와 외화·무역통제를 제거하여 전후 국제무역의 균형적 발전과 다각적인 결제제도 확립을 목표로 브레턴우즈(Bretton Woods) 협정에 따라 협정 가맹국의 출자로 1946년에 설립된 국제금융 결제기관으로 세계무역의 안정을 목적으로 설립되었다.

26) 서울대 통일교육 프로젝트 주요 내용은 ①대학원에 통일·평화학 전공 신설 ②북한 관련 학부 과목(현재 24개) 수강생 매년 10%씩 증가 ③매년 서울대 상대로 통일에 대한 의식조사 ④외국인 학부 및 대학

통일 교육은 2015년까지는 대학별로 자율적으로 하였고, 2016년부터 국가정책으로 전환하여 교육을 지원하고 있다. 통일교육 대상과 기관은 〈표 5-5〉와 같다.

〈표 5-5〉 통일교육 대상과 기관 현황[27]

대 상		계	기 관 명
주 민		17	지역통일교육센터
대학생	강의 · 모델개발	6	통일교육선도대학 : 서울대, 숭실대, 광주교대 등
	옴니버스특강	12	경남대, 경상대, 국민대, 단국대, 대구대, 동아대, 숙대, 서울시립대, 우석대, 인하대, 중앙대, 한남대
	통일북한강좌	21	경상대, 경희대, 대구대, 대진대, 동서대, 동아대, 배재대, 부산대, 부산외대, 상명대, 진주교대 등
청 소 년		1	한반도미래교육센터(전곡)

위 표에서 230여 지방자치단체 중에서 주민을 대상으로 설치된 지역통일교육센터는 불과 17개(7%)이고, 대학은 전문대학 · 사내대학 · 기능대학 등을 포함하여 모두 433개[28]인데 그중에서 39개(9%) 대학교만이 통일 교육을 하고 있다. 그리고 청소년을 대상으로 설치된 교육센터는 경기도 북부 전곡의 한반도미래교육센터 1곳이다. 교육센터의 위치는 유동인구가 많은 지역에 설치되어 국민들이 쉽게 찾고 교육할 기회를 접할 수 있어야 한다. 통일 교육 목적이 국민들이 통일의 필요성을 느끼도록 하기 위함이므로 도심에서 외진 지역보다 중심지에 있어야 한다. 전곡의 교육센터는 외진 곳에 있어서 교육센터로서의 역할과 효과가 미흡하다. 따라서 교육부, 통일부 그리고 행정자치부는 각 지역의 읍 · 면 · 동, 시 · 군 · 구 지방자치단체 및 대학과 협력하여 통일 교육을 확대하도록 관심을 기울여야 한다. 그리고 통일 교육의 내용은 정치적인 것보다 사회 · 문화적인 내용을 강화하는 감성적인 접근으로 나간다면 국민들의 통일에 대한 반대와 무관심을 극복하는데 도움이 될 것이다.

열두 번째, 한국정부는 안정화작전 간에 북한의 정치 · 경제 · 사회 · 문화 · 군사 분야의 문서를 확보하여야 한다. 1950년 9월 6. · 25전쟁 시 미국은 제164군사정보분견대 예하 미 제8군 문서팀을 창설하였다. 제8군 정보참모부 소속의 정보팀은 평양을 점령했을 때 '평

원생 상대로 통일교육(통일교육의 국제화) ⑤통일 관련 커리큘럼은 사람의 통합, 제도의 통합, 인프라의 통합 등 3개 주제이다. 조선일보, 2016.3.24.; 파이낸셜뉴스, 2019.12.26.

27) 통일부 통일교육원-알림마당-보도자료.

28) 교육부, 『교육통계서비스 통계간행물』(서울 : 교육부, 2014)

양프로젝트' 작전을 수행하여 '인디언헤드 기동대'와 함께 3주 동안 군사정보 가치가 있는 약 1,100건의 북한 극비 문서를 노획하여 6차에 걸쳐 항공수송으로 도쿄의 극동군사령부로 보냈다.[29)]

서독은 통일 전에 동독이 공산당원들에게 불리한 내용을 폐기한 슈타지 문서들을 인수한 후 '슈타지 문서관리청'을 신설하고 서독에서 암약하던 동독 첩자인 슈타지(비밀경찰) 약 2만여 명을 찾아내 통일 후 취업 · 공직 등을 제한하였다.

북한 정부가 체제를 유지하는데 운영한 국가안전보위부 등 3대 조직의 활동 자료를 한국 정부에 그대로 인계해 주면 가장 좋겠지만, 북한체제 붕괴 시 중국 · 러시아 · 미국 · 일본도 국익을 위하여 서로 극비문서를 확보하려 할 것이다. 따라서 한국정부가 먼저 북한의 극비문서를 확보할 수 있도록 가칭 '평양문서확보부대'를 창설하고 운용할 준비를 하여야 한다. 한국정부가 북한의 극비문서를 확보한다면 북한 정권에서 비인도적인 행위자와 한국에서 암약한 각계각층의 불법세력들을 체포하고 국법에 따라 조치할 수가 있다.

열세 번째, 정부는 합참의 민군합동상황실, 북한 정부와 지방자치단체에 파견되는 한국 공무원의 현황을 최신화하고, 공무원 개인은 임무를 숙지하도록 한다. 정부 부처의 공무원은 최소 6개월, 때로는 3개월 보직 후에도 자리 이동을 하고 있다. 국가비상대비훈련(UFG 연습)을 위하여 파견자의 파견 명령은 1년 단위로 하고 있고, 파견자 현황은 실무자만 알고 있다. 파견자 개인은 비상대비훈련과 연습 시 어느 소속으로 가야 하는지 모르고 있는 실정이다. 이러한 문제를 보완하기 위하여 각 정부 부처는 최소한 6개월 단위로 파견명령을 최신화하고, 파견자 본인이 숙지할 수 있도록 개인이 전자서명을 하는 시스템을 정착시켜야 한다.

열네 번째, 한국정부는 안정화작전 시 국내 · 외의 인도적 지원 기구들의 능력과 노력을 통합하고, 유관기관 간의 협조체제를 구축하여 효율적으로 운용되도록 한다. 국제사회는 전쟁, 기아, 자연재해, 인권유린 등 인류 보편적인 가치에 위배되는 상황이 발생하면 당사국의 문제로만 인식하는 것이 아니라 국제문제로 인식하고 있다. 그래서 유엔, 국제사회, 국제기구 및 비정부기구(NGO), 국내 · 외 민간기구들은 인도적 지원 차원에서 북한의 열악한 주거, 의료 환경을 보고 지원하려 할 것이다. 정부와 군은 유엔 및 국제기구와 지휘관계를 성립할 수는 있으나 국제사회와 민간기구와는 관계 성립이 제한된다. 그래서 국제사회와 민간기구가 한국정부와 군에 협조하는 체제를 구축하여야 한다.

29) 임원선, 『6 · 25전쟁, 미 NARA 수집문서로 보다』(서울 : 국립중앙도서관, 2016), p.50~51.

그리고 치안질서를 확립하고 주민 마음을 얻기 위하여 범정부 차원의 통합인도지원본부(KIHAC)[30]에서 인도적지원 계획을 수립하고 KIHAC-합참민군합동상황실(JCMOC)-군단·사단 민군작전본부(CMOC)로 이어지는 계통을 통하여 행정지역별로 균형있게 지원하여야 한다. 인도적지원의 협조체계는〈그림 5-2〉와 같다.

〈그림 5-2〉 인도적지원 협조체계

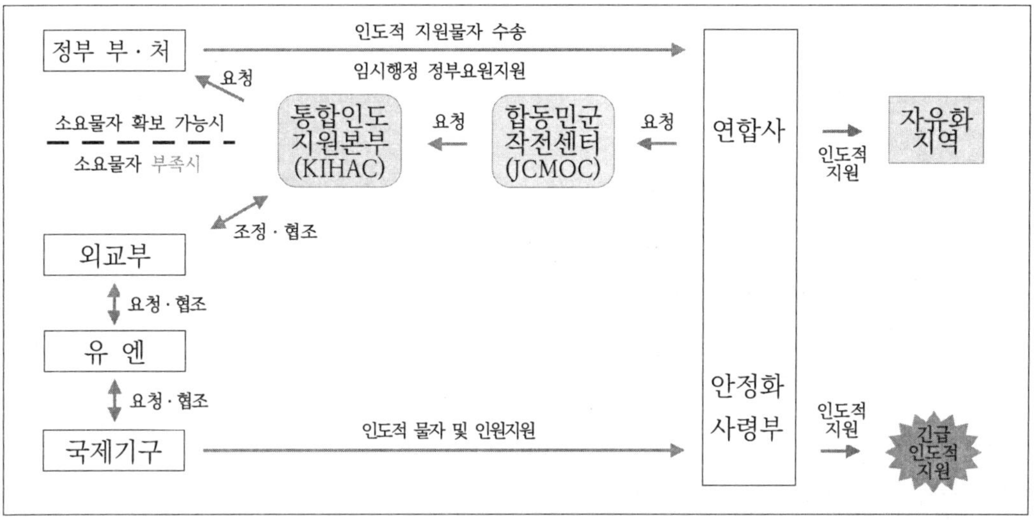

열다섯 번째, 한국정부와 군은 피난민 수용훈련을 하여야 한다. 레바논은 팔레스타인 난민이 유입 시 이를 수용하고 통제하는 국가정책이 미흡하여 난민들은 대이스라엘 투쟁을 하면서도 레바논 내 기독교 세력과 충돌하며 내전을 유발하였다. 반면에 서독은 동독 난민들을 지방자치단체 정부와 군부대 숙영시설까지 동원하여 모두 수용함으로써 치안과 사회질서를 안정적으로 유지하였다. 그래서 유입된 난민을 정부가 어떻게 수용하느냐에 따라 체제의 안정성이 달라질 수 있음을 알 수가 있다.

안정화작전 시 북한 주민의 이동과 탈출은 발생할 것이다. 과거 6·25 때도 많은 피난민이 남하하였다. 피난민은 중국·러시아를 경유하거나 직접 38선을 통해 남하할 것이다. 정부는 북한 피난민 10만 명을 수용하려고 준비하고 있다. 과거 UFG연습 시 행정자치부는 38선 인근의 경기도와 강원도의 주민이동 실제훈련을 하였지만, 피난민을 수용하는 훈련은

30) KIHAC(카이핵) : Korea Integrated Humanitarian Assistance Center, 통합인도지원본부-통합인도지원실에 설치된다. 육군교육사령부, 『교육회장 15-3-1』(2015), p.2-23.

하지 않았다. 레바논과 독일의 사례를 토대로 민간에서도 피난민 수용훈련이 필요하다는 의견이 대두되고 있다.

안정화작전은 38선 이북은 통일부, 이남은 행정자치부가 책임기관이지만 북한 주민을 제일 먼저 접촉하는 기관은 예하부대를 관장하는 국방부이다. 따라서 행정자치부, 통일부 그리고 국방부는 피난민을 수용하는 훈련을 해야 한다. 특히 국방부 예하의 전투부대와 안정화사단은 수용훈련 시 신원확인, 무기 여부, 성별, 시설, 식수, 음식, 구호 등 준비사항이 많이 있다. 군과 경찰은 피난민의 이동을 통제하고 관리하는 절차를 숙달하여야 한다. 피난민 통제 및 처리절차는 〈그림 5-3〉과 같다.

〈그림 5-3〉 피난민 통제 및 처리절차

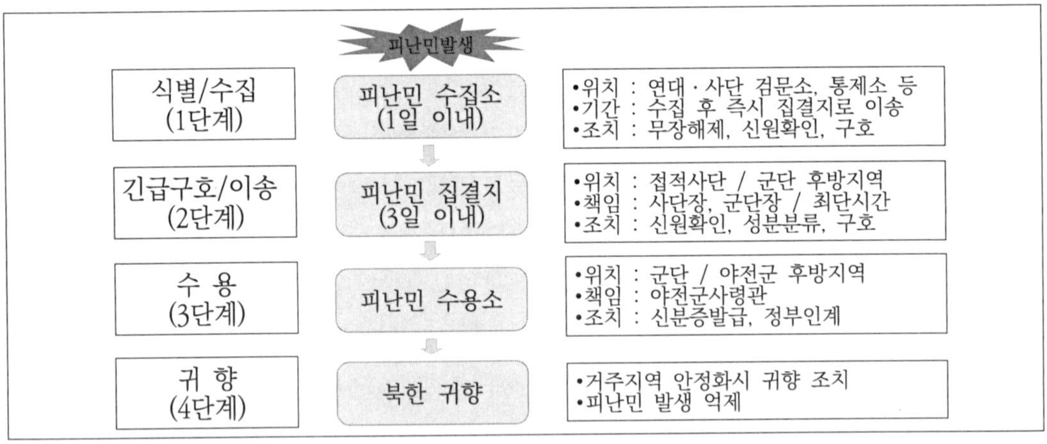

한국정부와 군이 피난민 수용훈련을 숙달할 수 있는 곳은 현재 육군이 운용중인 과학화 훈련장(KCTC)에서 가능하다. 미군은 전투현장에서 마주치는 민간인을 수용하고 처리하는 훈련을 파인랜드(Pine Land)라는 가상국가의 마을을 선정해 놓고 하고 있다. 미군은 미국에 귀화한 아랍·아시아·남미계 주민 100여 명을 고용하여 단순한 연기가 아닌 실제와 동일한 역할자로 하도록 하고 민사요원들은 피난민을 접촉하고 처리하는 훈련을 실전처럼 행동하고 사고하도록 요구하고 있다. 이러한 역할자들은 매우 사실적으로 역할을 수행하여 민사요원들이 최초 상황대처 시 몹시 당황한다고 한다.[31] 따라서 행정자치부, 통일부 그리고 국방부는 UFG연습 시 피난민 수용훈련을 실제 계획하고 절차훈련을 하여야 한다. 미흡

31) 강근영, 『미 민사부대 편성소개와 계획수립 및 훈련방법의 시사점』(대전 : 교육사령부, 2016), p.8.

한 부분은 보완 발전시켜 정부 부처(국방부, 통일부, 행정자치부)-지방자치단체-현장 수용소까지 단계별로 수용훈련을 숙달하여 혼란이 발생하지 않도록 하여야 한다.

2 제도분야

한국정부는 안정화작전 간에 기존의 북한 제도를 한국의 자유민주주의 체제로 전환하도록 준비하여야 한다. 한국의 체제가 북한 전 지역으로 확대되기 때문에 정부, 군, 민간에서는 분야별로 행정체제, 북한군 편입, 사회통합을 준비하여야 한다. 한국의 자유민주주의 체제는 행정 · 치안 · 사법, 군사 · 외교, 노동 · 복지 · 교육 등 전 분야에 다음과 같이 적용한다.

첫 번째, 한국정부는 행정 · 치안 · 사법제도의 확충계획을 수립한다. 먼저, 북한의 3개 시와 9개 도의 행정제도는 분단되기 이전의 모습으로 환원하여 공산주의 흔적을 지우는 한편, 한국정부 조직으로 개편하기 위한 조치로 정부의 각 부 · 처 · 청은 북한지역을 담당하는 전담부서를 신설한다. 그리고 북한지역의 지방행정 지원과 자문을 위하여 한국정부 내에 임시로 '북한지역 지원자문팀'을 설치하여 북한지역에 업무를 지도하고 방향을 제시한다.

또한, 북한 정권의 기업, 부동산 등 재산을 파악하고 관리하기 위하여 한국정부는 새로운 기구를 신설하여 북한재산실사 및 인수작업을 한다. 북한지역의 조세 · 일반행정체계, 의료체계, 연구체계, 교육체계, 생산 · 서비스체계 등 한국정부의 행정제도 확립을 위하여 남한의 각 기관과 자매결연을 체결한다. 그리고 안정화작전 시 북한 공무원의 퇴직, 행방불명, 미복귀로 공석이 발생하여 행정 공백이 발생할 수 있으므로 남한의 공무원이 파견되어 북한지역 행정을 지원하도록 한다.

치안제도 분야는 독일통일 과정에서 식별된 것으로 확충하여야 한다. 한국정부는 북한의 경찰, 국가안전보위부원, 인민보안부 인력을 일시에 해직하는 것은 좋은 방법이 아니다. 정부는 자유민주주의와 법치 정신을 구현할 수 있는 적성과 능력 및 전문성을 평가하고 신원조회를 통하여 반인도주의적인 사건에 연루된 사람은 탈락시키는 개별심사로 북한의 인력들을 재임용하는 것이 나은 방법이다. 부족한 인력은 남한에서 파견하여 공백을 방지함으로써 치안 질서를 확립할 수 있다. 그리고 북한지역으로 테러분자와 외국인 밀입국으로 안정화작전에 방해되는 범죄조직과 무장조직이 유입될 가능성이 있으므로 국경병력을 배치하여 차단한다.

사법제도는 북한의 사법기관들은 폐지하고 계류 중인 사건들은 한국법원에서 처리한다. 북한의 판·검사 인력은 적성·품성·능력·전문성 등을 평가하여 재임용하고 부족한 인력은 남한에서 지원한다. 안정화작전 시 유념할 사항은 국제법과 자유민주주의 헌법 가치에 훼손되면서 작전이 진행돼서는 안된다. 반공인사에 의한 개인감정으로 통제를 벗어나 보복테러, 살인, 약탈, 방화 등이 발생하기 쉽다. 안정화작전이 중요하고 급하다 하여 국제법과 인권을 무시하면 국제사회는 자국민 보호와 인도주의적 시각으로 우려하며 주변국 개입의 빌미를 제공할 수 있다.

또한, 안정화작전을 보장하는 국내의 관련법 정비가 필요하다. 독일통일과 레바논전쟁에서 식별된 발전방안으로 정부는 1997년 「북한 이탈주민의 보호 및 정착지원에 관한 법률」'을 제정하여 북한이탈주민을 지원하고 있으나, 남북통일 후에 남한으로 이주하는 북한 주민을 지원하는 법령 등은 미비되어 있다. 이외에도 정비가 필요한 법령들은 북한지역 행정정부조직법, 북한 행정구역 개편법, 파견 공무원법, 국경수비법, 치안조직 강화법, 사법기관 신설법, 북한군 인수법, 북한군 조약해약법, 대외채무변상법, 북한 주민 사회보장법, 핵 등 오염지역 환경정화법, 초·중·고·대학 교육제도 개편법, 방송통합법 등이 있다.

그리고 공산주의 체제 청산을 위하여 인권유린범죄자, 국경탈출사살 관련자, 간첩 행위자에 대한 법 제정이 필요하고 추가로 북한화폐통합, 북한재산 처리와 1948년 분단 후부터 억울한 피해를 받은 주민에 대한 복권, 한반도 균형발전 차원에서의 북한지역 인프라 재건법 등이다. 특히 2016년 3월 국회를 통과한 「북한인권법」에 따라 통일부 예하로 신설된 북한인권재단과 북한인권기록센터 그리고 법무부에 설치된 북한인권기록보존소 기록에 근거하여 인권을 침해한 자는 인도주의적 정신에 입각하여 법의 심판을 받도록 하는 등 미제정 법령은 전시법으로라도 제정되어 있어야 한다.

두 번째, 북한의 군사·외교는 한국정부가 승계하도록 준비한다. 독일통일에서 식별된 발전방안으로 북한군을 통합하기 위하여 한국의 국방부 예하에 가칭 '통합대비단'을 구성하여 북한군 지휘권 인수와 군 편제 조정 등 남·북한 군사통합업무를 추진한다. 통일 한국의 병력통합 수준은 주변국의 군사위협을 고려하여 적정수준으로 판단한다. 통합 시 북한군 장성 및 50세 이상의 간부는 적절한 보상절차를 거쳐 전역시키는 한편 사회 혼란 세력으로 나타나지 않도록 재사회화 한다.

외교분야는 북한이 체결한 국제조약, 협정, 대외채무는 한국이 승계한다. 1997년 국가안전기획부에서 발간한 「북한조약집(1948~1996)」에 따르면 북한은 1948년 9월 국가수립

이래 139개국과 3,290건의 양자조약을 체결했다.[32] 따라서 북한을 승계한 한국정부가 조약체결 당사국과 논의를 거쳐 '계속 유효', '조정' 또는 '효력상실' 여부 등을 결정한다. 또한, 추후 협상이 필요한 사안은 협상팀이 전담하여 미결 조약과 협정을 종결한다. 북한의 대외채무는 2008년 1월 11일 블럼버그 보도에 의하면 150억 달러[33]로 추정되며, 한국정부는 논의를 통해 청산한다.

세 번째, 정부는 기관별로 갈등유형별 맞춤식 갈등관리제도를 개발한다. 베트남전쟁, 독일통일, 레바논 및 이라크전쟁에서 식별된 발전방안으로 갈등관리제도는 갈등관리와 관련된 법령, 기관, 기법, 전문가를 포함하는 광의의 개념이다. 현재 대통령령「공공기관의 갈등예방과 해결에 관한 규정」에 의하여 분쟁과 갈등에 관련된 법령과 기구들이 운영되고 있다.[34] 그러나 안정화작전 간, 통일 후 갈등관리를 위한 준비가 기관별로 미비한 실정이다.

정부와 군의 안정화작전 간 북한지역으로 남한 시민들이 대거 이동해 점령군처럼 주택, 건물, 임야, 토지, 지하자원 등 자본주의 사고에 입각한 약탈, 사기, 강매 등 불법적인 행동으로 북한 주민의 피해사례가 많이 발생할 것이다. 독일통일 시 서독인에 의한 동독지역의 토지, 공장 등 부동산 관련 불법행위가 많이 발생하여 국가재정을 악화시키고 사회갈등을 유발하였다. 따라서 민·관·군 각 기관은 이에 대한 대책을 마련하여야 한다.

예상되는 갈등요인 중 개인적인 요인은 탈북자·난민에 의한 과거 소유권 주장, 북한 정권에서 박탈당한 인권 및 복권 문제, 일자리 문제 등을 예상할 수 있다. 국가 및 국제적인 요인은 제3국 정부와 기업·개인과 관련된 부동산, 지하자원 및 어업권, 항만·도로 사용권 등 양허권 문제 그리고 북한지역 통합을 하는 한국정부의 혼란한 틈을 탄 중국·러시아의 주권영토 갈등이다. 이러한 갈등을 관리하는 기법은 갈등영향 분석, 갈등관리위원회 운영, 참여적 의사결정방법, 개별 협상, 갈등조정회의, 설득, 정략, 회담 등 다양하다. 따라서 정부 부·처·청은 다양한 갈등이 발생하기 전에 갈등관리기법을 매뉴얼로 준비해 놓아야 한다. 그렇지 않으면 해방 후의 남한 토지문제 모습, 레바논전쟁 시 내분, 독일통일 후 소유권·인권·환경·부동산문제와 같은 현상이 남북한 주민 간에 폭력, 테러, 차별 등이 발생하여 국토통일 초기에 국론분열과 재정의 낭비가 예상된다.

---

32) 유 욱(2011), p.76.
33) 유 욱(2011), p.100.
34) 갈등관리 기구는 대통령 소속 국민대통합위원회, 국무총리 소속 갈등관리정책협의회·갈등점검협의회·행정협의조정위원회, 국민권익위원회, 중앙행정기관 소속 갈등관리심의위원회·중앙분쟁조정위원회, 지방자치단체 소속 갈등관리심의위원회·갈등조정협의회 등이 있다. Http://m.blog.naver.com/p...

그리고 갈등관리의 컨트롤타워는 정부 내 총리실 또는 책임부서를 지정하여 운용하되 유형별 갈등 예상에 따른 법령 제·개정, 갈등관리기법, 전문가 양성 등 준비상태를 민간기구까지 포함해 확인하고 지도해야 한다. 통일독일 정부에 의하여 추진된 갈등관리제도를 벤치마킹하는 것이 가장 효과적이고 방법일 것이다.

3 군사분야

국민의 번영과 국가의 안전을 목표로 하는 국가안보전략은 BH에서 작성하고, 안보전략을 군사력으로 뒷받침하는 국방전략은 국방부가 작성한다. 국방전략을 실현하기 위한 군사전략(방향)은 군사력 건설, 군사력 관리, 군사력 운영(작전)으로 구분되어 합참에서 추진한다.[35] 일반적으로 전쟁의 흐름은 다음과 같이 진행된다. 1단계는 비행장, 항만 등에 군사력을 펼치는 전략적 전개, 2단계는 적보다 유리한 지역에 주요부대를 위치시키는 작전적 기동(현재의 정전 모습), 3단계는 전투가 시작되면 승리하기 위해 싸워야 하는 전술적 전투, 4단계는 패퇴하는 적을 쫓아 추격하는 작전적 전과확대, 5단계는 전투가 종료되어 정부 통치로 전환하기 위한 전략적 종결이다. 전쟁의 시작과 끝 단계는 전략을 적용한다.

국방부와 합참은 5단계 전략적 종결단계에서 군사력 운영을 안정화작전으로 전개하여 안정화작전의 6대 27개 과업을 수행함으로써 정부의 자유화계획이 차질없이 진행되도록 보장하여야 한다. 이를 위해 안정화작전부대는 가용한 민·관 요소의 활동을 통제하면서 식별하거나 식별되지 않은 적에 대하여 공격전투와 방어전투를 동시에 하면서 작전을 해야 한다. 부대의 안정화작전이 성공하기 위해서는 완벽한 작전계획, 기구와 조직, 전문인력 및 교육훈련 등 제반 박자가 잘 맞아야 한다. 그 외에 안정화작전 교리, 작전 경험 등이 있으나 그중에서도 성공의 요체는 안정화작전의 계획과 교육훈련이다. 군사분야에서 안정화작전을 위한 발전방안은 다음과 같다.

첫 번째, 한국군은 안정화작전에 대한 실효적인 교리발전이 있어야 한다. 과거 한국군이 1960~1970년대 베트남전쟁에 참전하여 수행한 구호, 선무활동은 민사작전이었다. 한국

35) 군사력 건설은 현재보다 20~30년 후 더 강화된 국방 능력을 갖추기 위해, 군사력 운영(작전)은 과거에서부터 만들어져 온 현재의 것으로 작전계획이다. 작전술과 전술은 군사력 운영(작전)을 뜻한다. 작전술 의미는 쉽게 말해 낙동강을 방어하다가 인천상륙작전으로 방향 전환하여 나타나는 운용의 모습으로 연합사와 합참에서 담당하고, 전술은 정해진 작전지역에서 군단급 이하 제대가 운용하는 군사력 이용이다.

군은 2003년 미군의 이라크전쟁 교훈을 토대로 북한지역에서 군사작전을 하려면 민사기능과 함께 안정화작전도 하여야 한다. 한국군의 안정화작전 교리발전을 보면, 이라크전쟁에서 안정화작전의 중요성을 인식하여 2010년에 최초로「합동안정화작전」교범을 발간하였다. 그리고 2015년 3월에 군단급 이하 전술 제대에서 적용이 가능한「안정화작전」교육회장을 발간하는 등 한국군은 안정화작전에 대한 교리와 훈련방법을 적용하기 시작하였다.

유사시에 군계분계선 이북지역의 작전은 한미연합사, 이남 지역의 책임은 한국에 있다. 연합사는 작전 시 민간인에 대한 처리절차를「연합사 민군작전 실무지침서」에 반영하여 한반도 작전 시 활용하고 있다. 그런데 실무지침서에는 정부 부 · 처 · 청 명칭, 북한지역별 인구 현황, 파견 공무원 등이 누락되어 보완이 필요하다.

한국군의 안정화작전 교리회장 내용도 보완이 필요하다. 북한 주민 중 핵심 · 동요 · 적대계층이 몇 %인지, 북한 주민의 주요 질병명, 피난민 수용소 관리인력의 여성 50% 편성 필요, 교리 심의 시 법무관 포함 등 내용을 보완하면 안정화작전을 시행하는 부대에게 정확한 기준을 제공할 수 있다.

한국군의 군사교리는 교리 연구자가 중심이 되어 예비역과 현역장교가 포함된 가운데 토의를 거쳐 정립하고 있다. 이 과정에서 법 전문가, 학자 등은 제외되어 있어서 군사교리를 바탕으로 장병들이 임무 수행 간에 전쟁법, 군사법을 위배할 개연성이 높다. 교리연구 참가자 인원수를 확인한 결과 장성출신을 제외하고 21명이었다. 이에 반하여 2006년 12월에 발간된 미군의 야전교범인 FM3-24「대반란전」은 작성 시 참가한 인원은 육군 · 해병대 장교, 영국 · 호주군인, 인권변호사, 정치학 교수 등 총 135명[36]이었다. 미군이 군사 교범을 정립하는데 각 분야 전문가들이 폭넓게 참가하여 다양한 의견제시, 토의, 검증 등 보편 · 타당하게 연구하고 발간하였음을 보았을 때 한국군의 교리연구는 교리 내용과 질적인 면에서 참고할 만한 수준이라고 할 수 없다. 따라서 군사교리와 교범 연구에 참여하는 대상을 폭넓게 확대하여 그 내용을 믿고 작전을 할 수 있도록 교리발전이 있어야 한다.

두 번째, 한국정부와 군은 안정화작전 계획을 개념수준이 아닌 구체적으로 수립하여 실행 가능하도록 하여야 한다. 베트남전쟁 시 남베트남군의 계획 부재, 이라크전쟁 시 미군의 전후계획 미완성에서 식별된 발전방안으로 북한지역에서 안정화계획은 국가전쟁지도지침에서 출발하여 통일부의 충무0000기본계획[37]에 대략적으로 반영되어 있다. 정부의 각 부

36) 이근욱(2011), p.273.
37) 전시 자유화지역에 대한 정부 통치 이전까지의 통합계획이다.

처는 충무0000기본계획에 의하여 자체적으로 집행계획을 수립한다. 국방부는 0000계획, 연합사와 합참은 민군작전계획을 수립한다. 연합사는 유사시 북한군을 격퇴한 후 안정화작전 임무를 합참에 이양하고, 작전을 지원한다. 이때 작전의 중점은 북한주민 보호, WMD 확보 및 제거, 한국정부로 작전지역 이양준비를 하는 것이며 한국군의 작전계획은 한미연합작전계획[38]에 모두 포함되어 있다.

안정화작전을 수행하는 부대는 상비사단, 안정화사단, 민사부대이다. 이 부대들이 안정화작전을 제대로 수행하기 위해서는 다음과 같은 내용을 보완하여야 한다. ① 상비부대 작전계획에 기술되어 있는 민사부대의 규모가 불일치하고 임무수행 순서와 방법이 반영되어 있지 않으며, 또한, 북한주민 성향과 교전규칙이 미반영 되어 있어 계획의 보완이 필요하다. 안정화작전 계획수립 시 계획을 수립하는 담당 간부 몇 명이 작성하고 있는 현실이어서 전쟁법, 포로 취급, 피난민 처리, 인권 보장 등 실효적인 계획수립과 내용 반영이 부실할 가능성이 있다. ② 안정화작전 계획은 향토사단의 소수 간부가 사단~소대까지 수립하고 있어 작전계획의 실효성에 문제가 있다. 1개 사단 내 작전계획의 문건 수량은 아무리 적게 잡아도 수백 개가 넘으며 내용도 제대별 임무에 맞도록 작성되어 상이해야 하는데 비슷한 내용을 그대로 복사하여 유자하고 있는 경우도 있다. ③ 안정화사단에 배속되어 민사기능을 수행하는 민사부대는 사령부~중대까지 창설되고 작전계획의 문건은 수백 개가 넘는다. 각 제대는 자체 임무에 맞는 작전계획을 수립하여야 한다. 그래서 안정화작전 계획이 제대별로 기술되어 있는지 안정화작전 전문가를 사·여단별로 운용하여 점검하고 미흡한 부분은 보완한다. 안정화작전의 전문가는 해외파병 유경험(현역, 예비역), 법률가, 인권 전문가, 교수 등이다.

세 번째, 한국군은 안정화작전 시 중국군·러시아군의 북한진입을 차단할 계획을 수립해야 한다. 레바논전쟁 시 난민 유입, 이라크전쟁 시 알카에다 유입에서 식별된 발전방안에서 도출하였다. 한반도는 과거부터 고조선 시대에는 한, 고구려 때에는 수·당, 고려 시대에는 몽골, 조선 시대에는 청나라의 침입을 받아 국가가 흥망성쇠 하였다. 현대에 중국은 김일성의 6·25전쟁 발발을 소련과 지원하였고, 한·미 연합군이 인천상륙작전(9.15)을 개시하기 2개월 전인 1950년 7월 7일과 10일에 제1차 국방회의를 개최하여 13일에 중공군 제13병단과 제42군 등 총 25만여 명[39]을 압록강 일대로 집결하는 결정을 내렸으며 국제사회의

38) 연합작전계획 0~5단계 상황은 0~2단계는 긴장억제 및 도발대비, 3단계는 북한 국지도발과 전면전 등, 4단계는 점령지역 안정화, 5단계는 점령지역 통치지원·정부이양이다. 조선일보, 2016.1.22.
39) 국방군사연구소, 『중공군의 한국전쟁』(대전 : 국군인쇄창, 1994), p.3.

예상을 깨고 6·25전쟁에 직접 참전하여 한국군이 배치된 지역으로만 공격을 감행한 전례가 있다.

또한, 2014년에는 압록강과 두만강 일대에서 계절에 관계없이 북한으로 진입하려는 도하훈련과 지상종합훈련을 하는 등 방어훈련을 가장한 북한 개입훈련을 매년 하고 있으며,[40] 중국군의 여단급 주둔지는 두만강에서 불과 1.5km 떨어진 지역에 조성하였다.[41]. 중국군의 정황들이 갖는 의미는 〈표 5-6〉과 같다.

〈표 5-6〉 중국군 개입목적, 명분, 시나리오[42]

개입 목적	개입 명분	북한지역 개입 시나리오
• 친중국 정부 수립 • 중국에 북한망명정부 수립 지원, 한·미연합군 북한장악 저지 • 중국의 속국	• 북한 내 중국인과 중국재산 보호 • 핵 / 대량살상무기 회수 • 북한난민 관리 인도주의 활동	1. 상황관찰 2. 수색정찰과 난민 차단 3. 진입로 및 거점 확보 4. 핵·미사일 등 WMD 시설 접수 5. 지휘부와 평양 접수

한반도 유사시 북한지역으로 개입이 예상되는 중국군은 5개 군구[43] 중 국경과 가장 가까운 기존의 선양군구 2개 집단군(제16, 39)과 베이징군구 2개 집단군(제38, 26) 등 4개 집단군으로 편성된 북부전략구로 판단하고 있다. 북한지역으로 개입 시 가장 가까운 선양군구는 1주일 정도 걸릴 것으로 추정된다. 이 1주일은 한국정부에 주어진 '골든타임(Golden time)'이다. 현재 북한군은 평양 이남 지역에 주요 병력을 배치하였고, 평양~원산 이북에는 주요 군사력을 배치하지 않아 중국군은 유사시 한국군이나 북한군과 접촉없이 빠르게 평양까지 진격할 가능성이 농후하다. 평양 이북지역에는 영변의 핵 원자로와 노동미사일 기지, 무수단 미사일 기지들이 있다. 중국군이 만약에 이 지역을 먼저 접수하면 한국군은 무력으로 중국군을 제압하는 것이 사실상 어렵다. 그래서 애초에 중국군의 개입을 막지 않으면 우리 한민족은 중국의 억지로 '제2 분단' 가능성이 발생할 수 있다.[44]

---

40) 2014.1.10.~17일까지 백두산과 헤이룽(흑룡)강 지역에서 약 10만 명과 전차 등 수천 대 대형장비를 통해 종합훈련을 하였다. 중앙일보, 2014.6.26.

41) 함북 온성군과 마주 보는 접경지역 촨커우촌에서 두만강까지 직선거리는 1.5km이다.

42) 조선일보, 2014.6.20.

43) 중국은 전역을 7개로 나눈 7개 군구(베이징, 선양, 지난, 광저우, 청두, 난징, 란저우)를 5개 전략구(동, 서, 남, 북, 중)로 개편했다. 조선일보, 2015.12.21.

44) 중앙일보, 2014.6.26.

러시아는 우크라이나의 정치와 사회가 불안정한 틈을 이용하여 2014년에 우크라이나 영토인 크림반도를 합병하였고, 이후에도 우크라이나 동부지역에서 친러시아 민병대를 군사지원하여 영토확장을 추진하고 있다. 그래서 안정화작전 시 북한지역의 불안정한 정세를 이용하여 러시아군 또는 친러시아 민병대가 북한지역으로 진출할 수도 있다.

그래서 중국군이나 러시아군 또는 이를 지지하는 민병대가 북한지역으로 진출하지 못하도록 한국정부는 다음과 같이 대응하여야 한다. ① 평시에 한국정부는 주변국과 국방부장관회담, 국방연례회의 등으로 군사적인 유대감을 형성하고 상호신뢰를 구축하여 한반도의 주체는 한국인이며 북한지역을 승계하는 국가는 한국정부에게 있음을 분명히 주지시킨다. ② 북한지역에 진출한 중국군·러시아군을 찾고 물리적으로 대응하여 이들의 활동 실체를 밝힌다. 한국군은 인간정보와 위성 수단을 이용하여 1400km에 달하는 압록강·두만강의 차안과 대안에 요원을 운용하여 북한으로 진입하는 중국군·러시아군을 반드시 찾는다. 이를 위해서 한국군은 동·서해상에서 해상고속정, 잠수함 등을 이용하여 북한-중국, 북한-러시아와 연결되어 있는 교량 13개소와 도섭 가능한 장소를 확보하고, 중국군·러시아군의 진출을 차단한다. 특히 중국군·러시아군을 발견하면 경고와 함께 필요하다면 무력충돌로 이들을 격퇴·지연·경고하고 국제사회에 이를 알려야 한다.

네 번째, 한국정부는 통합되는 북한군의 병력, 무기, 탄약, 장비 등을 처리할 방향을 사전에 정립한 후 감축·해고하거나 활용·폐기하는 군사통합계획을 준비한다. 서독은 통일 전에 동독군 사후처리에 대한 계획을 구체화하지 못한 상태에서 동독군 통합을 추진하여 일자리가 없어지는 일부 동독 장병들이 쿠데타를 하려고 하였다. 또한, 동독군의 무기·탄약 처리계획이 하급부대까지 제때에 하달되지 않아 수십만정의 무기와 장비가 수집되었음에도 동독부대가 일찍 해체되고 경계병이 없는 바람에 민간인을 경계병력으로 편성하거나 일부 부대는 부대해체를 통일 후인 1991년 3월까지 연기하는 사례가 발생하였다.

2003년 미군은 이라크전쟁에서 초기의 주요전투에서 승리한 후 전국에 산재한 이라크군의 병기창과 무기고 내의 무기와 탄약 그리고 장비 등을 처리할 행동을 하지 않고 방치하고 있다가 연합군 임시행정청의 이라크군 해체로 일자리를 잃은 수십만 명의 군인들은 총기와 탄약을 휴대하고 적대세력에 합류하였다.

따라서 한국정부는 북한군의 무기·장비·물자·탄약 등은 한국군 수요에 비하여 초과 보유할 필요가 없으므로 주변국의 군사력을 고려하여 꼭 필요한 것은 전력화하고 기타는 유엔평화유지군에게 인계, 인수 희망국에게 공여 또는 매각 등을 통하여 재원을 확보한다.

또한, 북한지역의 군부대 훈련장, 주둔지, 건물도 활용 또는 민간에 매각하여 재원을 마련한다. 128만 명의 북한군이 일시에 전역하면 사회 혼란을 초래할 수 있으므로 자유민주주의 체제로의 재사회화 과정을 토대로 전역, 한국군 편입, 명예퇴직 그리고 일자리를 지원하는 정책으로 그들이 일상적인 생활이 가능하도록 하여야 한다. 북한의 군대는 한국군에 편입될 부대, 일정기간 활용 후 해체할 잠정부대 그리고 즉각 해체할 부대 등 3개 부류로 구분하여 선정해 놓는다. 위와 같은 계획을 수립하기 위하여 북한군의 내부 자료를 정확히 확보하는 것이 중요하다.

다섯 번째, 한국정부는 안정화작전 시 미군의 역할과 진출선을 한정한다. 중국・러시아는 한반도의 미군 주둔 위치, 무기배치, 훈련 등에 매우 민감한 반응을 보이고 있다. 2016년에 한국이 북한의 고고도 미사일을 탐지하는 미군의 사드(Terminal High Altitude Area Defense, THAAD 종말단계 고고도 지역방어)체계[45]를 배치하는 사안까지 유엔안전보장이사회에서 반대의견을 문서화하려고 하였다. 특히 중국은 6・25전쟁 시 전쟁발발 1개월도 안된 7월 중순에 미군의 한반도 개입을 고려하여 만주 일대에 군부대를 집결시키는 단호하고 빠른 군사전략을 시행하였다. 따라서 안정화작전 시 미군이 평양 이북까지 진격한다면 중국은 또다시 한반도로 진입하려 할 것이다. 미군의 진출선을 한정하여 중국군이 압록강 두만강을 도강하지 않도록 하여야 한다.

여섯 번째, 한국정부는 남북통일 전에 북한지역에서 안정화작전을 시행할 기구와 조직편성, 부대 창설, 인력 편성을 완료하여야 한다. 베트남전쟁 시 호찌민 세력의 활동, 이라크전쟁 시 미군의 역할이 성공하여 도출된 발전방안이다. 우선 군부대 내 안정화작전의 기구와 조직, 인력이 보강되어야 한다. 유사시 정부의 안정화계획이 개시되면 통일부장관을 본부장으로 하는 통합인도지원본부(KIHAC)는 통일부 등 00개 부처 공무원이 파견되어 임무를 수행한다. 국방부(국방정책실)는 안정화작전을 주도하고, 연합사와 합참은 민군합동상황실을 운용하여 예하부대의 작전 진행을 감독하며, 정부의 각 부처에서 연락관이 민군합동상황실로 파견되어 작전을 지원한다. 상급기관 정책부서의 기구와 인력은 임무를 수행할 준비가 되어 있다. 그러나 육군・해군・공군・해병대의 본부와 예하부대는 전시계획에도

45) 국방부, 『2016 국방백서』(대전 : 국군인쇄창, 2016), p.61. 사드(THAAD)체계 단・준중거리 탄도미사일이 목표지역을 향해 하강할 때 40~150km 고도에서 직접 맞춰 파괴하는 탄도미사일 방어체계로서 사드 1개 포대는 통상 포대통제소, 사격통제레이더 1대, 발사대 6기, 요격미사일 48발로 구성된다. 사드체계는 40km 이상의 높은 고도에서 북핵・미사일을 요격할 수 있기 때문에 지상에 피해를 주지 않는다.

준비가 미흡하다.

육군 · 해군 · 공군 · 해병대의 본부와 연대급 이하 부대는 평시와 전시계획에도 안정화작전을 전담하는 편성이 없으며, 군단 · 사단은 평시에 민군(민사)작전장교 1명만 편성되어 있고 전시에는 민군작전센터가 편성되는데 인원 편성은 미정이다. 군사령부는 현재 민사심리전과가 편성되어 있으나, 전시에는 민군작전센터(CMOC)만 편성되어 있고 인원 편성은 미정이다. 민군작전센터는 행정반, 치안반, 구호반, 선무반, 자원관리반, 인도지원팀으로 편성되어 있다.

안정화작전 시 북한 주민들을 현장에서 직접 접하고 실질적인 작전을 하는 연대급 이하 부대에 안정화작전 편성 조직과 전문인력이 없는 것이 문제이다. 이러한 상태로 북한지역에서 안정화작전을 효과적으로 수행하는 것은 불가능하다. 미편성의 원인은 조직의 편성책임이 있는 각군본부가 안정화작전의 중요성을 반영하여 제대별 안정화 조직의 편성까지 확대하여야 하는 것을 인지하지 못한 결과이다. 편성 권한이 있는 각군본부는 미편성 부서 또는 1명만 있는 부서는 신편과 인원을 보충하고, 군사령부와 사단의 민사심리전과는 작전참모부에서 분리하여 민군작전부로 개편하고 독립적인 기능을 하여야 한다.

안정화작전을 수행하는 기구와 조직, 인원의 보강 외에 평시에 안정화작전 수행부대를 창설하여 운용하고 실효성을 보장하여야 한다. 안정화작전 부대란 작전을 수행하는 모든 군 가용작전요소로서 전투부대, 안정화사단, 민사부대를 통칭한다.[46] 안정화사단과 민사부대는 평시에 편성되어 있지 않고 전시에 창설되는 부대이다. 공통점은 평시에 생업에 종사하느라 안정화작전의 교육훈련을 받은 경험이 없는 예비군이 동원되어 임무를 수행해야 하는 것이다. 그리고 부대 창설 시기는 대부분 동원령 발령 후 M+0~M+0일까지이다. 평시에 창설되어 있지 않아 예비군을 교육 훈련할 전문교관이 없어서 안정화작전을 효과적으로 발휘할 수 없다. 그래서 KR/FE(Key Resolve/Foal Eagle)[47]와 UFG연습 시 정부와 군부대의 안정화작전은 실질적인 훈련 없이 했다 치고로 하고 있다.

이라크전쟁이 진행되는 동안 미군은 안정화작전에 대하여 사후약방문식으로 대처하였다. 미군은 미군의 안정화작전을 보좌하는 이라크보안군을 육성하기 위하여 치안전환사령부를 창설하였고, 수준을 높이기 위하여 상설 훈련부대인 육군 예비군 제98사단에서 자문팀을 차출하여 지원하였다.[48] 따라서 한국군은 평시에 안정화사단과 민사부대를 최소 1개 부대

46) 육군교육사령부(2015), p.1-1.

47) 한반도 유사시 한미 작전계획에 따라 대규모 미 증원군의 병력 · 장비를 신속히 한반도에 들여와 최전방 지역으로 전진 배치하는 절차를 숙달하는 실전훈련이다.

만이라도 상설훈련부대로 창설 운용하여 안정화작전을 숙달해야 한다.

창설되는 안정화사단과 민사부대는 조기에 투입한다. 후방지역에서 M+0일부터 시일을 두고 각 다른 지역에서 창설된다. 창설된 후 북한지역까지 이동하려면 교량 파괴, 싱크홀 도로, 피난민 난입 등 상황에서 병력, 장비, 물자, 유류 등을 적재한 수십만 대의 차량은 요구하는 시간에 적시에 도착하지 못할 것이다. 따라서 안정화사단과 민사부대는 창설 후 안정화작전에 대한 교육훈련을 숙달하고 전방사단의 작전적 기동이 종료되고 군단 예비부대가 작전지역을 인수하기 전에 군단 예비부대 직후방까지는 안정화사단과 민사부대가 도착해야 한다. 조기에 투입하는 또 하나의 방안은 현재 계획된 안정화사단과 민사부대의 창설 시기를 최소 M+00일 이전으로 조정하여 창설할 수 있다.[49] 안정화부대의 지연 투입 시 전방 전투부대는 유휴병력이 발생할 수 있고, 이라크전쟁에서처럼 주민약탈과 저항활동이 발생하더라도 전투부대 특성상 대응하기에 부적절하다.

또한, 안정화사단과 민사부대는 예하 제대별로 임무를 수행할 책임지역을 시 · 군 · 구 단위로 구분하여 부여하고 전투세부시행규칙과 개인임무수행철에 반영하여야 한다. 현재 한국군의 연대급 이하 작전 책임지역은 명확하게 구분되어 있지 않다. 6 · 25전쟁 시 북한 제706치안여단은 서울 점령 후 12개 연대와 500명 규모로 편성된 대대를 각 연대에 4개씩 편성하여 각 지방의 주요지역 치안을 담당하였다.[50] 각 대대는 시 · 군 단위로 책임지역을 담당하여 민간인 통제, 행정지원, 고립된 국군 섬멸, 철수로 확보 등 다양한 임무를 수행하였다. 따라서 안정화사단은 각 대대를 시 · 군 단위로 배치하여 작전을 하여야 한다.

안정화작전을 수행하는 기구와 조직, 부대 창설 외에 추가로 인력 편성을 다양하게 구성하여 운용한다. 인력의 편성은 민간인, 북한이탈주민, 북한군 출신도 포함하여 안정화작전 임무를 효과적으로 수행하도록 한다. 우선, 안정화사단 편성은 주민을 상대로 민심안정과 치안질서를 수행하기 때문에 치안, 행정, 구호 등을 하는 참모부와 지방재건팀(PRT)의 인원 편성은 군 · 관 · 민으로 조정하여 혼합 편성한다. 창설하는 부대의 인원은 전원 군인이다. 안정화작전은 그 특성상 광범위하게 행정체계와 주민자치체계를 구축하여 통치체제를 확립해 가는 과정이므로 민간인, 국제기구, 비정부기구 등과 협력해야 하는 까닭에 군사적

48) 손석현(2014), p.200.

49) 6 · 25전쟁 시 한국군 제3사단은 1950.10.1. 38선 돌파 후 제6사단이 10.26 초산에 도달하기까지 26일 걸렸다. 안정화부대들은 전방부대의 작전 속도에 맞추어 투입될 수 있어야 한다.

50) 서용선 · 양녕조 · 신영조, 『한국전쟁연구 : 점령정책, 노무운용, 동원』(서울 : 국방군사연구소,, 1995), p.45~46.

인 요인만으로는 문제해결이 곤란하다.

안정화작전 임무 수행 시 비군사적인 요인이 상대적으로 많이 발생하여 적극적으로 대처할 필요가 있으며, 이를 위해 군 자체만의 군인이 아닌 정부·지방자치단체에서 파견된 요원과 해외파병 시 안정화작전 경험자, 현지 우호·동조세력 등 인원 편성을 혼합하여 편성한다. 이와 같이 인원을 혼합 편성하면 안정화사단를 창설하는 병력동원 소요는 최대 00% 이하 수준으로 경감할 수 있고, 창설에 필요한 시설, 장비, 물자를 그만큼 경감시켜 창설부대의 부담을 획기적으로 경감할 수 있다. 현재의 창설 계획보다 훨씬 슬림화하고 경량화하며 무엇보다 과업수행의 전문성을 극대화할 수 있다. 민사부대도 군·관·민 전문인력으로 혼합 편성한다.

또한, 안정화작전 시 우호적인 북한이탈주민을 활용하여야 한다. 북한이탈주민은 북한지역에서 생활하였기 때문에 안정화작전부대가 상대하는 주민들의 언어, 사회풍속, 문화 그리고 마을, 산악, 하천 등을 남한의 그 어느 누구보다 잘 알고 있어서 작전부대에 큰 도움이 된다. 과거 6·25전쟁 시 중공군 제13병단 예하 28군은 조선족 735명을 전방부대에 배치하였다. 1개 분대에 1명씩 작전 시 안내, 야영지 선정 시 선발 대원, 정찰병, 작업 시에는 노동자 역할을 하였다.[51] 이와 같은 역할을 한국군의 안정화작전 시 잘 수행할 수 있는 사람은 북한이탈주민이다. 현재 한국에는 북한이탈주민 3.3만 명이 입국해 있다.[52] 이들은 큰 통일자산이다. 북한의 언어, 습관, 군사지식, 지역 정보 등 사회문화정보와 자연환경을 잘 알고 있는 북한이탈주민은 안정화작전에 있어서 최고의 무기이다. 그러나 정부와 군은 북한이탈주민의 자산을 미활용하고 홀대하는 것 같다. 한국군은 북한이탈주민을 관리하고 이들을 안정화작전부대의 분대까지 배치하여 안내, 정찰, 첩보, 주민 접촉, 우호세력 확보, 주민특성 등을 파악하는 역할을 하도록 하여야 한다.

특히 안정화작전 시 한국군은 북한군의 핵, 대량살상무기 등 전략무기와 재래식 무기들의 위치를 잘 알고 있는 북한군 고위 장성을 활용하여야 한다. 북한군의 무기를 신속히 확보하여 주변 국가 또는 적대세력이 확보하지 못하도록 하기 위함이다. 독일통일 시 서독은 동독군을 인수할 때 동독의 국방부장관, 참모총장, 사령관들을 고문관으로 임명하여 동독군의 병력, 장비, 시설, 훈련장 등을 빠짐없이 인수하면서 외부로 유출된 것이 없었으며 인수 대상들의 장점과 단점을 모두 파악할 수 있었다. 따라서 한국군도 우호적인 북한군 고위직

---

51) David Tsui, 『중공군의 한국전쟁 참전Ⅳ』(서울 : 한국전략문제연구소, 2007), p.186.
52) 통일부, 『2020 통일백서』(서울 : 사단법인 장애인동반성장협회, 2020), p.147.

인력을 선발하여 북한군 인수 시부터 인수등급을 분류하고 특히 핵, WMD 무기와 시설 등이 외부 세력에게 인수되지 않도록 하여야 한다.

일곱 번째, 한국군은 안정화작전 시 지상군의 병력 부족을 예방하기 위해 「국방개혁기본계획(2012~2030)」의 상비병력 감축 계획을 재검토하여야 한다. 국방개혁기본계획에 의하면 지상군의 병력은 점차 감축하기로 되어 있다. 안정화작전부대는 임무를 완수하기 위해서는 적절한 안정화 병력이 필요하다. 미군은 이라크전쟁 안정화작전(제Ⅳ단계 작전계획) 시 최초에 30만 명[53)]이 필요하였으나, 아프가니스탄전쟁의 조기 종결에 따른 지나친 자신감으로 약 14.2만여 명만을 투입하는 바람에 이라크군과의 초기 주요전투 종료 후에 발생한 약탈, 살상, 폭동, 시위들을 저지할 병력이 부족하여 이라크전쟁의 장기화를 초래하였다. 그 결과 제2의 베트남전쟁이 되는 것이 아니냐 하는 불안감을 낳았다.

북한지역에서 안정화작전을 위하여 필요한 병력은 2007년 RAND 연구소[54)]의 연구결과에 의하면, 지역주민 1,000명당 병력 13명 소요 시 총 312,000명이 필요하고, 억제 및 격퇴, 재래식무기 해체, WMD 해체, 국경통제 등 군사 및 비군사적인 임무까지 포함 시 총 405,500명이 필요하다고 추정하였다.[55)] 그리고 국내 · 외 일부 전문가는 30~40만 병력이 필요하다고 하였다.[56)] 저자는 2019년 북한의 인구 2,525만 명을 기준으로 북한 주민만을 위한 안정화작전 병력은 328,250명이 소요되었다. 국방개혁기본계획에 의하면 상비병력의 규모를 단계적으로 감축해 2022년까지 육 · 해 · 공 · 해병대 병력을 총 52.2만 명으로 유지하는 목표로 추진하고 있다.[57)] 52.2만 명 중에 육군은 38.7만 명으로 계획되어 있다.[58)] 육군의 38만여 명에는 전차, 장갑차, 헬기 등 무기 운용 조종수 · 운전병, 부대 경계병 · 취사병까지 포함되어 있어서 이들을 제외하면 주민을 통제할 수 있는 병력은 더욱 감

53) 20개의 전투여단 약 125,000명 전투병력과 부가적인 임무를 수행하는 175,000명의 비전투원 등 총 30만 명을 필요로 하였다. 이라크 인구 약 2,550만 명을 고려하여 주민 1,000명당 11명의 병력 소요로 판단하였다. 손석현(2014), p.81.

54) 랜드연구소(RAND Corporation)는 제2차 세계대전 직후인 1948년 미공군사령관 출신인 헨리 아놀드의 제의로 더글러스 항공사와 공군의 후원하에 설립된 연구소로 현재 1,000여 명의 전문 연구인력이 포진해 있는 미국 최고의 싱크탱크이다.
랜드연구소의 가장 큰 무기이자 자랑거리는 '국가적인 자원'으로 불리는 연구인력이며, 연구 영역은 미국 내 안보 및 정치 경제 분야에서부터 세계 군사전략, 테러리즘, 보건, 지역 문제, 교육 등에 이르기까지 실로 다양하며, 이 연구소의 연구결과는 미국의 전 세계 운영 전략과 정책에 큰 영향을 미치고 있다.

55) 손석현(2014), p.176.

56) 조선일보, 2016.1.22.

57) 국방개혁에 관한 법률 제25조에는 2020년까지 50만 명을 목표로 명시했다.

58) 국방부, 『2020 국방백서』.

소한다.

한국군이 주민의 안전과 치안확보를 보장하는 안정화작전의 소요 병력을 현역이 아닌 예비군(300만 명)으로 보충한다면 가능하다. 군이 예비군을 안정화작전에 운용하려면 작전에 투입하기 전에 교육과 훈련이 선행되어야 한다. 그렇지 않으면 예비군이 배치되어 있는 현장에서 북한 주민들에 의한 약탈, 살상, 폭동, 시위가 발생했을 때 바로 초기에 혼란을 통제하지 못하여 추가적인 병력 증파를 할 수가 있고 더 나아가 주변국의 개입을 초래할 수 있다. 그래서 한국군이 안정화작전의 유지 병력을 안전하게 확보하려면 국방개혁기본계획의 현역병 감축계획을 수정하거나 예비군의 교육훈련이 선행되어야 한다.

여덟 번째, 한국군은 안정화작전의 교육체계를 정립하여야 한다. 현재 한국군의 안정화작전 개념과 작전계획은 부대전시계획에 포함되어 있다. 그러나 평시에 군사교육과정과 군부대에서 교육하는 내용은 공격전투와 방어전투에 적용하는 접적행동, 탐색격멸과 같은 소부대 전술 위주로 하고 있고 필요한 안정화작전의 교육은 하지 않고 있다. 간부 대상 중 장교는 양성과정(사관학교, ROTC, 3사관학교), 보수교육과정(초등군사반, 고등군사반, 각군대학, 합동대) 그리고 지휘관리과정(사단장 · 연대장 · 대대장)에서 안정화작전의 교육이 있어야 한다. 현재 어느 과정에서도 안정화작전에 대한 교육이 없으며, 다만 합동대 교육 시에만 1~2시간 정도 반영하여 소개 교육하고 있다. 물론 부사관의 교육과정에도 안정화작전에 대한 교육이 없다. 또한, 안정화작전 교육에 대한 측정도 없다. 안정화작전의 교육내용 평가는 공격 및 방어작전 과목처럼 작전명령, 투명도, 민 · 관 · 군 협조체계 등을 포함하여 평가한다. 군부대 중 유일하게 연합사는 과거 UFG연습 전에 연 2회 각 1일씩 각 부대의 민군담당자들만 소집교육을 하였다. 따라서 군은 간부(장교 · 부사관)의 양성과정 · 보수교육과정 · 지휘관리과정에 안정화작전의 교육 시간을 반영하고 안정화작전 내용을 평가하는 교육체계를 구축하여야 한다.

안정화작전의 교육내용은 안정화작전 개념과 진행절차, 교전규칙, 포로고문금지, 민간인, 작전준비, 전쟁법, 파견 공무원과의 협동임무수행, 주민성향이 포함된 북한 사회문화정보 등이다. 특히 교전규칙, 포로고문금지, 민간인 보호 등 제네바협약과 같은 국제법과 계엄령, 훈령과 같은 국내법 그리고 외국인 자산에 대한 보호 등의 전쟁법 지식이 매우 부족하다. 따라서 안정화작전 시 북한 주민과 직접적으로 최일선에서 임무를 수행하는 초급 간부와 병사에 대한 교육이 필요하다. 또한, 북한의 언어, 문화, 사회생활, 풍속, 문화재, 성별 인구분포, 주민계층 등에 대한 사회문화적 정보 교육이 필요하다. 남북은 70년 이상 분단되어 생활해 왔기 때문에 북한에서 사용하고 적용하는 사회문화정보가 부족하다. 따라서 국방부는 군의 중추적인 임무를 수행하는 간부의 교육과정에 안정화작전 내용을 반영하고 측정하여 그 내용을 숙지하도록 한다. 북한의 사회문화정보는 통일부 등 관련 기관과 협조하여 수집하거나 북한이탈주민을 교관으로 활용하여 교육하는 방법도 있다.

아홉 번째, 한국군은 부대별로 안정화작전을 숙달하여야 한다. 현재 한국군의 작전계획 문서에는 안정화작전 내용이 포함되어 있으나, 안정화작전 훈련을 하지 않고 있어서 성공적인 임무달성을 보장할 수 없다. 부대훈련은 안정화작전 계획에 포함되어 있는 군사적, 비군사적인 임무에 중점을 두고 훈련하여 숙달한다. 안정화작전의 최종 목표는 주민의 안전과 치안의 확립으로 통일정부의 통치를 지원하는 것이다. 군은 주민 안전과 치안확립을 위하여 안정화작전의 수행과업을 부대별 임무달성에 부합되게 숙달하여야 한다. 수행과업은 안정화를 위한 군사작전, 민간의 안전확립, 민간의 통제체계 확립 지원, 필수공공서비스 복구, 경제 및 사회기반시설 발전 지원, 정부통치 지원 등 6대 과업이며 소과업은 27개이다.[59]

각 부대는 수행과업을 더욱 세분화하고, 병 기본훈련, 주특기훈련, 소부대~대부대훈련 시에 숙달한다. 안정화작전의 창끝은 북한 주민과 현장에서 1:1로 접촉하는 20대의 젊은 각개병사이다. 부대는 20대 병사의 특성을 고려하여 무분별한 언행으로 작전에 지장을 초래하지 않도록 반드시 훈련으로 숙달하고 평가해야 한다.

부대와 장병에 대한 평가 시기와 방법은 군전투지휘검열, RCT(Regimental Combat Team, 연대전투단), ATT(Army Training Test), 군훈련시험 등을 할 때 6대 27개 과업 임무수행 준비상태를 병기본 측정과목과 간부 전술평가 과제에 포함하여 구술 및 행동평가로 숙달하도록 한다. 미군은 안정화작전을 위하여 미군을 보조하는 이라크보안군의 작전 효과성 그리고 훈련 및 장비태세를 측정한 전환태세평가(Transition Readiness Assessment, TRA)체계를 적용하여 level 1에 도달하도록 숙달시켰다.

한국군은 특히 북한 핵 및 대량살상무기[60]를 처리하는 훈련을 해야 한다. 북한은 핵과 대량살상무기(WMD)를 평양을 비롯하여 평양 이북지역에서 은밀하게 계속 개발하고 있다. 특히 핵은 소형화, 경량화, 규격화, 표준화에 성공한 듯하다. 그리고 무기생산과 발사기지도 북한지역에 산재되어 있어 이를 제거할 부대와 전문인력 소요도 필요하다. 안정화작전 부대가 이러한 군사적인 분야까지 완수하려면 훈련으로 숙달할 수 밖에 없다. 미군과 마찬

59) 육군교육사령부(2015), p.1-29~1-31.
60) 국내법으로 대량살상무기를 규정하고 있는 법률은 '공중 등 협박목적 및 대량살상무기 확산을 위한 자금조달행위의 금지에 관한 법률'이다. 군사적 관점에서 규정하는 법령 제정이 필요하다.

가지로 한국군도 유사시에 핵 및 WMD 제거 작전을 한다.

핵 및 대량살상무기 제거 작전은 육안으로 직접 확인하고 조치하는 보병 0개 대대가 실시한다. 제거 작전은 1단계(격리) → 2단계(탐색 및 분석) → 3단계(파괴) → 4단계(감시 및 재조정)로 진행된다. 제거 작전 시 보병대대는 1단계로 핵 및 대량살상무기가 있는 것으로 추정되는 시설물의 외곽을 경계하여 주변 세력과의 연계를 차단하여 격리한다. 보병대대의 예하 1개 중대는 첨병부대로서 EOD(Explosive Ordnance Disposal, 폭발물처리부대), 공병, 화학 그리고 의무부대와 함께 시설 내부로 진입하여 핵·대량살상무기 여부 식별과 확인을 하는 초기임무를 수행한다. 2단계 이후부터는 한·미 대량살상무기 제거작전 TF가 임무를 수행한다. 그런데 현재 1단계 임무를 수행하는 보병대대 0개로는 북한 전 지역에 분산되어 있는 핵 및 생물학, WMD 등을 탐지하는 것은 불가능하다. 그리고 북한 동부지역을 담당하는 한국군 제거부대는 미편성되어 있다.

북한의 핵 및 대량살상무기를 제거하는 훈련을 하기 위하여 첫째, 매년 국가비상대비훈련(UFG연습) 시 핵 및 WMD 제거 연습을 실제훈련으로 하여야 한다. 현재는 메시지로 훈련하고 있고 실제 병력·전문가와 장비가 동원되지 않고 있다. 따라서 국방부는 국가비상대비훈련 시 핵 및 대량살상무기 탐지부대와 전문인력이 참가한 가운데 화생방방호사령부가 주관하여 실질적인 합동훈련을 하도록 해야 한다. 또한, 현재 화생방방호사령부는 제대로 된 WMD 처리 훈련장이 없으므로 훈련장 부지를 확보하고, 관련 부대를 통합하여 지도하고 훈련시켜야 한다. 둘째, 안정화작전 시 핵실험 장소이었던 평북 영변(원자로), 함북 길주군 풍계리 지역은 부대와 민간인 진입을 금지하고, 전문인력이 임무수행 하도록 해야 한다. 셋째, 북한에 진입하는 안정화사단별로 1개 이상의 보병대대를 핵 및 대량살상무기 탐지전담부대로 지정하여 운용한다. 핵 및 대량살상무기 탐지전담부대는〈그림 5-4〉와 같이 편성되어 임무를 수행한다.

〈그림 5-4〉 핵 및 대량살상무기 시설 탐지 및 식별 작전수행도

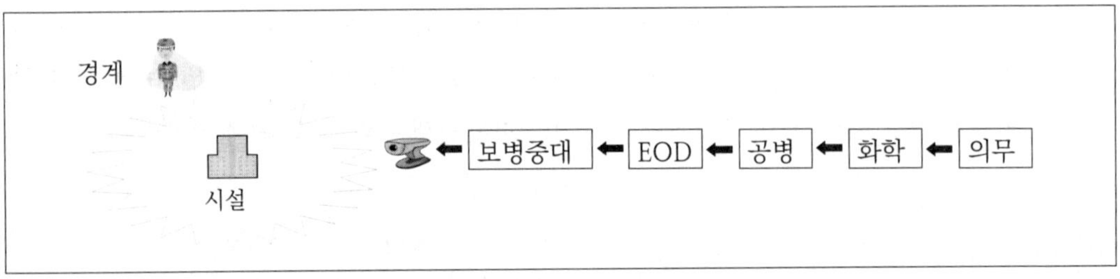

핵 및 대량살상무기 탐지전담부대는 작전 병력의 인명손실을 예방하기 위하여 최첨단 로봇을 선두에 운용하고 바로 뒤 후방에서 후속하는 보병중대가 이를 통제하면서 시설 내부로 진입한다. 보병중대 뒤로는 EOD, 공병, 화학, 의무부대가 후속한다. 핵 및 대량살상무기 뿐만 아니라 재래식 무기, 생물학 무기 등을 생산·제조, 저장, 배치한 곳이 1개 도(道)에 1개 만이 아니다. 북한의 동·서해안, 산악지대 등 자연지형을 이용하여 파악할 수 없을 만큼 은밀하게 있다. 핵 및 대량살상무기 시설, 생물학 관련 시설 등은 한·미 인공위성자산, 인간정보, 해외정보로 확보하고 DB화하여 정보를 안정화작전부대에 전파하고 확보하도록 해야 한다.

한국군이 훈련으로 숙달해야 하는 또 하나의 안정화작전 과제는 시가지 전투수행훈련이다. 북한의 많은 주민은 아직도 농촌과 어촌 등에서 생활하고 있지만, 평양을 비롯한 도시지역으로 인구가 집중되고 도시화가 더 진행되고 있다. 한국군이 안정화작전 시 시가지 전투에서 성공하면 도시를 확보하여 시민의 안전과 치안을 유지할 수 있다. 도시지역은 건물이 밀집되고 많은 시민이 거주하고 있어서 치안이 확립되지 않으면 저항세력을 색출하는 것이 어렵다. 미군이 이라크의 수도인 바그다드의 시가지 전투에서 상당히 고전하였다. 다행히 미군이 이라크전쟁을 종결할 수 있었던 시가지 전투수행방법은 '소탕'-'장악'-'구축' 3단계이었다.

한국군의 안정화작전부대가 수행하는 시가지 전투수행방법을 포함하여 안정화작전 시의 전투수행 모델은 다음과 같다. 1단계는 분리(Separation)이다. 인구 밀집지역인 평양 등 시가지 전투지역이 선정되면 작전지휘관은 선무방송, TV, 삐라, 조직, 인편을 통하여 도시주민을 소개시켜 안전을 확보한 후 전기, 상·하수도, 학교 등 기반시설과 공공시설 이용을 차단하여 저항세력의 의지를 약화시킨다.

2단계는 소탕(Clear)이다. 주민과 분리되어 은거하면서 게릴라전, 심리전, 배합전으로 4세대 전쟁을 수행하는 저항세력을 격멸하는 공세작전으로 안정화작전부대는 최첨단 과학기술을 이용한 네트워크 환경으로 사각지대가 없도록 후방 퇴로를 차단하고 가가호호식 수색정찰로 발견하거나 내부 고발 또는 첩보에 의하여 식별된 적을 격멸한다. 주민의 피해를 최소화하기 위해 안정화작전부대는 항공·포병보다는 보병 병력으로 정밀수색, 탐색격멸, 통행로 차단, 외부유입 차단, 검문소 운용 및 검문검색으로 잔적을 격멸한다.

3단계는 장악(Hold)이다. 안정화작전부대가 소탕으로 장악한 지역을 곧바로 후속부대, 행정기관, 민간자치단체에게 이양하지 말고 확보한 지역의 주민이 안전하고 치안이 확립될 때까지 안정화작전부대가 철수하지 않고 지역에 계속 주둔하여 주민들과 함께 생활한다. 이를 위해 주민신분증 발급, 지문과 홍채정보 수집 등 개개인을 인식할 수 있는 시스템을 구축하고 주민성분, 저항세력 및 무기, 인도적지원 대상 등을 파악하여 안정화를 달성한다.

4단계는 구축(Build)이다. 안정된 지역이 정상화가 되는 단계로서 주민자치위원회와 치안위원회를 운용하고 주민들의 기초적인 생활서비스가 이루어지도록 전기, 상·하수도, 교량, 학교 등 기반시설을 구축하고 의약품, 식량 등 인도적 지원을 추진하여 도시 기능이 정상적으로 운용되도록 한다. 이때 지방재건팀(PRT)을 운용하고 국내·외의 인도적 지원기구로부터 장비와 물자를 지원받는다.

5단계는 안정화작전부대는 정부·지방 행정기구에게 부대 책임지역을 이양하고 지원이다. 그래서 정부의 행정조직에 의한 재건 및 안정화계획이 정상적으로 진행되도록 지원한다. 군은 기동타격대를 운용하여 의심지역과 적 예상 은거지를 수색하고 주민 및 사회기반시설 보호와 치안확립에 기여한다. 안정화작전 시 한국군의 전투수행 모델은 다음과 같다.

〈표 5-7〉 안정화작전 시 한국군 전투수행 모델

분 리 ⇨	소 탕 ⇨	장 악 ⇨	구 축 ⇨	이양 / 지원
· 주민안전 확보 -소개, 방송, TV, 인편 등 -시설 폐쇄 -저항의지약화	· 첨단 과학기술 · 격리된 적격멸 -항공 · 포병지양 -정밀수색정찰 -통행,유입차단	· 부대 지역주둔 -주민과 생활 -지문 등 정보수집 -무기, 지원대상 파악 등	· 지역 정상화 -주민자치 -기초서비스 복구 -인조적지원 -재건팀 운용	· 행정기구 이양 -재건지원 -기동타격대 -기반시설보호 -의심지역수색

한국군은 북한지역에서 안정화작전을 전개하기 위하여 KCTC(Korea Combat Training Center), 과학화전투훈련단, 향토사단의 예비군훈련장 내 빌딩·차량 등 시가지 모형이 있는 전투훈련장에서 민간인을 활용하여 전투수행 모델 5단계 훈련을 할 수 있다. 특히 동계인 12월~2월은 예비군훈련장을 사용하지 않는다. 현역은 동계에 집중 훈련할 수 있는 여건이 된다. 현역과 예비군은 위 3개의 훈련장을 순환하여 훈련함으로써 인구 밀집지역에서 주민을 분리한 후 작전을 수행하는 '분리-소탕-장악-구축-이양 및 지원'의 훈련을 숙달하여야 한다.

제6장

결 론

지금까지 현대 전쟁에서 진행된 베트남전쟁, 독일통일, 레바논전쟁 그리고 이라크전쟁에서의 안정화작전을 이론적 역사적으로 고찰하고 분석하여 국가안보전략 여건 구축, 안정화작전 사전준비, 작전부대 현장에서 적용 가능한 통일 대비 안정화작전의 방안을 제시하였다.

미래의 안정화작전은 국제사회의 정치환경 변화에 따라 더 영향을 받을 것이며 재래식 군사력 운용에 의한 영향 보다 Software 전략의 중요성이 더욱 강조될 것이고, 일정 이상의 규모보다는 개인 또는 소규모 인원에 의한 적대행위로 인하여 진행될 것이다. 현대의 전쟁 · 분쟁에서 안정화작전은 한 국가만의 문제가 아니라 국제사회의 공동 관심사로 대두되고 있다. 따라서 독자적인 국가정책을 추진하기 보다 국제사회와 협력하며 추진하는 것이 합리적인 대안이 될 것이다.

북한지역은 한반도 주변국의 이해관계가 역사적 · 지정학적으로 상충되고 있는 민감한 지역이다. 그중에서 중국은 북한을 중국의 국가이익을 침해하는 지역으로 판단하고 민감하게 대응하고 있다. 즉 북한은 보호지역이며 완충지대로 간주되고 있다. 북한지역에 대한 중국의 관점에 대하여 한국정부는 안정화작전 시 중국의 지원이 필요하다. 한국은 한미동맹을 근간으로 하는 1동맹 3친선 외교전략을 추진하여 주변국과 국제사회의 지지를 받아 안정화작전을 시행하여야 한다.

북한지역에서 한국의 안정화작전이 전개되는 것은 다음과 같은 의미를 내포한다. 국제적인 면에서 첫째, 자유민주주의 체제가 공산주의 체제 보다 우월함을 입증하는 동양사의 첫 번째 사례가 될 것이고 중국의 국가체제에 영향을 끼친다. 서양에서 서독은 동독을 흡수통일(1990.10.3.) 하였고, 공산주의 종주국이었던 소련이 1991년에 붕괴된 후 중국이 공산당을 중심으로 사회주의 체제를 유지하며 세계에 영향력을 확장하고 있지만, 통일한국이 출현하면 중국의 사회주의 체제 영속성에 영향을 끼칠 것이다. 둘째, 6 · 25전쟁으로 형성된 미 · 중 강대국의 권리보장이 종결되고 한국은 완전한 자주권을 획득한다. 중국은 북한과의 혈맹관계가 단절되어 국가적 이익과 국제사회에서의 지지세력 일부를 상실하지만, 통일한국은 한반도에서 완전한 자주권으로 통치권이 확대 적용되고 국제사회에서 영향력이 확대된다. 셋째, 국제사회에서 통일한국의 국격과 한국인의 위상이 제고된다. 남북이 분단되어 있을 시 공산권은 한국의 위상을 격하하였지만, 통일 후에는 남북통일의 역량을 인정하고 영토와 인구수의 증가로 통일한국의 위상을 재정립할 것이며 재외국민의 한국인을 포함하여 국제사회에서 한국인의 위상이 높아질 것이다. 넷째, 한국군의 안정화작전 모델은 분쟁을 겪고 있는 분쟁국가들에게 벤치마킹 대상이 될 것이다. 한국군의 성공적인 안정화작전은 세계평화를 위한 유엔의 사명에 부합하기 때문에 세계의 분쟁지역에 한국군 평화유지군 파병요청을 확대할 것이다. 다섯째, 한국정부가 북한의 핵 및 대량살상무기를 제거하여 동북아 국제평화유지에 기여하고 향후 한국군의 기술 요원에 대한 요청이 증가할 것이다.

국내적인 면에서 첫째, 고대 국가 신라가 삼국을 통일한 이후 끊어진 통일국가의 정통성을 승계하고 한민족의 동질성을 회복하고 된다. 우리 역사에서 신라가 삼국을 통일한 이후 통일국가가 1300년간 유지되었는데 그 명맥을 회복하고 국토통일, 정치체제 단일화를 이루게 한다. 둘째, 한반도 균형발전 차원의 새로운 국토개발 추진으로 국력이 증가할 것이다. 북한의 풍부한 천연자원을 이용한 국내의 유수한 기업과 해외기업들의 투자가 확대되어 일자리가 증가하고 생산력이 증대되어 국제시장에서 수출경쟁력이 강화되고 국가경제 규모가 증가할 것이다.

북한은 김일성 체제부터 현재까지 한반도 적화통일의 허망을 버리지 못하고 선군후경(先軍後經)으로 일관하고 있다. 그러나 남·북한의 국내·외적인 현실은 처지가 완전히 바뀌었다. 한국은 인구, 경제력, 국제사회 공헌도와 신뢰성 등 거의 전 분야에서 북한보다 우위에 있으며, 북한의 목적은 달성 불가능한 상태로 진행되고 있다. 북한은 유엔의 지속적인 제재로 군사·비군사 분야에서 경제상황 악화와 북한이탈주민 증가 등으로 체제의 붕괴 모습이 조금씩 나타나고 있다.

북한체제의 변화에 따라 한국정부는 남북통일에 대비하여 안정화작전을 할 수 있는 방안을 연구하고 환경을 조성하여야 한다. 안정화작전을 할 수 있는 방안은 크게 국제사회 여건조성, 북한지역 환경조성, 그리고 정책·제도·군사분야에서의 안정화작전 방안이다.

먼저, 국제사회 여건조성에서 국제법에 근거한 안정화작전 방안은 첫째, 기존의 6자회담 틀을 대신하는 새로운 '6자회담 조약'을 체결하여 진입한다. 둘째, 남·북한 간에 '특정한 상황발생 시 지원을 약정하는 협정'을 체결한다. 국제법 외 북한지역에서 안정화작전을 할 수 있는 조건은 첫째, 김정은 체제 또는 현 체제를 대체하는 정권이 한국정부에 개입 요청 시이다. 둘째, 한국정부가 북한의 현존하는 침해나 급박한 위협을 제거하기 위하여 일정한 범위에서 무력을 행사하는 자위권에 의한 개입이다. 셋째, 인도주의적 차원에서 개입이다. 인도주의적인 문제와 관련하여 국제사회는 이를 국내문제로 보지 않고 국제문제로 보고 있다. 유엔은 문제해결을 위하여 군사개입을 예외적으로 인정하고 있다. 국제사회 여건을 조성하는 방안 중 세 번째는 국제협력 강화이다. 이를 위해 한국정부는 한미동맹을 기반으로 1동맹 3친선 외교전략을 강화하고, 외교관계를 맺은 국가 간의 전통적 외교를 보완하는 공공 통일외교를 강화하는 것이다.

안정화작전을 할 수 있는 방안 중 북한지역의 환경조성은 정치 · 경제적 요인, 사회 · 심리적 요인, 군사 · 전장환경 요인이다. 먼저 정치 · 경제적인 분야에서 한국정부는 공산주의 체제의 제도를 주민의 인권이 보장되는 자유민주주의 체제로 전환한다. 둘째, 적대세력과 무장단체의 조직적인 저항을 작전 초기에 파악하고 무력화한다. 셋째, 정부와 군은 우익세력에 의한 좌익세력 보복이 발생하지 않도록 민 · 관 · 군 협조체제를 구축하고, 임시자치조직과 치안기구를 설립하여 운용한다. 넷째, 북한주민이 주변국으로 난민 발생 시 정부는 정상회담, 조약체결 등 방법으로 난민을 받아들이고 국가간의 외교 갈등을 해소한다. 다섯째, 안정화작전 시 식량, 구호품 등을 우선 지원하여 주민의 안전을 확보한다. 여섯째, 정부는 재원 마련을 위해 통일나눔펀드, 국가예산 조정, 해외북한자산 동결, 획득 북한자산 그리고 유엔 및 민간지원기금 등을 종합적인 청사진에 따라 집행한다. 일곱째, 북한이 외국과 체결한 천연자원 개발권, 철도 · 도로 · 항만 이용권 등 양허권을 보호한다.

북한지역의 환경조성에서 사회 · 심리적인 분야는 첫째, 장기간에 걸쳐 통제되었던 북한체제의 붕괴로 치안의 공백과 악화가 예상됨으로 주민의 안전에 최우선을 두고 치안을 확립한다. 둘째, 북한체제하에서 사회적으로 불이익을 당했던 적대계층(복잡계층), 즉 북송 주민, 탈북자, 북송재일교포, 희생자 유가족들에 의한 보복행위를 예방하고 주민 간 갈등을 차단한다. 셋째, 한국군은 장교, 부사관, 병사까지 학교기관과 각급 부대에서 북한의 언어, 문화, 습관 등 인문사회정보를 교육하고 안정화작전 시 활용한다.

북한지역의 환경조성에서 군사 분야는 첫째, 한국정부는 안정화작전 시 북한군 군사 · 비군사 병력을 강제로 해체하는 대신 이를 향후에 북한지역 재건 에 활용하는 대책을 강구한다. 정부는 북한군의 군사 · 비군사 병력을 재사회화 및 전문인력으로 수용하는 등 대책을 수립하여야 한다. 둘째, 한국군은 북한의 군사 및 준군사조직과 주민통제조직이 연계하지 않도록 지휘체계를 무력화하는데 중점을 두고, 핵 및 대량살상무기, 병기창, 무기고 등을 확보하지 못하도록 한다.

전장환경 분야는 첫째, 한국군은 안정화작전에 불리하게 작용하는 북한지역의 험준한 산악지형을 극복한다. 둘째, 한국군은 계절별 기후의 제한사항을 극복하고 인도주의적 지원을 추진한다. 셋째, 한국정부와 한국군은 북한 주민의 갈등이 발생 시 이를 해결할 수 있는 갈등관리제도를 구축한다. 정부와 군은 북한주민의 갈등을 해소할 수 있는 법령 정비, 조직과 기구 운용, 전문가 편성 등이 필요하다.

안정화작전을 할 수 있는 방안 중 정책분야는 첫 번째, 국가지도자는 남북통일을 반대하는 주변국의 반대에 리더십을 발휘하여 통일을 달성하는 능력이 요구된다. 두 번째, 정부는 북한과 비군사분야부터 국가 간 다양한 협약을 체결하여 북한의 개혁개방 유도, 주민의 민주화와 민족공동체 의식이 함양되도록 한다. 세 번째, 정부의 안정화계획은 각계각층의 다양한 연구결과를 반영한다. 네 번째, 북한지역 안정화작전에 대한 한·미 견해차를 해소한다. 다섯 번째, 정부는 중국과 러시아가 북한지역으로 개입하려는 의도를 차단하는 북방정책을 수립한다. 여섯 번째, 정부는 안정화작전 지원을 위한 재원을 마련한다. 일곱 번째, 북한의 행정체제를 개편하고 정부조직과 지방행정기관을 설치하여 남·북한 내·외적인 통합준비를 한다. 여덟 번째, 안정화작전 컨트롤타워 및 관련 조직을 독립부서로 창설하고 운용한다. 아홉 번째, 유사시 한국군이 북한지역에서 평화유지활동을 할 수 있도록 법제화하여 민·관·군 안정화작전 능력을 제고한다. 열 번째, 정부는 한반도 종합균형발전 차원의 계획을 수립하고 추진한다. 열한 번째, 정부는 평시 통일 교육을 확산하고 통일의식을 제고한다. 열두 번째, 북한 정부의 문서를 확보할 대책을 강구한다. 열세 번째, 정부는 합참 및 민사부대와 북한 정부·지방자치단체에 파견하는 공무원의 현황을 최신화한다. 열네 번째, 국내·외 인도적지원 기구들의 능력과 노력을 통합하고 유관기관 간 협조체제를 강구하여 효율적으로 운용한다. 열다섯 번째, 정부와 군은 북한이탈주민 수용훈련을 하여야 한다.

안정화작전을 할 수 있는 방안 중 제도분야는 첫째, 행정·치안·사법제도의 확충계획을 수립한다. 둘째, 북한의 군사·외교는 한국정부가 승계하도록 준비한다. 셋째, 정부는 기관별로 유형별 맞춤식 갈등관리제도를 개발한다.

군사분야는 첫 번째, 한국군은 안정화작전에 대한 실효적인 교리를 개발한다. 두 번째, 한국정부와 군은 안정화작전 계획을 개념수준이 아닌 구체적으로 수립하여 실행 가능하도록 한다. 세 번째, 한국군은 중국과 러시아군의 북한진입을 차단할 계획을 수립한다. 네 번째, 정부는 북한군의 병력, 무기, 탄약, 장비 등을 처리할 방향을 사전 정립 후 감축·해고하거나 활용·폐기한다. 다섯 번째, 정부는 안정화작전 시 미군의 역할과 진출선을 한정한다. 여섯 번째, 정부는 평시 안정화작전 기구와 조직 그리고 전문가를 양성하여 유사시에 활용하도록 준비한다. 일곱 번째, 정부와 군은「국방개혁기본계획(2012~2030)」상비병력 감축계획을 재검토한다. 여덟 번째, 군은 안정화작전에 대한 교육과 훈련을 하여야 한다. 정부와 군은 장교, 부사관, 병사들이 북한지역을 잘 이해하고 숙지할 수 있도록 교육기관과 군부대에서 교육훈련을 하는 훈련체계를 보완하여야 한다. 학교는 전문가에 의한 안정화작전 교육과 북한이탈주민에 의한 북한 사회문화에 대한 교육이 있어야 한다. 그리고 부대는 안정화작전 평가체계, 시가지 전투수행방법, 핵 및 대량살상무기 처리 연습과 훈련 등을 통해 숙달하여야 한다.

이상으로 한반도 통일에 대비한 한국정부와 한국군의 안정화작전 방안에 대하여 기술하였다. 우리 정부에 의한 안정화작전은 한반도 통일을 결정짓는 작전이기 때문에 남북한 간의 정치·군사적인 노력뿐만 아니라 국제사회, 한반도 주변국과의 외교적 노력이 병행되어야 하는 국가적 대사이다. 현대 전쟁과 안정화작전을 연구하면서 아쉬운 점은 중국과 러시아의 북한지역 개입을 차단하는 연구가 미흡했다. 향후에 미흡한 분야는 더욱 보충하여 정부와 군이 북한지역에서 안정화작전을 성공적으로 수행할 수 있도록 연구하여 조금이나마 도움이 되도록 하겠다.

참고문헌

1. 국내문헌

가. 단행본

교육부, 『교육통계서비스 통계간행물』, 서울 : 교육부, 2014.
국가안전기획부, 『독일 통일모델과 통독 후유증』, 서울 : 국가안전기획부, 1997.
국방군사연구소, 『중공군의 한국전쟁』, 대전 : 국군인쇄창, 1994.
국방대학교 PKO센터, 『레바논 핸드북』, 대전 : 국군인쇄창, 2011.
국방부, 『2014 국방백서』, 대전 : 국군인쇄창, 2014.
______, 『2016 국방백서』, 대전 : 국군인쇄창, 2016.
______, 『2018 국방백서』, 대전 : 국군인쇄창, 2018.
______, 『2020 국방백서』, 대전 : 국군인쇄창, 2020.
국방부 군사편찬연구소, 『국군 이라크자유작전 파병사, 서희 · 제마 · 자이툰 · 다이만부대』, 서울 : 국방부 군사편찬연구소, 2014.
김종욱 역, 『승리의 교훈, 베트남전쟁』, 서울 : 국방부 군사편찬연구소, 2012.
나대식 · 조영철 역, 『월남 최후의 붕괴』, 서울 : 국방부 군사편찬연구소, 1985.
레바논 평화유지단, 『인샬라! 레바논』, 대전 : 국군인쇄창, 2014.
______________, 『동명1진 파병성과 및 교훈』, 대전 : 국군인쇄창, 2008.
서용선 · 양녕조 · 신영진, 『한국전쟁연구 : 점령정책, 노무운용, 동원』, 서울 : 국방군사연구소, 1995.
손석현, 『이라크전쟁과 안정화작전』, 서울 : 국방부 군사편찬연구소, 2014.
______, 『대반란전 사례연구』, 서울 : 국방부 군사편찬연구소, 2016.
______, 『대반란전COIN 전사연구』, 서울 : 국방부 군사편찬연구소, 2016.
송필경, 『제국주의 야만에 저항한 베트남전쟁』, 서울 : 건치, 2002.
신상준, 『월남 행정개관』, 서울 : 신조문화사, 1968.
신승원, 『미국의 아프가니스탄 전쟁과 안정화작전』, 서울 : 국방부 군사편찬연구소, 2015.

오홍국, 『베트남전쟁과 한국군』, 서울 : 국방부 군사편찬연구소, 2014.
외교통상부, 『레바논 개관』, 서울 : 마스터상사, 2009.
유인석, 『새로 쓴 베트남의 역사』, 서울 : 도서출판 이산, 2002.
육군본부, 『기록으로 본 6·25전쟁과 민군작전』, 대전 : 국군인쇄창, 2012.
이근욱, 『이라크전쟁, 부시의 침공에서 오바마의 철군까지』, 서울 : 한울, 2011.
이라크 평화재건사단, 『'06 자이툰 파병성과 및 교훈집』, 대전 : 국군인쇄창, 2006.
이태욱·안석교·백종천·전성우, 『독일통일 : 경제·군사·교육통합』, 서울 : 대한발전 전략연구원, 2000.
임원선, 『6·25전쟁, 미 NARA 수집문서로 보다』, 서울 : 국립중앙도서관, 2016.
장태순, 『맹호부대 월남전쟁 참전일지』, 서울 : 고글, 1996.
정보사령부, 『북한지리정보 Ⅰ 종합편』, 서울 : 정보사령부, 2014.
최용호, 『한권으로 읽는 베트남전쟁과 한국군』, 서울 : 국방부 군사편찬연구소, 2004.
최철환 역, 『이라크 재건의 뼈아픈 교훈』, 서울 : 국방부 군사편찬연구소, 2013.
최종기 역, 『왜 월남은 패망했는가-야전군사령관의 보고서-』, 서울 : 광명출판사, 1976.
채명신, 『채명신 회고록 : 베트남전쟁과 나』, 서울 : 팔복원, 2006.
통일부, 『독일통일총서 1 군사분야』, 서울 : 아미고디자인, 2013.
______, 『 〃 2 행정분야』, 서울 : 통일부, 2013.
______, 『 〃 3 구동독지역 재건특임관 분야』, 서울 : 에드밴, 2003.
______, 『 〃 4 구동독지역 인프라 재건분야』, 서울 : 레드클립, 2013.
______, 『2016 북한이해』, 서울 : 통일부 통일교육원, 2015.
______, 『2020 통일백서』, 서울 : 사단법인 장애인동반성장협회, 2020.
통일부 통일교육원, 『2016 통일문제 이해』, 서울 : 상현D&P, 2016.
한국학술정보(편), 『제10권 월남전 관련 자료집』, 서울 : 한국학술정보, 2010.
____________, 『제22권 월남전 관련 자료집』, 서울 : 한국학술정보, 2010.
한용섭, 『국방정책론』, 서울 : 박영사, 2012.
합참, 『이라크전쟁 종합분석』, 서울 : 경희인쇄정보, 2003.
Tsui, David.『중공군의 한국전쟁 참전Ⅳ』, 서울 : 한국전략문제연구소, 2007.

나. 논문 및 학술지

강근영, "미 민사부대 편성 및 역할과 훈련방법 소개와 한국군의 민사작전 발전방안", 교육사령부, 2015.

강근영, "미 민사부대 편성소개와 계획수립 및 훈련방법의 시사점", 교육사령부, 2016.

고유한, "북한 사회주의체제의 구조적 위기와 김정일 정권의 진로"『한국정치학회보』 30(2), 1996.

군사안보지원사령부, "2020 북한·통일분야 업무발전 연구논문집", 2020.

김영성, "미국과 이라크 간 전쟁(2003)에 관한 연구", 고려대학교 대학원, 2007.

김영윤, "경제적 관점에서 본 독일통일 : 평가와 시사점", 독일통일한독학술회, 2010.

김창권, "독일통일비용 15년 평가와 시사점", 현대경제연구원, 2005.

류길재, "김정일 정권하의 북한체제와 체제변화 가능성 검토"『국가전략』30(1), 1997

박종평, "레바논의 소수종파에 관한 연구 : 마론파를 중심으로", 한국중동학회, 1977.

유 욱, "통일시 북한의 대외관계 승계문제에 대한 연구-통일부 정책연구용역보고서-", 통일부, 2011.

위성백, "통일비용 및 재원조달 방안 구축", 국방대학교, 2016.

이세련, "대리고문에 대한 국제법적 고찰-UN 고문금지협약을 중심으로-", 연세대학교 법학연구원, 2009.

전현준, "김정일 정권 조기붕괴론에 대한 비판적 고찰-김정일 정권의 안정성을 중심으로", 1997.

정세현, "김정일의 북한, 5년 이상 존속 가능성", 1997.

정재욱, "북베트남의 대미전쟁수행 전략에 관한 연구", 고려대학교, 2005.

2. 국외문헌

Bernd Keller, *Beschäftigung und Arbcitsbeziehungen im öffentlichen Dienst der neuen Bundesländer, Gewerkschaftliche Monatshefte 43*, 1992.

Bowen, Stuart W., *Learning from Iraq : Final Report from Special Inspector General for Iraq Reconstruction*, US council, 2013.

Brownlie, Ian., *International law and the Use of Force by states*, Oxford : clarendon, 1963.

Carl Von Clausewitz, vom Kriege, Germany, 1832.

Chandrasekaran, Rajiv, *Imperial Life in the Emerald city : Inside Iraq's Green Zone*, New York : Alfred A. Knopf, 2007.

Chris Shepherd, *Campaign Plan 2001 Status Briefing*, Joint Forces Command, 2000.

Col. Steven Mains, *PRT playbook : Tactics, Techniques and Procedures*, Fort Leavenworth, 2006.

Dale, Catherine, *Operation Iraq Freedom : Strategies, Approaches, Results and Issues for Congress*, US Congressional Research Service, 2008.

Fallows, James, *Bushs' Lost Year*, 2004.

Gordon, Michael R. and Trainor, Bernard E., *Cobra II : The Inside Story of the Invasion and Occupation of Iraq*, New York : Vintage Books, 2007.

Lieber, Robert J., *Theory and world politics*, London, 1973.

Nagl, John A., *Learning to Eat Soup with a knife : Counterinsurgency Lessons from Malaya and vietnam*, Chicago : The university of chicago Press, 2005.

Nora Bensahel, Olga Oliker, Keith Crane, Richard R. Brennan, Jr.,Heather S. Gregg, Thomas Sullivan, Andrew Rathmell,, *After Saddam : Prewar Planning and the Occupation of Iraq*, 2008.

Ricks, Thomas E., *Fiasco : the American Military Adventure in Iraq*, New York : The Penguin Press, 2006.

Stoessinger, John G., *Why Nations Go to War*, New York : St. Martins's Press, 1985.

The Special Inspector General for Iraq Reconstruction, *Hard Lesson*, us : createspace Indepenent Publishing Platform, 2006.

______________________________, 2013.

Wright, Dr. Donald P. & Reese, Colonel Timothy R., *On Point II*, Combat Studies Institute Press, 2004.

3. 법령, 군사자료, 웹 검색자료 등

가. 법령

공공기관의 갈등 예방과 해결에 관한 규정(대통령령)
공중 등 협박목적 및 대량살상무기확산을 위한 자금조달행위의 금지에 관한 법률
국군의 해외파병업무 훈령 제6조, 제7조
국방개혁에 관한 법률 제25조
국제연합 평화유지활동 참여에 관한 법률 제7조
군인의 지위 및 복무에 관한 기본법 제34조
계엄법 제2조, 제9조
남북관계 발전에 관한 법률 제3조 제1항
남북 사이의 화해와 불가침 및 교류·협력에 관한 합의서 제12조, 제18조
국민보호와 공공안전을 위한 테러방지법 제10조, 제11조
비엔나 협약 제13조
전쟁법 준수를 위한 훈령 제7조, 제8조, 제9조
정부조직법 제12조
제네바 1협약(부상자), 2협약(부상, 난파자), 3협약(포로), 4협약(민간인보호)
헌법 제23조, 제76조, 제77조
유엔헌장 제2조 4항, 제51조

나. 군사자료

육군교육사령부, 「교육회장 15-3-1」, 대전 : 국군인쇄창, 2015.
____________, 「합동교범 3-12 합동안정화작전」, 대전 : 국군인쇄창, 2016.
미군, 『야전교범 FM 3-0 Operations』, 2008.
____, 『야전교범 FM 3-7 Stability operations』, 2014.

국방대학교, 『레바논사령부 참모장교 귀국보고서』, 대전 : 국군인쇄창, 2014.
________, 『이라크 파병요원 귀국보고서』, 서울 : 국방대학교, 2006.
________, 『MNF-I 참모 · 협조요원 귀국보고서』, 서울 : 국방대학교, 2006.
합참, 『레바논 평화유지단 16진 보고서』, 합참, 2016.
____, 『정전교전규칙해설서』, 2015.

다. 웹 검색 자료

국방일보, 2016.11.14.
조선일보, 2014.6.20.
________, 2015.9.21.
________, 2015.12.21.
________, 2016.1.22.
________, 2016.3.24.
중앙일보, 2014.6.26.
파이낸셜뉴스, 2019.12.26.
통계청, 2020 북한의 주요통계지표.
제21회 국회 임시회의 속기록 제22호.
통일부 통일교육원-알림마당-보도자료.
http://dspace.wrk.org/doc/bitstream/2041/70964/00355_020801_001display.pdf.
http://globalwindow.org.
http://m.blog.naver.com/p...,
http://slate.msn.com/id/2081008/
http://usacac.army.mil 〉files 〉publications.
https://books.google.co.kr 〉books.
https://books.google.co.kr 〉books(Stabilizing Iraq : Factors Impending the Development of Capable, Appendix2)
https://books.google.co.kr 〉books.dtic.mil.
https://en.m.wikipedia.org 〉wiki 〉95th_...
https://inspira.un.org 〉psc 〉HRMS 〉u...

https://www.law.cornell.edu 〉uscode 〉text.

smallwarsjournal.com 〉milreviewmarch2.

Taylor-ismor.com.

UNIFIL 작전처.

U.S. Army, *Military Review*, Fort Leavenworth, March-April, 2006.

U.S. DOD, DOD, JCS, DAMO SSO.

www.globalsecurity.org 〉library 〉report.

www.iraqcoalition.org 〉regulations.

찾아보기

[ㅁ]

[ㅂ]

[ㅅ]

[ㅇ]

[ㅈ]